AF240981

LANGUE FRANÇAISE

TABLEAU HISTORIQUE

DE SA FORMATION ET DE SES PROGRÈS

LA
LANGUE FRANÇAISE

DEPUIS SON ORIGINE JUSQU'A NOS JOURS

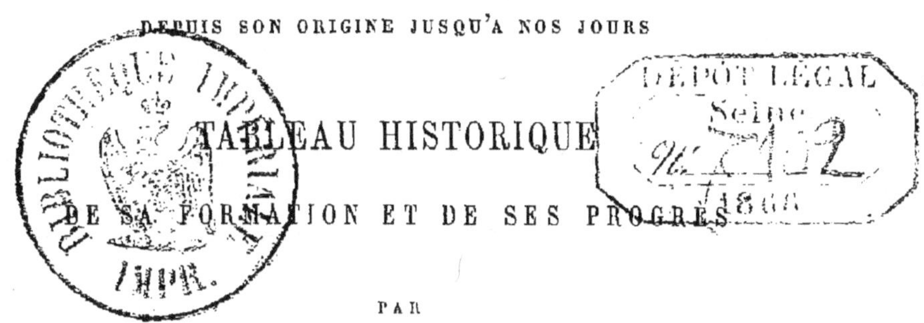

TABLEAU HISTORIQUE

DE SA FORMATION ET DE SES PROGRÈS

PAR

M. PELLISSIER

AGRÉGÉ DE PHILOSOPHIE

PARIS

LIBRAIRIE ACADÉMIQUE

DIDIER ET Cᵉ, LIBRAIRES-ÉDITEURS

35, QUAI DES AUGUSTINS

1866

Tous droits réservés

A Monsieur

Maurice MONJEAN,

Directeur du Collége Chaptal.

Le premier il a patronné

l'enseignement élémentaire de l'Histoire de la langue française.

Cet Hommage d'un ami à un ami

consacrera le souvenir de cette création nationale.

Paris. juillet 1866.

PRÉFACE

Ce livre est le premier essai d'une histoire complète de la langue française. En l'écrivant, je me suis proposé de répandre et de rendre accessibles à tous les lecteurs les découvertes de l'érudition moderne sur cet intéressant sujet. Cependant c'est faute d'avoir pu le trouver que je n'ai pas donné à mon œuvre un titre plus modeste, tant je me sens au-dessous de la tâche que je n'ai pas craint d'entreprendre. Non pas que je doute de quelqu'une des choses que j'ai cru pouvoir avancer; il n'est guère d'affirmation

qui ne s'autorise des noms de Raynouard ou de
Villemain, de Diez ou de Burguy, de Littré ou
de Guessard; mais la part qui me revient dans
ce travail est si mince que j'ose à peine y ins-
crire mon nom.

Séduit par les travaux féconds et les découvertes
ingénieuses de la philologie contemporaine, je
regrettais qu'aucun enseignement élémentaire ne
fît connaître à la jeunesse française comment s'est
formée notre langue, la plus belle œuvre de l'esprit français, la plus brillante et la moins contes-
tée de nos gloires nationales. Je déplorais tout
haut la persistance du préjugé qui fait que,
même en 1866, l'Université, trop scrupuleuse
dans le respect de certaines traditions, enseigne
mieux le latin que le français et ne fait de notre
belle langue qu'une étude accessoire, secondaire,
indirecte. Ce regret fut entendu par le directeur
d'un très-grand établissement d'instruction publique où une large étude des langues et des
littératures modernes prend pour base l'étude

de la grammaire et de la littérature françaises. Je fus prié de faire entrer dans le cadre de l'enseignement supérieur du collège Chaptal un cours sur l'histoire de la langue de notre pays. C'était me prendre gracieusement par mes propres paroles; j'essayai. Quelques bons juges ont bien voulu reconnaître et dire que je n'y réussissais pas mal; les réponses de mes jeunes auditeurs leur ont donné raison. Aussitôt un éditeur qui cherche et découvre toutes les nouveautés utiles me demanda le manuscrit de mon cours pour l'imprimer et en étendre le bénéfice jusqu'au public. Je n'eus pas le courage de décliner cet honneur; et voilà comment les notes d'un curieux, transformées par trois ans d'un travail assidu, sont devenues un livre.

— Mais pourquoi tant d'empressement à publier des ébauches, quand de plus érudits et de mieux autorisés auraient pu traiter ce sujet nouveau? et avec quelle différence de savoir et de talent! — Contre cette objection je suis très-fort de ma sincère humilité. Au siége d'une place forte, le soldat qui s'élance d'abord à l'assaut essuie le premier feu et montre le chemin. Tel est le sort que j'ambitionne pour mon livre : il aura le mérite d'avoir été le premier, d'avoir donné le bon exemple ; les érudits et les savants viendront après, qui feront mieux. Une fois maître de la place, peut-être se rappellera-t-on que les vainqueurs doivent un souvenir au soldat qui, dans son obscur dévouement au drapeau, a fait de son corps un degré pour porter de plus heureux à la victoire.

TABLEAU MÉTHODIQUE
DE L'HISTOIRE DE LA LANGUE FRANÇAISE

DISCOURS PRÉLIMINAIRE.

OBJET, MÉTHODE ET UTILITÉ DE CES ÉTUDES.

INTRODUCTION.

ORIGINES DE LA LANGUE FRANÇAISE.

Langues primitives de la Gaule. — Celtes, Ibères, Grecs, Romains, Francs. — Le latin des Gallo-Romains.

PREMIÈRE PARTIE.

LE VIEUX FRANÇAIS.

Langues romanes au ixe siècle. — Formation du vieux français au xe et au xie siècle. — Apogée du vieux français au xiie et au xiiie siècle. — Décadence du vieux français au xive siècle.

DEUXIÈME PARTIE.

ÉTUDE PHILOLOGIQUE DU VIEUX FRANÇAIS.

Prononciation et orthographe. — Formation des mots.
— Syntaxe, construction et versification. — Qualités et
défauts du vieux français.

TROISIÈME PARTIE.

LE FRANÇAIS MODERNE.

Formation du français au xve siècle. — Développement
au xvie siècle. — Apogée au xviie et au xviiie siècle.

CONCLUSION.

LE XIXe SIÈCLE.

Présent et avenir de la langue française.

DISCOURS PRÉLIMINAIRE

OBJET, MÉTHODE ET UTILITÉ DE CES ÉTUDES

1. Comment une langue a une histoire.

2. De la vie et de la mort d'une langue.

3. Comment les langues se succèdent.

4. Différence entre l'histoire et la grammaire d'une langue.

5. Comparaison entre l'histoire politique et l'histoire de la langue.

6. Difficultés générales de cette étude.

7. Difficultés particulières à l'histoire de la langue française.

8. Règles principales de la méthode à suivre dans cette étude.

9. Des lois qui président à la vie des langues.

10. Dangers de la méthode *a priori*.

11. Des modèles à suivre dans ce travail.

12. Utilité et importance de cette étude. — Division générale de l'histoire de France en deux parties.

13. Connaissance du caractère moral de la nation.

14. Prévision de l'avenir réservé à notre langue.

15. Justification des Français du XIIe et du XIIIe siècle.

16. Explication des idiotismes, des règles et des exceptions de l'orthographe, de la grammaire et de l'étymologie.

17. Rajeunissement possible de certaines expressions du vieux français.

18. Division générale de cette étude.

1. L'histoire est, d'une manière générale, la connaissance des faits ; il n'y a donc d'histoire possible que pour ce qui présente une succession de faits, c'est-à-dire pour ce qui change, pour ce qui se meut, en un mot, pour ce qui vit. L'objet essentiel de l'histoire, son objet intéressant par dessus tous, c'est l'homme, sa vie et ses œuvres ; aussi y a-t-il une histoire de la langue, comme il y a une histoire de la guerre, de la politique, de la littérature, des arts et de l'industrie.

2. En effet, une langue n'est pas une chose inerte, elle a une existence propre et individuelle ; elle présente tous les caractères d'un organisme soumis à la loi de la vie et de la mort ; tous les faits constitutifs de la vie se produisent et se montrent avec clarté dans son développement. La vie d'une langue consiste dans une série de modifications qui lui servent à se maintenir en parfaite harmonie avec l'esprit, les besoins, les sentiments et les pensées d'un peuple, à se transformer avec une rapidité égale à la pensée pour en suivre toutes les fluctuations et en exprimer toutes les délicatesses ; l'écho ne renvoie pas plus fidèlement le son, l'ombre n'accompagne pas le corps avec plus d'exactitude. On peut même, par une comparaison très-exacte, dire que, pour un peuple, la langue est ce que la graine est pour la plante : c'est à la fois un résultat et un moyen, c'est en même temps un organe et un fruit de la vie. Se transformer dans son vocabulaire, dans sa syntaxe, dans ses caractères littéraires, telle est la loi de la vie pour un idiome.

Quand une langue est riche d'un nombre de mots assez grand pour exprimer tous les faits essentiels du monde physique, moral et social, tous les éléments de la vie de l'homme ; quand de plus elle a été employée par des génies supérieurs en poésie ou en éloquence, alors elle est fixée dans son vocabulaire, dans sa syntaxe et dans son esprit; elle touche à la virilité, à ce qu'on pourrait appeler sa perfection, et tout ce qui en altère la constitution prépare et hâte la décadence de cette langue.

Ainsi se trouve amené le moment où l'idiome cesse d'être en harmonie avec l'esprit du peuple qui le parle. Alors le vocabulaire est insuffisant pour les besoins de l'esprit, la syntaxe et la construction ne répondent plus à la marche et à l'enchaînement des pensées; telle est la loi de la décadence naturelle, de la désorganisation d'un idiome. Ce singulier désaccord résulte tantôt de la grossièreté de la langue, tantôt de l'ignorance et de la barbarie de la population.

3. Cette discordance est une situation fausse qui ne saurait durer, c'est une crise qui se termine ou par la mort de la langue qu'une autre vient supplanter, ou par une transformation qui, renouvelant l'idiome, le met mieux en rapport avec les besoins de la nation. Telle est la loi de la mort ou de la rénovation des langues; car le principe de mort est aussi un principe de vie, et la décomposition d'une langue est le commencement de la constitution organique d'une langue nouvelle.

Cette série de faits qui constituent la vie d'un idiome, présentent, suivant les différents caractères des nations et les événements particuliers de leur histoire politique, sociale et morale, une foule de caractères accidentels et distincts; noter ces caractères tels que nous les attestent les monuments littéraires ou politiques, c'est donc faire l'histoire de cette langue, et il n'est pas de langue qui ne puisse avoir une histoire.

4. Il ne s'agit dans cette étude ni de recueillir et d'enregistrer les mots, ni d'énumérer les règles de syntaxe, sans oublier aucune de leurs transformations, c'est là une œuvre de grammairien. Le travail de l'historien consiste à tracer le tableau des faits essentiels de la vie et à rechercher les procédés généraux suivis par un idiome dans cette série de transformations. L'histoire d'une langue n'en est ni le dictionnaire, ni la grammaire, c'est l'exposition complète des faits successifs de sa vie expliqués dans leur origine et dans leurs lois. Donner un sentiment exact de la façon dont s'accomplit et s'achève ce travail d'organisation ou de désorganisation, voilà le but d'un historien de la langue. Dégager du chaos des détails les faits capitaux, les mettre en relief, en découvrir les racines dans le passé, en indiquer les fruits dans l'avenir, voilà son œuvre philosophique et le dernier résultat qu'il ambitionne.

5. Le passé se révèle au présent et lui parle par plus d'une voix. La voix des faits politiques et sociaux a été longtemps seule écoutée, elle frappe toutes les oreilles, n'est-il pas temps d'écouter la voix moins retentissante de la littérature et de la langue? C'est la voix de l'âme; elle s'adresse à l'intelligence et au cœur; c'est de l'intelligence et du cœur qu'elle nous dit les secrets.

Si même on compare ce tableau de la vie intérieure avec ce qu'on est convenu d'appeler l'histoire, c'est-à-dire avec le tableau des guerres, des conquêtes, des traités, des migrations des peuples, on reconnaîtra que l'étude des faits extérieurs présente, sous des différences locales à peine sensibles, une monotonie parfois fatigante. L'histoire politique est la peinture de la vie humaine dans ce qu'elle a de plus commun, de moins élevé, de moins caractéristique; les costumes, les dates et les noms changent, les passions et leurs résultats restent les mêmes.

Au contraire, l'histoire d'un idiome est l'histoire d'un peuple dans son œuvre la plus intime, dans son œuvre individuelle. Aussi, lors même que l'histoire politique cherche à monter de la simple énumération des événements extérieurs à l'analyse des dispositions morales qui ont produit ces faits, elle reste encore bien loin du tableau des faits intellectuels et moraux enregistrés par l'histoire des langues; ceux-ci sont, bien mieux que les faits politiques, l'œuvre propre et la gloire du pays. Ainsi, tracer l'histoire d'une langue, c'est faire l'histoire morale de la nation qui la parle, l'histoire de son génie et de son développement intellectuel; c'est assister à sa vie morale, en saisir sur le fait toutes les évolutions. Par là on connaît un peuple dans ce que sa vie a de plus intime et de plus élevé; on observe le reflet de son développement intellectuel, on étudie à leur source et à leur origine les principes de ses progrès et de sa grandeur. A quelque moment qu'on la prenne, on peut dire que l'histoire de la langue d'un peuple révèle sa pensée, ses sentiments, ses émotions, ses croyances, sa valeur intellectuelle et morale, cause première et fin suprême de tout le reste.

6. Mais plus cette étude offre un intérêt sérieux et élevé, plus les difficultés qu'elle présente sont considérables, plus sont graves les conséquences des erreurs. Les événements dont se compose cette histoire sont des faits moraux qu'il n'est pas aisé de constater avec une exactitude irréprochable. La rigueur des dates, qui offre dans l'histoire politique le secours si précieux de la chronologie, est à peu près interdite à l'historien d'une langue; les transformations intellectuelles ne sont pas de celles qui se produisent à jour fixe. Il en est de ces révolutions de la pensée et du langage comme de la révolution permanente qui constitue la vie physiologique; il semblerait que, sauf dans les cas extraordinaires, chaque jour ne fait que répéter et reproduire les phénomènes du jour qui l'a précédé; ce n'est qu'à la longue que l'effet du temps s'y fait apprécier.

Un écueil non moins dangereux que la poursuite d'une précision impossible à réaliser, c'est la prétention de soumettre tous les faits moraux à des lois d'une rigueur presque mathématique; défaut trop commun aux philosophes et aux grammairiens que de vouloir absolument mettre l'ordre scientifique ou logique dans un monde où cet ordre n'existe pas. Comme toutes les œuvres humaines, les langues sont soumises aux mille caprices de la volonté; les meilleures sont les moins imparfaites, celles qui déjouent le moins les calculs et les espérances de la raison humaine.

Mais le défaut contre lequel un historien sensé doit le plus se tenir en garde est cet étrange pédantisme des érudits qui, suivant l'expression spirituelle de Max Müller, parlent de la langue Kachikale et apprécient les délicatesses de l'idiome des Tchérémisses ou des Samoyèdes avec la même sécurité qu'ils mettraient à critiquer un écrivain français du xviiⁱᵉ siècle.

Il y a longtemps que Voltaire a donné le ton qui convient au vrai philologue, en lui conseillant ce langage : « Je doute beaucoup; je crois, mais je suis très-disposé à ne plus croire. » Du reste, il faut l'avouer, la tendance à généraliser les découvertes ingénieuses de l'érudition, à considérer comme absolues les remarques et les observations de détail, est si bien dans les instincts de l'esprit français que

Voltaire lui-même n'y a pas échappé quand il a osé dire : « Notre langue s'est formée du latin en abrégeant les mots, parce que c'est le propre des barbares que d'abréger tous les mots. » Pour rester dans le vrai de l'histoire, remplacez cette fin de phrase par celle-ci : « parce que le progrès dans une langue analytique consiste à abréger les mots, pour rendre plus rapide l'expression de la pensée; » alors seulement vous aurez une conclusion conforme à la raison et à la réalité.

7. Ces difficultés sont encore accrues dans l'histoire de la langue française par certaines circonstances particulières très-décisives. Il est impossible d'y découvrir des règles fixes et universelles; ces règles n'ont jamais existé; notre langue s'est formée sous l'empire des besoins les plus variés et les plus contradictoires de l'esprit pratique du peuple, qui l'a parlé seul pendant bien longtemps. Il est probable que le vieux français n'a été écrit qu'à partir du jour où l'usage en a été prescrit aux clercs; puis d'une façon un peu plus générale, après les serments de Strasbourg, c'est-à-dire vers le IXe siècle. Jamais le vieux français n'a eu de grammaire fixée, de vocabulaire arrêté et constaté par un dictionnaire; jamais de grands écrivains n'ont fait autorité pour fixer ou constater l'usage et la construction des mots, même au XIIe et au XIIIe siècle. Ce n'est que fort tard, lorsque cette langue était morte, que des étrangers, dès

Anglais, s'en sont occupés en érudits pour en recueillir et en fixer sous forme de règles les principaux usages.

Grâce à cet ensemble de faits la langue de l'ancienne France offre aux érudits un attrait de jeunesse, d'originalité, d'inspiration naïve qui semblerait devoir être le privilége des langues primitives; ce charme particulier explique la passion avec laquelle les savants allemands nous ont précédés et dépassés dans l'étude et l'analyse de nos vieux monuments littéraires.

8. La conclusion à tirer de l'ensemble de ces remarques, c'est qu'il faut appliquer à l'étude de l'histoire de toute langue, et en particulier de la langue française, une méthode très-rigoureuse; les prescriptions principales de cette méthode peuvent être ainsi formulées :

Avant tout recueillir, enregistrer et respecter les faits, seule base solide et inébranlable de l'érudition.

Classer les faits observés d'après leurs caractères naturels, sans nul esprit de système.

Après ce travail préparatoire l'interprétation des faits et la recherche des lois doivent être dominées par la plus grande défiance contre les créations personnelles et contre toute hypothèse.

Cette détermination des lois qui couronne le travail de l'historien peut être éclairée par les remarques suivantes tirées de l'étude des faits.

La perfection d'une langue est moins dans la richesse de son vocabulaire, dans la régularité de sa syntaxe, que dans sa souplesse et son aptitude à prendre sans effort toutes les formes qui conviennent le mieux à l'expression de la pensée; Pascal a eu raison de comparer une bonne langue à cette robe grecque dont les plis dessinent et accusent les lignes et les formes, au lieu de les couvrir et de les cacher.

En second lieu, toute langue n'est en réalité qu'un anneau dans une chaîne non interrompue, elle forme la transition d'un idiome à un autre. Il faut donc en éclairer l'étude par une double comparaison, et montrer d'abord comment une langue se rattache à une autre et la continue en la modifiant; ensuite comment elle contient en germe la langue qui doit la suivre, comment elle l'annonce et la prépare. Au lieu d'un tableau isolé, il s'agit d'une étude d'ensemble avec la recherche des ramifications dans le passé et dans l'avenir; l'historien doit joindre à l'examen de ce qui a précédé, la prévision de ce qui doit suivre.

9. De ces principes posés il résulte qu'il ne faut pas prétendre à ranger les faits d'une telle histoire sous le joug de forces physiques et fatales; l'organisme d'une langue subit l'action d'une puissance morale, l'esprit humain avec sa raison, et aussi avec ses caprices, ses préjugés, ses défaillances, ses contradictions. Cependant cette force libre est soumise

elle-même dans son développement à certaines conditions générales que l'expérience et l'histoire permettent de déterminer. L'instinct fécond et spontané
des masses qui font les langues produit une œuvre
ordonnée et logique ; il obéit dans ce travail à des
lois que le philologue a pour mission de saisir dans
leur signe visible. Ces lois essentielles sont des conditions premières qu'on peut résumer ainsi qu'il
suit : 1° l'activité naturelle de l'intelligence humaine
agit sans relâche et transforme tout les objets auxquels elle s'applique; 2° les aptitudes inhérentes
à la race et qui font son originalité mettent leur
empreinte à toutes ses œuvres; 3° l'intervention des
grands hommes est toute puissante et leur génie se
trahit dans la langue par les modifications du vocabulaire, de la syntaxe, de la construction, qui font
loi pour l'avenir, grâce à l'autorité de l'exemple;
4° des influences secondaires sont exercées par les
faits politiques ou sociaux qui agitent la nation :
invasions, guerres, alliances, etc.; 5° les grandes
découvertes de l'esprit humain modifient d'une
manière importante les conditions de la vie intellectuelle, telle est par exemple, au xv⁵ siècle, la
découverte de l'imprimerie ; 6° le climat et la nature
du pays où vit un peuple est encore une puissance
considérable qui ne crée absolument rien, mais qui
modifie la prononciation et l'harmonie; c'est ainsi
que le même radical latin peut former des dérivés

très-différents en Italie, en Espagne, en Provence et en Gaule.

10. Observer et classer les faits, en chercher la raison d'être, en tenant compte des conditions essentielles de la vie des peuples, telle est la méthode expérimentale ; elle est aussi sûre que modeste. Une marche plus audacieuse et plus séduisante poursuivrait l'histoire de notre langue dans la science à priori des radicaux sanskrits ou zends auxquels peuvent se rattacher la plupart des mots français; puis on montrerait par quelle série de transformations ces radicaux sont devenus des mots grecs, latins ou allemands, pour se métamorphoser enfin en mots français. Cette divination historique a quelque chose qui plait à l'imagination, mais elle ne satisfait pas la raison : procéder ainsi, ce n'est plus écrire une histoire, c'est imposer une hypothèse, souvent une illusion et une erreur personnelle.

11. Pour échapper à la séduction de cette méthode, il suffit de suivre les guides dont les études ingénieuses ou profondes ont inauguré dans notre pays l'histoire de notre langue. Les premières leçons de clarté, de précision, de justesse et de goût dans l'exposition élémentaire des transformations du français, on peut, on doit les demander au génie critique de M. Villemain, qui a fondé avec tant d'éclat l'enseignement historique de la littérature. Ce que sa pénétration inventive a deviné, de patients érudits l'ont justifié avant ou après lui par de curieuses et solides recherches. J'aime à rappeler ceux qu'on paraît se plaire à reléguer dans l'ombre et dans l'oubli : d'abord Ducange, une des gloires de l'érudition française, esprit aussi remarquable par la solidité de sa critique que par l'étendue de ses connaissances ; puis Sainte-Palaye, dont la science immense a laissé, avec beaucoup de fatras, des richesses que ses successeurs ont pillées et mises à profit sans songer à lui reporter l'honneur de ses découvertes ; enfin l'érudit que M. Villemain a proclamé son guide et son instituteur, Raynouard, que Burguy appelle un érudit d'un talent immense. Il faut garder une place très-honorable pour Ampère ; l'étendue et la variété encyclopédique de ses connaissances lui ont suggéré mille aperçus ingénieux et nouveaux. Génin avait un esprit très-vif et très-plaisant qui lui a fait autant de tort auprès des savants qu'il lui a valu de juste popularité dans le monde. Il était aussi spirituel que savant ; bien des gens, dont il faut dire tout le contraire, n'ont pu le lui pardonner. De Chevallet, par ses patientes et sérieuses recherches, mérita de prendre place à la suite de ces maîtres. Sa mort prématurée a été pour la philologie une perte regrettable comme celle de Fallot, dont l'ardente curiosité semblait promettre à la France son infatigable chercheur. Quant à nos contemporains encore vivants, il suffit de citer MM. Littré, Francis Wey,

Guessard, Paulin Pâris, etc., autant de partisans dévoués de la méthode expérimentale, autant de guides et de modèles qu'il faut consulter à chaque pas.

12. Un des résultats généraux les plus incontestables et les plus féconds de cette étude expérimentale du français, c'est de partager l'histoire de notre langue en deux périodes distinctes. Oui, les faits disent que la France a eu deux langues qui se sont succédé. Le vieux français prend son origine dans le latin, s'en détache dans son indépendance au x⁰ siècle, atteint son apogée au xii⁰ et au xiii⁰ siècle, subit la décadence au xiv⁰ siècle, et là disparaît. Le français moderne se forme au xv⁰ siècle pour atteindre son apogée au xvii⁰ et au xviii⁰ siècle. Ainsi le xiv⁰ siècle est une époque de dissolution et de mort pour la langue. Et même, si l'on se rappelle que c'est le siècle de la Guerre de cent ans, on reconnaîtra que cette division proposée pour l'histoire de la langue et des arts en France s'applique aussi bien à l'histoire politique. En effet, du jour où l'on prendra pour principe des divisions de l'histoire, non plus la succession des dynasties royales, mais la constitution de l'esprit national, on reconnaîtra que la division la plus vraie de l'histoire de France consiste à y distinguer deux périodes séparées par le xiv⁰ siècle. Ainsi la Guerre de cent ans marque la décadence et la mort de l'esprit féodal, tandis que dès le xv⁰ siècle, avec la renaissance de la littérature et des arts, naît et fleurit cet esprit national qui sera désormais l'âme de toutes les œuvres auxquelles s'appliqueront les forces vives de la France.

13. L'harmonie signalée entre l'histoire du peuple et l'histoire de sa langue n'est pas un des moindres services rendus par les recherches de l'érudition. Un peuple n'est bien connu que de l'historien qui a saisi dans les transformations de l'idiome de ce peuple l'image la plus fidèle qu'il puisse offrir de son esprit, le reflet le plus exact de ses mœurs, de ses usages, de son caractère. Nul ne connaîtra bien l'âme d'un peuple que quand il saura l'histoire de sa langue. Ajoutez que si le langage subit l'influence de l'esprit, il exerce lui-même sur le développement de l'intelligence et de la moralité d'un peuple une influence telle, qu'étant donné les révolutions de l'esprit français à travers un développement littéraire de neuf cents ans, il est facile de discerner les principes bons et les principes mauvais qui ont agi sur notre civilisation.

Enfin, éclairant l'avenir par la science du passé, la critique peut profiter de l'expérience acquise pour encourager dans les tendances modernes ce qui est conforme aux saines traditions de l'esprit français, et pour repousser au contraire ce qui hâterait la corruption et la décadence de la langue et de la littérature. Ce n'est pas à moins que va l'intérêt de cette étude du passé; elle est la leçon de l'avenir, qu'elle dirige entre les exigences de la tradition et les prétentions du néologisme : la science de ce qui a été fait enseigne à continuer le bien et à se préserver du mal.

14. Dans ce but, ce qu'on doit apprendre du passé, c'est moins ce qu'il a fait que l'esprit qui a présidé à ses travaux. A l'historien de saisir et de deviner l'âme et le génie du passé de la France ; ce génie naïf et puissant avait produit une œuvre admirable que le culte fanatique de l'antiquité et le pédantisme des grammairiens sont venus mutiler, mais que nous pouvons restaurer aujourd'hui avec une piété filiale. Quand l'éclectisme moderne ouvre au néologisme une large voie par laquelle tout s'introduit dans notre langue — hier c'était l'anglais, aujourd'hui l'arabe, demain ce sera le chinois — une place peut être faite à la langue de nos pères ; elle a plus d'une expression heureuse à nous rendre, nous serons plus près de les accepter quand nous les comprendrons. Dès le XVIᵉ siècle, Pasquier écrivait : « Il n'est pas dit que tout ce que nous avons changé de l'ancienneté soit plus poli. »

15. Cette remarque est si vraie que l'histoire donne presque toujours raison à l'usage des écrivains sur les règles des érudits. Si les philologues étroits du XVIᵉ, du XVIIᵉ et du XVIIIᵉ siècle, au lieu de poser *a priori* des règles arbitraires ou de professer une admiration exclusive pour le latin ou le grec, avaient pris la peine de chercher à se rendre compte des procédés suivis par l'esprit français dans son travail spontané, ils auraient été moins dédaigneux et n'auraient pas provoqué, en appauvrissant la langue, les justes réclamations des meilleurs esprits même du grand siècle. Ce serait double bienfait si une croisade contre les règles des grammairiens anciens pouvait provoquer une protestation plus générale contre notre culte fanatique pour le règlement, la législation, la discipline militaire appliquée à tout et partout.

16. En effet, la logique de notre langue se trouve bien simplifiée par les faits historiques : la variété des exemples primitifs, le tableau des transformations de l'orthographe et de la prononciation rendent compte de mille choses mieux que ne fait la sophistique des grammairiens, qui semblent multiplier les difficultés et les distinctions pour se ménager l'occasion de faire briller leur subtilité d'esprit.

Tandis que l'érudition peut soutenir avec une égale vraisemblance les explications les plus contradictoires, l'histoire établit sûrement l'étymologie des mots parce qu'elle en fait suivre la filiation à travers les intermédiaires fournis par le vieux français. Ainsi elle rattache *faible* à *flebilis* par les mots *feble* et *fleble*, *âme* à *anima* par *aneme*, *anme*, etc.; elle suit l'échelle de *lutrin*, *letrin*, *lectrin*, *lecturum*, *lectum*, *legere*;

elle explique par leur origine un grand nombre de composés inexplicables aujourd'hui, comme *débonnaire* (de bonne *aire*, synonyme de puissance, origine, caractère). Elle justifie certaines irrégularités apparentes, telles que les deux genres du mot *amour*, dont le genre a varié au moyen âge; ou quelques anomalies d'orthographe, comme *bonhomie*, de *homme*, et *honorable*, *d'honneur*, les deux consonnes étant la trace d'une mode ridicule qui s'est produite au XVI siècle. Elle explique certains rapprochements bizarres au premier coup d'œil, comme les expressions de *haute* montagne et de *haute* mer, parce que *altus* signifie à la fois élevé et profond. Elle donne leur valeur à certaines expressions de nos classiques ; par exemple, que de fois n'a-t-on pas reproché à Racine le mot de Pyrrhus à Andromaque : « Ah ! que vous me *gênez!* » Le mot est justifié, il reprend toute son énergie pour qui songe que *gêne* vient de *gehena, torture* ; est-ce la faute de Racine si, par l'usage, ce mot s'est affaibli jusqu'à devenir aujourd'hui un synonyme très-familier de *ennuyer, fatiguer* ?

17. Enfin Burguy signale un des fruits les plus précieux de cette étude historique de notre vieux français, quand il dit avec élan : « Je voudrais encourager le public à l'étude de ces belles épopées, de ces intéressantes chroniques, œuvres d'un siècle si brillant, si fécond en merveilles de tout genre, et dont l'influence politique et littéraire s'est fait

sentir pendant plus de trois cents ans dans toute
l'Europe. Cette étude servirait à entretenir et à ra-
nimer chez nous l'antique amour de la patrie. »

Qu'on se donne seulement la peine d'apprendre à
lire notre français du moyen âge, et, suivant l'heureuse expression de J. V. Le Clerc, « on verra renaître
toute cette vieille poésie française qui fut quelque
temps celle de l'Europe et que les productions de
nos trois derniers siècles avaient fait condamner à
un injuste oubli. »

Sans nul doute, la lecture et le commentaire des
écrivains du XIIe et du XIIIe siècle rendraient plus sûr
le perfectionnement de notre langue. Peut-être ap-
prendrons-nous de nos ancêtres à répudier les procédés grossiers qui de nos jours ont cherché à re-
nouveler la langue française par des emprunts aux
langues étrangères ou à l'argot. Pourquoi ne pas
substituer à ce travail malsain de dégradation et de
décomposition le rajeunissement d'archaïsmes in-
justement tombés en désuétude? Peut-être, grâce à
son goût pour les études historiques, le XIXe siècle
est-il appelé à réaliser enfin le vœu formé par
Fénelon, par Racine, par Molière, par La Fontaine
et par La Bruyère. En dépit de sa légèreté et de ses
inconséquences, malgré son entraînement vers toutes
les nouveautés, le génie français aime à réagir contre
tout ce qui est excessif et illogique; la raison, a-t-on
dit, finit toujours par avoir raison ; l'étude de

l'histoire de notre langue peut hâter, assurer, étendre ce triomphe, qu'il faut appeler de tous nos vœux.

18. Cette étude, ramenée à ses éléments les plus simples, sera divisée de la façon suivante :

Une *Introduction* sur les origines de la langue française.

Une *Première partie*, essai d'histoire du vieux français.

Une *Deuxième partie*, étude philologique sur le vieux français.

Une *Troisième partie*, essai d'histoire du français moderne.

Une *Conclusion* sur le présent et sur l'avenir de la langue française.

INTRODUCTION

ORIGINES DE LA LANGUE FRANÇAISE

INTRODUCTION

ORIGINES DE LA LANGUE FRANÇAISE

CHAPITRE I

Des langues primitives de la Gaule. Langue des Ibères; langue des Celtes.

1. Sources de notre histoire.
2. Division des temps primitifs.
3. Des Gaulois, Gals ou Celtes.
4. Des Ibères ou Euskes.
5. Traces de la langue des Ibères.
6. De la langue des Gaulois ou du Celtique.
7. Coup d'œil sur l'histoire de cette langue.
8. Influence du Celtique sur la langue française.
9. Caractère moral des Gaulois.
10. Caractères généraux de la langue celtique.
11. Traces laissées dans la langue française.
12. Caractère hypothétique de ces conclusions.

1. L'histoire authentique de notre pays ne date que du jour où la Gaule a été en relation avec Rome, et, pour parler d'une façon plus exacte encore, cette histoire commence à la réduction des Gaules en province romaine. C'est aux conquérants que nous devons le peu que nous savons sur les peuples qui ont les premiers occupé le sol de la France, c'est-à-dire sur nos premiers aïeux.

2. Les Romains ayant imposé aux Gaulois leur langue avec leur autorité, la conquête romaine marque dans notre histoire primitive une époque importante. Il faut donc admettre dans l'histoire même des origines de la langue en France deux périodes bien distinctes, deux parties qui traitent, l'une des idiomes primitifs de la Gaule, à savoir l'Ibérien et le Celtique, l'autre des langues importées en Gaule par le commerce ou par la conquête, c'est-à-dire le Grec, le Latin et l'Allemand.

3. Aux époques les plus reculées que revèlent les traditions historiques, le territoire de notre France était habité presque sans partage par les *Gaulois* (Gaëls ou Gals) que, par une singulière substitution, l'on désigne souvent par le nom de *Celtes*, titre particulier d'une de leurs plus importantes confédérations. Les Gaulois formaient un rameau important de la branche Japhétique ou Indo-européenne, ils se rattachaient ainsi à la souche commune de presque tous les peuples de l'ancien continent, la souche des Aryas; et cette origine première leur créait un lien de parenté avec les Grecs, les Romains et les Germains.

4. Cependant le sud-ouest de la Gaule avait été dès longtemps occupé par une population d'origine différente, les *Euskes*, qui, s'étendant jusqu'en

Espagne, ont été nommés par les Grecs et les Romains *Ibères,* c'est-à-dire habitants des bords de l'Èbre. Les Ibères parlaient une langue qui, modifiée par le temps, est devenue la langue des Basques, appelée par les Basques eux-mêmes l'*Euscarien.* Mais cet idiome primitif a laissé dans la langue française des traces trop faibles pour qu'on n'ait pas le droit de négliger à peu près cet élément.

5. En effet, les mots français qu'on peut essayer de rattacher à cette origine sont à peine au nombre de cinq ou six; les moins contestables et les plus intéressants sont les mots *savate,* traduction française du *zapata* espagnol et basque; *truffe,* de *trufa,* moquerie, tromperie, primitif probable du nom propre créé par Molière pour désigner l'imposteur ou le faux dévot *Tartufe,* dont l'étymologie exerce depuis deux siècles la pénétration des philologues.

6. On peut donc admettre que la langue primitive des habitants de notre pays était la langue des Gals ou Gaulois, langue désignée sous le nom de *celtique.*

Quelle qu'ait été l'importance militaire des Gaulois, bien que leur domination ait été portée par la conquête jusqu'en Asie, nul monument authentique ne nous reste de leur idiome. Ce fait singulier s'explique par trois causes principales : 1° les Gaulois n'avaient ni littérature populaire, ni écriture, ni alphabet; l'instruction était le privilége des prêtres, des druides, dont l'enseignement était oral;

toute composition écrite leur était interdite comme un sacrilége, et la transmission des principes religieux était l'objet d'une initiation pleine de mystères; 2° après la conquête romaine, les vainqueurs laissèrent dédaigneusement végéter dans l'ombre les croyances, les institutions et la langue des vaincus ; mépris impolitique, car il permit aux Gaulois de faire de l'idiome national la langue mystérieuse et sacrée des conspirations ; 3° le dernier coup fut porté à la langue primitive de nos ancêtres au ve siècle par la conquête franque, qui vint augmenter la confusion des langues en apportant en Gaule un troisième idiome, la langue germanique. Aussi, quand par la force des choses cette population mixte fut condamnée à chercher une langue qui pût servir aux communications générales, la langue primitive des Gaulois ne put prévaloir sur la langue latine, qui était déjà le langage officiel de l'Église et de l'État.

7. Ce triomphe du latin fut une raison de plus pour que l'idiomé celtique se perpétuât par tradition dans les couches inférieures et obscures de la société gallo-romaine. Une lettre de Sidoine Apollinaire atteste que le bas peuple des Gaules s'en servait encore au ive siècle de notre ère ; et même au ve siècle, Sulpice Sévère dans sa vie de saint Martin démontre que le celtique et le latin étaient simultanément en usage. Le dernier asile du celtique ce furent les montagnes de l'Auvergne et surtout les landes sauvages de l'Armorique, où le celtique, rajeuni par une émigration galloise, refleurit avec le sentiment patriotique dès qu'eut cessé la pression romaine. Aussi la trace de cet idiome s'est-elle conservée jusqu'à nos jours; il persiste dans les patois de la basse Bretagne, du pays de Galles et de quelques comtés d'Écosse et d'Irlande. C'est là qu'une curiosité intelligente a retrouvé dans l'usage journalier du peuple les quelques mots de celtique primitif recueillis et conservés par les historiens latins ou grecs; aujourd'hui, grâce à ces débris mutilés du passé, la sagacité des érudits peut essayer de restaurer dans ses lignes principales ce grand monument détruit.

8. Sans doute, il suffirait presque de signaler, à titre de fait, l'existence de cet idiome primitif qui n'eut aucun développement régulier. Il a laissé surtout dans le français des noms propres de lieux qui ont été d'abord latinisés. L'action du celtique n'a guère pu s'exercer d'une manière notable qu'en altérant la prononciation et par suite l'orthographe du latin, parce que les Gaulois ont dû faire subir à la langue que leur imposaient les vainqueurs toutes les modifications qui la rendaient plus accessible à leur ignorance et plus conforme à leurs habitudes nationales.

9. Cependant, les Gaulois et leur idiome méritent une attention particulière, parce que le peuple gaulois forme après tout le fond du peuple français, et qü'à travers la malveillance dédaigneuse des Romains, le portrait qu'ils ont tracé des Celtes laisse percer plus d'un trait de caractère qui se retrouve dans leurs petits-fils et qui a dû exercer une action considérable dans les révolutions subies par la langue française.

Jules César peint les Gaulois curieux et intelligents, mobiles et avides de nouveautés; Silius Italicus en fait un peuple de bavards, sans suite dans les idées; mais ce qui intéresse le plus l'historien de la langue, c'est le trait marqué par Caton : la passion du beau langage aussi vive que celle du combat. Cette disposition, jointe à leur souplesse d'esprit et de caractère, faisait des Gaulois les hommes les plus sociables, les esprits les plus prompts à s'assimiler tout ce qui leur plaisait, à s'approprier tout ce qui pouvait leur profiter.

D'ailleurs, en dépit du mépris affecté d'abord par les Romains, la communauté d'origine entre les deux nations éclatait dans une communauté naturelle de principes et de tendances : les Gaulois n'étaient point des barbares, non; à une grande distance en arrière ils marchaient dans la même voie que les Romains, ils appartenaient à la même civilisation et, de l'aveu de César, ne différaient guère des Romains pour les principaux usages de la vie. En un mot, un siècle avant notre ère, ils étaient mûrs et prêts pour une culture qu'ils accueillirent avec empressement, aussi vite policés que conquis.

10. La langue des Gaulois elle-même offrait dans sa rudesse plus d'une analogie essentielle avec l'idiome latin : c'est là ce qui explique les traces laissées par leur idiome primitif dans la langue que les Gaulois ont fait sortir de la langue latine. En effet, la langue celtique, à titre de langue arya, présentait dans ses radicaux et dans sa grammaire de sérieuses ressemblances avec toutes les langues de même origine, à savoir : le sanscrit, le persan, le slave, le grec, l'allemand, et probablement encore plus avec le latin.

11. Voici d'ailleurs les rapports les plus curieux entre la langue celtique et le français moderne, autant qu'on peut le conjecturer par les rapports du français avec le breton : 1° les sons $è, e, u$ qui sont étrangers au latin sont communs au français et à l'idiome breton, ce qui permet de supposer que ces voyelles sont d'origine gauloise ; la voyelle u est si bien propre aux Gaulois que l'usage s'en est perpétué même au nord de l'Italie dans l'ancienne Gaule transpadane, et ce n'est qu'au sud du Pô que règne l'*ou* italien, souvenir de la prononciation latine ; 2° les articulations *ch* et *j*, l'emploi des lettres m, n avec le son nasal, l'usage des *ll* mouillées semblent des modifications introduites dans la prononciation latine par la persistance des habitudes traditionnelles des

Gaulois; 3° certains radicaux sont communs aux deux langues, comme la préfixe péjorative *ber* de *berlue; gog* dans *goguette*, et *dean* (forêt) qui se retrouve dans *Ardennes*, semblent des restes du celtique; 4° on compte une centaine de mots français qu'on croit pouvoir rattacher au celtique; ces mots se rapportent en général à des objets physiques et aux détails de la vie commune; en voici quelques-uns : *amarre, bac, bec, blé, botte, briser, clan, dune, fur* (dans *au fur et à mesure*), *havre*, etc.; 5° l'on a cru même trouver la preuve que la déclinaison du vieux français est d'origine celtique dans la déclinaison gaélique qui, encore aujourd'hui, a deux cas et marque le pluriel en intervertissant l'ordre des cas du singulier, ainsi que le faisaient les Français du moyen âge; 6° enfin, faut-il reconnaître un souvenir obstiné de l'emploi que les Celtes faisaient en numération du système vigintésimal dans la persistance à travers le moyen âge des expressions illogiques *quatre vingts, quinze vingts* qui sont restées dans le français moderne? le xvii° siècle comptait encore par *sept vingts, huit vingts*, etc.

12. Comme conclusion de ce rapprochement entre le celtique et le latin, il faut convenir du caractère tout hypothétique de la plupart de ces observations. Elles attestent l'esprit d'invention des érudits; mais elles n'ont pas la clarté propre à la plupart des étymologies latines de notre langue.

De plus, bien des mots rattachés au latin ont pu
venir directement de l'idiome plus ancien, beaucoup de racines étant communes aux deux langues.
En un mot, jusqu'à l'introduction de la langue
des Romains dans notre pays, tout est obscur,
tout est conjectural, parce que nul monument
authentique ne nous est resté; faute de mieux,
l'important est donc de donner toutes les interprétations à titre d'hypothèse. C'est ici surtout qu'il
convient de répéter le mot de Voltaire : « Je ne sais
pas, je doute; je crois, mais je suis tout prêt à ne
plus croire. »

CHAPITRE II

Des langues importées en Gaule par les Grecs, les Romains et les Francs.

1. Des Grecs et de leurs établissements en Gaule.
2. Nulle influence primitive de leur langue.
3. Des Romains et de la conquête romaine.
4. Influence puissante de leur langue.
5. Des Francs et de leur invasion.
6. Action très-secondaire de l'idiome germanique.
7. Causes et preuves de ce fait.
8. Conclusion : le latin devint la langue des Gallo-Romains.

1. Le pays des Gaulois a subi plus d'une invasion. A une époque très-reculée et dont la date exacte nous est inconnue, des aventuriers grecs abordèrent en Gaule sur les côtes de la Méditerranée; ils y fondèrent des établissements durables et y conservèrent l'admirable idiome de la mère-patrie; mais en même temps, grâce à la souplesse féconde de leur esprit, ils apprirent vite la langue grossière de leur patrie nouvelle, épargnant ainsi aux Gaulois la peine d'étudier une langue savante bien supérieure à leur intelligence, encore inculte à cette époque.

2. Malgré l'éclat incontestable des écoles qui

firent de Marseille et de plusieurs villes du midi autant d'Athènes nouvelles, l'influence de la langue
grecque sur l'idiome du pays fut à peu près nulle ; la
cause en fut peut-être bien dans la distance qui séparait cet admirable instrument littéraire du langage
primitif des Gaulois. Toujours est-il que l'histoire ne
trouve rien à enregistrer dans ces temps reculés. Ce
n'est que bien plus tard, et soit par l'intermédiaire
du latin, soit par un travail tout moderne de l'érudition, qu'ont été formés et introduits dans la langue
française tous les composés grecs que nous y rencontrons ; par exemple, *photographie* est un composé
formé d'hier ; *fracasser* se rattache à ῥήγνυμι par
le latin *frango ; forme* vient de μορφή par l'intermédiaire de *forma ; école* de *schola*, transformation
de σχολή, etc.

3. Une importation bien plus féconde, ce fut
celle du latin. Vers 154 avant notre ère, les Romains,
sous prétexte de venir au secours des Grecs de Marseille, avaient déjà occupé la partie méridionale de
la Gaule ; cent ans plus tard, un prétexte semblable
servit au proconsul chargé du gouvernement de
cette province pour attaquer les · Gaulois restés
indépendants, mais bien déchus de leur antique
grandeur militaire et nationale.

A la suite d'une lutte héroïque de huit années, un
triomphe qui fit à Jules César la renommée d'un
grand homme de guerre réduisit toute la Gaule en

province romaine. Telle fut alors l'estime imposée
par les compagnons de Vercingétorix à leurs vainqueurs, qu'au lendemain de la conquête, Rome laissa
siéger dans sa Curie patricienne des Gaulois vêtus
du laticlave. En même temps qu'elle attirait ainsi
les vaincus par les séductions de la vanité, Rome
prenait possession- de sa nouvelle conquête par tous
les moyens dont sa politique fit un usage si puissant
et si profitable : l'administration romaine imposa
aux Gaulois, avec son ordre et sa police, les lois et
la langue des vainqueurs. C'est alors que nos ancêtres du Midi reçurent le nom de *Trilingues*, parlant
à la fois le Gaulois, le Grec et le Latin.

4. Dès ce jour, tout vint se réunir pour entraîner
les Gaulois dans le courant de la civilisation romaine : Auguste était fier des hommages de Lyon;
Claude, plus capable que personne de goûter les
aptitudes littéraires des nouveaux venus, accorda
le droit de cité à toutes les villes de la Gaule, sa
terre natale; il mettait ainsi les Gaulois sur le
pied d'égalité avec les Romains. Mais ni la volonté
toute puissante des maîtres, ni l'autorité du préteur, ni le séjour constant des milices romaines
dans le pays, ni même les prévenances et les faveurs
inouïes des empereurs, n'auraient suffi à provoquer
la révolution qui s'opéra dans les Gaules, si la population ne s'était trouvée à la hauteur de la civilisation, si les germes n'étaient tombés dans un sol

presque aussi fécond que celui de la Grèce. En effet, ces mêmes hommes qui avaient déployé une énergie désespérée dans la résistance à la domination politique de Rome, ces mêmes hommes, au moins dans les villes, acceptèrent avec empressement sa langue et ses usages.

Aussi est-ce à la Gaule surtout que peut se rapporter ce portrait d'une province romaine tracé par une ingénieuse érudition : « Les légions faisaient pénétrer l'influence romaine dans les classes laborieuses par cette affinité naturelle qui attire le peuple vers les soldats ; les négociants latins établis sous la protection des armées communiquaient leurs habitudes et leur langue à tous ceux qui avaient affaire à eux ; enfin, les riches, les nobles, les chefs se trouvaient en rapport avec les procurateurs, les propréteurs et les proconsuls. Ces personnages romains étaient des gens du plus grand monde, chevaliers ou sénateurs, qui apportaient comme l'air de Rome et donnaient le ton à toute la bonne société. » C'est ainsi que la Gaule devint rapidement romaine, et qu'elle mérita des proconsuls intelligents ces égards que Pline réclamait en faveur de la Grèce.

5. Par suite, quand cinq siècles après la conquête de César, une conquête nouvelle imposa aux Gallo-Romains la domination des Francs, l'idiome de ces barbares ne put introduire que des modifications insignifiantes et toutes de détail dans la langue latine

dès longtemps adoptée et parlée en Gaule, c'est alors que notre histoire présente ce phénomène intéressant d'une population vaincue qui donne et impose sa langue à ses propres vainqueurs.

6. Sans doute, le rôle politique des Germains a été très-considérable dans l'histoire de l'Europe au ve siècle; mais leur action sur la langue des Gallo-Romains se manifeste uniquement par l'introduction de quelques mots; il ne se produit nulle assimilation, nulle fusion des diverses langues.

7. Cette infériorité des Germains sur les Romains s'explique par plus d'une cause historique et morale dont voici les plus frappantes : 1° la langue des Francs n'était pas une, elle se partageait en autant de dialectes qu'il y avait de tribus confédérées; 2° la conquête de la Gaule ne fut pas systématique et simultanée; c'était par petites bandes que les Germains passaient en Gaule; et même en admettant deux grandes invasions franques, l'une au ve siècle par Clovis, l'autre au viiie siècle par les Carlovingiens assurant le triomphe définitif de l'Austrasie sur la Neustrie, toujours est-il que les premiers envahisseurs avaient eu le temps de s'assimiler à la population primitive de la Gaule, quand vint le second flot d'outre-Rhin; 3° un grand nombre de Francs savaient déjà le latin, qu'ils devaient, soit aux leçons de l'Église, soit au séjour dans le palais des empereurs, où les barbares étaient admis depuis

longtemps; 4° les Francs étaient en bien petite
minorité dans cette population gallo-romaine qui,
les absorbant et se les assimilant très-vite, revêtit
léur idiome tudesque de caractères latins; 5° ils
avaient eux-mêmes intérêt à se plier promptement
à tous les usages des vaincus pour s'assurer le concours de l'Église et séparer profondément leur cause
de la cause des Francs d'outre-Rhin, toujours prêts
à tenter de nouvelles invasions aussi redoutées des
Francs que des Gallo-Romains.

8. Il suit de là que de toutes les langues étrangères
la langue latine, imposée par les Romains depuis près
de six cents ans, fut de préférence employée par
les Gaulois. Aussi le travail d'altération spontanée
qui du latin devait faire la langue française commença dès la réduction de la Gaule en province romaine; il a continué pendant le moyen âge suivant
les mêmes lois; et l'action exercée sur ce travail sé-
culaire par l'esprit et par la langue des Francs n'a
été qu'un fait très-secondaire.

En résumé, l'histoire nous apprend que la langue
française est, d'une façon aussi exacte que possible,
une transformation de la langue latine importée en
Gaule. Ampère a dit avec une parfaite exactitude :
« Le français est une langue latine; les mots celtiques
y sont restés ; les mots germaniques y sont venus ; les
mots latins sont la langue elle-même, ils la constituent. »

Ainsi, étudier d'abord le latin des Gallo-Romains, c'est apprécier la langue que nos pères ont cultivée avec gloire avant de se l'approprier par une série de modifications; renvoyer au fond du tableau et comme une analyse d'un intérêt secondaire l'étude de l'action exercée par la langue des Francs, c'est à la fois suivre l'ordre chronologique des événements et donner aux faits leur place logique, le rang qui convient à leur valeur.

CHAPITRE III

**De la langue des Gallo-Romains. — Histoire du
latin parlé en Gaule
depuis César jusqu'à Charlemagne.**

1. Étude du latin en Gaule, avant la conquête romaine.
2. Le latin imposé par la conquête.
3. Distinction entre le latin vulgaire et le latin littéraire.
4. Caractères généraux du latin.
5. Diffusion rapide en Gaule.
6. Emploi universel au ive siècle de l'ère chrétienne.
7. Il est adopté par les Francs au ve et au vie siècle.
8 Caractères du latin parlé en Gaule au vie siècle.
9. Tableau des altérations essentielles du vocabulaire et de la syntaxe.
10. Exemples du latin depuis le vie jusqu'au viiie siècle.
11. Le roman rustique.

1. Même avant la conquête romaine, les Gaulois, déjà en rapport avec les peuples de l'Italie centrale, avaient manifesté leur goût et leurs aptitudes littéraires par une étude raisonnée du latin. Ce sont des Gaulois dont l'histoire a conservé le nom, Plotius et Gniphon, qui éveillèrent à Rome le génie critique en ouvrant, vers l'an 87 avant Jésus-Christ, une école de rhétorique et de grammaire. Cicéron et César lui-même reçurent ainsi de ces barbares leurs premières leçons de littérature et de goût.

2. Mais il ne faut pas s'imaginer qu'en échange ce fut l'idiome élégant et poli des rhéteurs que les grossiers soldats de César apprirent aux soldats de Vercingétorix ; c'était la langue ou plutôt le jargon des camps et de la place publique. Et même il faut y ajouter tous les autres dialectes italiques : l'osque, le sabin, etc.; que de dialectes alors en Italie, et èn combien de patois différents ne se divisaient-ils pas encore ! Tel fut le fond de l'éducation latine des Gaulois. A la suite des légions triomphantes vinrent la justice, l'administration et la religion, qui imposèrent à la Gaule la langue littéraire dont elles usaient. Ainsi, bien que supérieurs en nombre, les vaincus furent soumis à la langue des vainqueurs moins par le poids des armes et de la conquête que par l'ascendant moral d'une organisation civilisée sur une anarchie grossière.

3. En vertu d'une loi naturelle dont l'histoire littéraire tient en général trop peu de compte, toute langue est double : elle admet une langue vulgaire au-dessous de la langue littéraire. Par suite, à Rome même, du jour où le latin fut écrit, avait dû commencer cette distinction entre la langue vulgaire et la langue savante. D'abord cette séparation fut à peine sensible; mais la réflexion critique, l'étude des grands écrivains, le culte de la littérature grecque, l'enseignement des règles de la composition et du style furent pour la langue littéraire des causes de perfectionnement qui la séparèrent chaque jour davantage de la langue vulgaire. Ainsi, parallèlement à l'idiome employé par les esprits cultivés se développait dans le monde romain un idiome usité surtout au Forum et dans les camps. Les littérateurs eux-mêmes rendent témoignage de ce fait lorsqu'ils donnent à un barbarisme le nom de *castrense verbum*.

C'est cette langue populaire aussi variée que le caprice et exposée à tous les outrages de l'ignorance et du hasard, c'est ce latin vulgaire que les provinces recevaient des soldats, pour lui faire subir encore l'influence de leurs propres habitudes de pensée, de parole et de prononciation.

Cette hypothèse historique est autorisée par la réflexion et par la comparaison avec ce que nous voyons se passer pour les langues vivantes. Elle se légitime par un assez grand nombre d'observations de détail, et elle prendrait toute la valeur d'un fait avéré, si nous possédions le vocabulaire de ce latin des rues de Rome dont Plaute peut donner une idée et que saint Jérôme appelle *militaris vulgarisque sermo*, le latin des soldats et du bas peuple. A défaut de ces renseignements authentiques, le simple rapprochement entre le peu que nous savons de ce langage populaire et certains mots français jette quelque lumière sur la question et vient autoriser la distinction entre les deux sortes de latin. Plaute fait du masculin *frons*, *cupressus*, *laurus*, etc.; le français a conservé ce genre, en dépit des règles de la langue littéraire ; il fait du féminin *pulvis*, d'où nous est venu le mot *poussière*. Bien des mots français sont tirés de la basse latinité, qui n'était sans doute qu'un triomphe du latin populaire : *chène* de *casnus*, *berbis* de *vervex*, *fontaine* de *fontana*, *pièce* de *petium*, *battre* de *battere*, *affaire* d'*ad facere*, *âge* d'*œtaticum*, *bas* de *bassus*, etc., autant de termes vulgaires auxquels correspondaient les mots littéraires : *quercus*, *ovis*, *fons*, *fragmentum*, *verberare*, *negotium*, *œtas*, *humilis*.

4. La langue apportée en Gaule par les Romains semblait, par une foule de caractères particuliers, prédestinée à s'infiltrer aisément dans la société gauloise ; ainsi s'explique son succès rapide dans notre pays. Quelques rapprochements méritent d'être signalés :

1° La langue latine, d'origine arya, était par suite une sœur de la langue celtique aussi bien que de la langue grecque ; radicaux communs, analogie dans les procédés de formation, de syntaxe et de construction des mots, voilà qui rapprochait les deux langues et facilitait la constitution d'un idiome nouveau.

2° Le latin s'était formé lentement et n'avait pris un essor littéraire que depuis le jour où pendant la guerre de Tarente, près de cinq siècles après la fondation de Rome, le contact avec les Grecs avait révélé aux Romains les aptitudes et les destinées de leur idiome. Par suite le latin conservait, surtout dans ses formes familières, une rouille de grossièreté primitive qui le rendait plus accessible à l'intelligence des barbares en le rapprochant de leur idiome national.

3° La concision qui distinguait la langue latine et la rendait si propre aux formules des inscriptions, cette concision répondait aussi aux préférences de l'esprit gaulois, à son goût pour le mouvement et pour l'action. En même temps, les constructions régulières et logiques du latin satisfaisaient aux besoins de l'esprit et à la pratique des affaires, comme sa sonorité oratoire remplissait et charmait l'oreille de l'auditeur gaulois.

4° Une langue riche, savante, fixée par de grandes œuvres littéraires, puissante expression d'une société constituée, d'une administration qui réglait les destinées du monde, la langue du peuple-roi, entrait en lutte contre un idiome traditionnel, sans écriture, sans monuments, traduction vague et obscure des sentiments nationaux, arme d'oppression entre les mains de la théocratie druidique.

5° La loi de la politique romaine qui imposait aux vaincus la langue avec l'administration des vainqueurs fut rendue plus tolérable par la faveur marquée d'un grand nombre d'empereurs. Traitée avec des égards particuliers, la Gaule ne subit qu'une contribution peu considérable ; ses principaux chefs furent dès les premiers jours mêlés à tous les grands corps de l'État romain.

6° Enfin les prédications du christianisme sont faites en Gaule dans cette langue latine que le clergé d'Occident adopte, non pour l'enfouir, comme les druides faisaient du celtique, mais au contraire pour la répandre par toutes les voies que lui ouvre son zèle et son ardeur apostolique.

5. Les effets de ces causes diverses et puissantes ne tardèrent pas à se faire sentir, et l'ambition des Gaulois se plia volontiers au travail d'étudier et de savoir le latin quand le bon vouloir de Claude mit pour eux cette unique condition au droit d'exercer toutes les charges de l'État.

Déjà sous le règne de Tibère, Autun avait ouvert des écoles latines, et dès le premier siècle de notre ère, le poëte Martial félicite les femmes et les enfants de Vienne du plaisir qu'ils goûtent à lire ses vers ; enfin, Pline le jeune se fait gloire d'être connu, lu et apprécié par toute la Gaule.

6. Aussi, vers le ivᵉ siècle, toutes les villes gauloises parlent le latin ; il est devenu la langue usuelle des hautes classes de la société. Un juge dont le génie oratoire garantit le goût critique, saint Jérôme, va jusqu'à dire que les Gaulois surpassaient les Latins eux-mêmes par la fécondité de leur éloquence et l'éclat de leur style. C'est à ce titre qu'il surnommait saint Hilaire, évêque de Poitiers, le Rhône de l'éloquence latine. De même, l'élégance classique de Sulpice Sévère lui a valu le titre de Salluste chrétien. Il n'était pas jusqu'au bas peuple qui ne se décidât à mêler quelques mots latins à son jargon celtique. En un mot, à propos de cette époque de notre histoire, M. Villemain a pu écrire : « Toutes les Gaules jusqu'au Rhin parlaient la langue latine, la religion parlait latin, la loi parlait latin, la guerre parlait latin ; partout le latin était la langue que le vainqueur imposait au vaincu. Pour traiter avec lui, pour lui demander grâce, pour obtenir la remise de l'impôt, pour prier dans le temple, toujours il fallait la langue latine. »

7. Quand, au Ve siècle, les Germains et les autres barbares d'outre-Rhin vinrent faire des établissements définitifs sur les terres de l'empire romain, ce dernier choc porta le coup de mort aux idiomes indigènes. Comme l'Église, qui cultivait et enseignait le latin, la latinité devint le refuge des populations vaincues, et, par un hommage spontané de la barbarie franque à la civilisation, de même que Clovis se montre fier des titres romains que lui confère l'empereur Anastase Ier, de même les rois nouveaux venus se font gloire d'apprendre et d'employer la langue latine. Les Francs y étaient d'ailleurs condamnés par leur infériorité numérique ; c'était comme une poignée d'émigrants noyés

dans un pays qui conservait le fond de sa population primitive.

De là il résulte qu'au vi[e] siècle le latin peut être considéré comme la langue universelle des Gaules. Les Gallo-Romains le cultivent en haine de leurs nouveaux dominateurs, dont la barbarie donne par contraste un lustre plus vif à la civilisation latine. Les Francs l'adoptent par politique et pour effacer la trace de leur sanglant passé. Enfin, le peuple lui-même commence sans doute à s'en servir. Cette conjecture est d'autant plus probable que c'est précisément l'époque où les écoles et les rangs du clergé sont ouverts aux plus humbles de la nation.

8. Mais le latin qui triomphe vers le vi[e] et le viie siècle dans le royaume des Mérovingiens est bien loin du latin élégant de Cicéron ; il n'est même plus le jargon romain des soldats de César ; c'est une corruption presque méconnaissable du latin vulgaire mêlé à l'idiome ancien. Cependant ce mélange n'est pas un chaos, et les révolutions qui ont de la sorte altéré le latin ne sont pas des accidents sans racines dans le passé. Bien au contraire, les faits prouvent que, dans cette transformation sur un sol étranger, le latin n'a guère fait que suivre les lois primitives de son développement : le travail irréfléchi des barbares a seulement, tantôt précipité, tantôt ralenti cette marche naturelle. La transformation du latin est souvent une décadence et une corruption ; mais parfois aussi c'est une amélioration et un progrès.

Pour toute langue la vie est une lutte continuelle entre deux forces rivales : l'archaïsme et le néologisme, c'est-à-dire la tradition ou respect du passé et la révolution ou besoin du changement. Grâce au progrès résultant de l'équilibre de ces deux forces, le latin était devenu, à l'époque de Cicéron, une langue synthétique, très-riche en cas, en désinences verbales, langue d'une construction poétique et oratoire très-savante et très-raisonnée, susceptible d'une grande perfection oratoire.

M. Villemain a finement comparé le latin du siècle d'Auguste à ces instruments de musique si délicats qu'ils se dérangent ou se brisent sous des mains grossières et maladroites. Or, ces mains ignorantes, c'étaient celles de tant de populations soumises par les armes et que ni le préteur, ni le proconsul ne pouvaient dépouiller du droit d'altérer la langue que leur imposait la conquête.

Voici une preuve entre mille qu'en Gaule cette transformation s'est faite d'une façon toute spontanée. Dans la simplification des mots latins, on n'a souvent tenu aucun compte de la distinction entre le radical et la terminaison ; ainsi, l'on a fait un mot de ce qui n'était qu'une désinence : du mot *avunculus*, la partie qui indiquait la parenté, le radical *avus* a disparu, et *unculus*, qui n'était qu'une terminaison diminutive comme dans *homunculus*, est devenu le mot *oncle,* qui ne conserve rien de ce qui devrait indiquer son primitif. Voilà comment le vocabulaire et la grammaire du latin, au milieu des provinces, étaient placés dans des conditions qui devaient en accélérer l'altération.

9. Déjà un demi-siècle avant l'ère chrétienne, Cicéron signalait l'invasion des mots étrangers dans la langue de Rome. Un siècle plus tard, Quintilien déplorait les irrégularités du langage des provinces, et Aulu-Gelle, vers 150, trouvant un rhéteur qui comprenait Salluste, le cite avec la même admiration que s'il avait déchiffré le texte des Douze-Tables. Cette langue, déjà si difficile, même pour ceux qui la parlaient de naissance, était donc condamnée à se simplifier pour se répandre. Ajoutez que cette simplification, regrettable à certains égards, réalise par un autre côté un véritable progrès, la richesse des formes étant souvent une cause d'obscurité et de confusion.

Pour ce qui s'est passé dans notre pays, les altérations du latin se sont trouvées si conformes au génie même de la langue latine, qu'elles s'étaient déjà produites, toutes ou peu s'en faut, à l'état d'accident aux époques les meilleures de la latinité. Les principales de ces modifications primitives méritent d'être signalées, parce qu'elles prouvent l'affinité naturelle du français et du latin, car elles se reproduiront dans l'histoire même de la formation de notre langue : 1° assourdissement des voyelles ; le latin de la décadence substitue *gemire* à *gemere* ; même aux époques primitives, Caton préférait *dicem* et *faciem* à *dicam* et *faciam*, qui lui paraissaient durs ; quelques substantifs de la troisième déclinaison font l'accusatif singulier indifféremment en *em* ou en *im*, *navem* ou *navim*, *piscem* ou *piscim* ; on disait également *optumus* et *optimus* ; 2° abréviation des mots par suppression ou contraction : *ditior* au lieu de *divitior*, *summus* au lieu de *supremus* ; Plaute disait *poplo* pour *populo*, Virgile *sæcla* pour *sæcula* ; Auguste préférait *caldus* à *calidus* ; 3° diminution des désinences dans les déclinaisons et substitution des prépositions aux cas : *templum de marmore* dans Virgile ; *restituit ad parentes* dans Tite-Live ; 4° emploi du verbe *habere* comme auxiliaire pour former les temps passés ; César a dit : *Copias quas habebat paratas* ; Cicéron : *De Cæsare satis dictum habeo* ; Tite-Live : *Urbem quam parte captam, parte dirutam habet* ; 5° usage des pronoms dans le rôle d'articles ; Sénèque donne pour titre à Dieu : *Conditor ille generis humani* ; Cicéron avait dit à propos de l'héroïsme militaire : *Ad veram laudem illa pericula adeuntur*. Ces exemples pourraient être multipliés, même sans sortir des écrivains d'une latinité irréprochable.

10. Telle est en résumé la théorie de cette révolution ; telles sont les lois qu'elle semble avoir subies. En fait, c'est à peu près vers le vi⁰ siècle que se marque, par des signes incontestables, la distinction entre le latin littéraire, langue morte et savante cultivée dans les monastères comme langue officielle de l'Église, et un idiome populaire qui n'est vraiment plus le latin, tant il a perdu les caractères distinctifs du langage de Cicéron.

En effet, les chartes du temps attestent un incroyable chaos où sont mêlées toutes les désinences : *Episcopi de regna nostra — Donabo ad conjux — In præsentia de judices*. Ainsi les cas sont oubliés et les prépositions les remplacent.

Comme cette contagion d'irrégularité gagnait même l'Église, en 589 le concile de Narbonne cherche à remédier au mal et défend de conférer les ordres majeurs à quiconque ne saura pas le latin littéraire ; ce qui n'empêche pas le pape saint Grégoire d'écrire naïvement, quelques années après : « Les règles mêmes de la langue fixées par les grammairiens me semblent peu dignes d'être respectées..... Je ne crains ni le barbarisme, ni l'irrégularité..... en vérité je considérerais comme une indignité de soumettre le langage de la doctrine divine aux règles de Donat. » Aussi, comment s'étonner qu'en 752, le pape Zacharie ait eu à prononcer sur la validité d'un baptême conféré en ces termes : *Ego te baptizo, in nomine patria, et filia, et spiritus sancti.*

11. En résumé, du vi⁰ au viii⁰ siècle se forme

et se répand en Gaule un latin corrompu qui n'a plus guère que les radicaux du latin primitif et qu'on a justement appelé Roman rustique (*romanus rusticus*), c'est-à-dire langue des Romains altérée par les gens de la campagne. Ce jargon n'est point une création, ce n'est point une langue nouvelle, c'est bien du latin ; c'est la langue de Rome altérée par l'application de ses principes naturels de modification et de simplification ; c'est la langue de la plèbe romaine, telle que l'ont faite l'action du temps et des hommes de notre pays, grossissant le vocabulaire de quelques termes gaulois et d'un assez bon nombre de mots francs. Mais nulle de ces influences secondaires n'a sensiblement contrarié l'application des lois suivant lesquelles l'idiome des Romains devait se transformer, pendant une existence de huit siècles, depuis César jusqu'à Charlemagne.

PREMIÈRE PARTIE

HISTOIRE DU VIEUX FRANÇAIS

PREMIÈRE PARTIE

ESSAI SUR L'HISTOIRE DU VIEUX FRANÇAIS

CHAPITRE IV

Naissance des langues romanes au IXe siècle (siècle de Charlemagne).

1. Premières traces du roman au VIe siècle.
2. Il est protégé par l'Église.
3. Il fait son avènement dans le monde politique par les Serments de Strasbourg (843).
4. Serment de Louis le Germanique.
5. Autres monuments historiques.
6. Analyse philologique des textes.
7. Multiplicité des langues romanes dès le début.
8. Caractères des quatre langues romanes.
9. Ordre chronologique de formation.
10. Comparaison entre le provençal et le français.
11. Résumé.

1. Le premier renseignement historique prouvant qu'une séparation est admise entre une langue gauloise et les idiomes jusqu'alors parlés dans la Gaule, c'est cette phrase curieuse de Sulpice Sévère : *Tu vero, vel celtice, aut, si mavis, gallice loqueris.* Ainsi vers 400, à la fin du IVe siècle, une langue gauloise se distinguait et se détachait du latin; c'était une langue toute populaire et nullement savante, la preuve en est que c'est avec le celtique et non avec le latin que l'historien érudit compare cette langue du pays. Elle a déjà conscience d'elle-même, et sous les noms de *lingua vulgaris, rustica, romana*, elle se distingue du latin littéraire, confiné dans les monastères comme langue savante, langue morte; c'est trop peu, de dire que les langues romanes offrent des traces du latin populaire, elles sont ce atin populaire lui-même.

L'histoire de la langue romane c'est donc l'histoire des transformations du latin vulgaire importé en Gaule par les soldats romains, sous l'influence des idiomes celtiques rencontrés par la conquête de César, puis des idiomes germaniques importés par la conquête des Francs.

2. La langue latine, depuis Auguste, avait tout naturellement suivi la marche décroissante de la fortune romaine. Tout se précipitait vers la ruine : lettres, arts, politique, force militaire; car l'empire, dans sa longue durée, n'a été qu'une longue agonie de la société ancienne. L'œuvre du despotisme impérial n'était pas un organisme vivant qui portât en lui des germes de progrès, ce n'était qu'une sorte de mécanisme administratif, fonctionnant jusqu'au jour où la brutalité des barbares vint le briser.

Cette ruine inévitable eût amené le chaos, si dès

longtemps, à l'ombre de l'autocratie impériale, ne se
fût créée et développée une société à laquelle l'avenir était promis, parce que seule elle contenait les
principes de la vie. La société chrétienne avait ses
lois, sa hiérarchie, son unité dans un chef siégeant
aussi à Rome ; elle était prête à recueillir l'héritage
de l'empire défaillant. Telle fut l'Église, dont le rôle
noble et puissant au ve et au vi^e siècle ne saurait
être trop vivement rappelé à l'admiration et à la re-
connaissance de notre temps. C'est grâce à elle, que
les désastres et les dévastations ont une sorte de
compensation dans l'organisation d'une vie nouvelle,
d'une poésie, d'un art, d'une littérature originale où
se déploient l'indépendance et l'énergie des populations envahissantes. Au moment où la Rome impériale est contrainte d'abdiquer, la Rome chrétienne saisit l'autorité. Seule debout, entre la civilisation païenne qui tombe et la barbarie germaine
qui menace de tout détruire, l'Église dompte ses
sauvages dominateurs, et par son union avec eux,
forme une société nouvelle, la société chrétienne et
féodale du moyen âge. La langue romane fut l'idiome
de ce monde renaissant.

Tout en conservant le latin littéraire comme sa
langue traditionnelle et sacrée, l'Eglise resserre ses
liens avec les populations de la Gaule, en acceptant
et en consacrant leur idiome nouveau. Ce n'était pas
à elle qu'il appartenait de recueillir par l'écriture

les compositions profanes, destinées aux plaisirs d'une population qui ne savait pas lire ; mais elle recueillit les premiers chants religieux en langue vulgaire ; elle admit même dans sa liturgie quelques répons en roman comme les mots *tu lo juva*, recueillis par Raynouard dans les Litanies Carolines. Vers 659, l'évêque de Noyon, Mummolin, est tenu en grande estime parce que c'est un homme instruit dans la langue romane et dans la langue tudesque. En 813, le concile de Tours prescrit aux évêques de traduire en langue romane leurs instructions pastorales et même les homélies des Pères de l'Église. Autant de preuves qu'à cette époque, vainqueurs et vaincus avaient également accepté un idiome nouveau, dégagé du latin.

3. Enfin, le monde politique reconnaît, pour ainsi dire, par un acte officiel la langue nouvelle de la France ; c'est l'acte public connu sous le nom de *Serments de Strasbourg*. Les serments échangés, en présence de leurs deux armées, entre Louis le Germanique et les seigneurs français qui suivaient Charles le Chauve, sont les premiers monuments authentiques de l'idiome du IXᵉ siècle. Ainsi, par une coïncidence qui lui donne un double intérêt national, ce même traité de Verdun, d'où date l'indépendance de la France, parce qu'il marque et proclame la séparation des trois royaumes de France, d'Allemagne et d'Italie, fournit aussi le premier exemple de

notre vieille langue. L'analyse de ce texte de 843
peut servir avec quelques fragments postérieurs à
déterminer d'une manière exacte les caractères qui
distinguent la langue nouvelle de la langue latine
d'où elle est issue.

4. Voici le serment que Louis le Germanique fut
obligé de prononcer pour se faire comprendre des
Francs-Neustriens et des Gallo-Romains qui étaient
venus de Neustrie, d'Aquitaine et des autres régions
méridionales de la Gaule pour former l'armée de son
frère Karl ; il nous a été conservé, à titre de docu-
ment historique, par Nithard, petit-fils de Charlemagne et conseiller intime de Charles le Chauve :

Pro dō amur et p̄ x̄r̄ian poblo et n̄ro cōmum
salvament dist di in avant in quant d'
savir et podir me dunat si salvaraieo
cist meon fradre Karlo et in adindha
et in cadhuna cosa si cū om p̄ dreit son
fradra salvar dift In a quid il mi altre
si fazet Et ab Ludher nul plaid nūquā
prindrai qui meon vol cist meon fradre
Karle in damno sit.

Ce texte est très-exactement copié sur le fac-simile
pris par Chevallet dans le manuscrit original appar-
tenant à la bibliothèque du Vatican.

En voici la transcription dans notre écriture.

« Pro Deo amur et pro christian poblo et nostro commun salvament d'ist di in avant in quant Deus savir et podir me dunat si salvarai co cist meon fradre Karlo et in adjudha et in cadhuna cosa si cum om per dreit son fradra salvar dift in o quid il mi altre si fazet et ab Ludher nul plaid nunquam prindrai qui meon vol cist meon fradre in damno sit. »

Enfin, en voici la traduction littérale en latin et en français :

« Pro Dei amore et pro christiani populi et nostra communi salute, ab isto die in posterum, quantum Deus sapere et posse mihi donat, sic salvabo ego istum meum fratrem Carlum et in adjumento et in quaque causa, sicut homo per rectum suum fratrem salvare debet, in hoc quod ille mihi alterne faciet; et a Lothario ullum placitum nunquam prehendam quod mea voluntate isti meo fratri Karlo in damno sit. »

« Pour l'amour de Dieu et pour le commun salut du peuple chrétien et le nôtre, dorénavant, autant que Dieu m'en donne le savoir et le pouvoir, ainsi je défendrai mon frère Karl que voilà et par aide et en chaque chose, ainsi qu'on a le devoir de défendre son frère, pourvu qu'il me fasse de même; et avec Lothaire jamais je ne prendrai aucun arrangement qui par ma volonté soit au préjudice de mon frère Karl. »

5. Ce serment et la réponse des soldats de Charles le Chauve nous ont été conservés dans un manuscrit qui date probablement du xe siècle. Si l'on y ajoute quelques noms propres, cités dans les anciennes chartes à la suite de la formule géographique *in loco qui dicitur*, une cantilène de sainte Eulalie, qui est postérieure au moins d'un siècle aux Serments, le texte des lois de Guillaume le Conquérant, dont la date est de 1069, et les discours conservés de saint Bernard qu'on peut dater environ de 1150, on aura réuni tous les témoignages de ce que fut au début cette langue nouvelle.

L'analyse élémentaire de ces monuments permet de reconnaître les caractères de l'idiome roman et prouve que, loin d'être de tous points une corruption de la langue latine, le roman fut à beaucoup d'égards un progrès.

6. L'âme et l'inspiration constante de cette révolution semble avoir été le désir de donner au langage plus de simplicité et plus de clarté en même temps : la plupart des changements introduits ont pour effet de réaliser ce bien. Les plus importants et les plus élémentaires sont :

L'abréviation des mots, 1° par suppression de la terminaison : *amur* pour *amore, christian* pour *christiani, om* pour *homo, savir* pour *sapere, vol* pour *volle (velle)* ; 2° par retranchement de la voyelle médiane : au lieu de *populo, poblo*, qui consacre le barbarisme de Plaute.

La destruction de la déclinaison : *om* pour *homo*.

La simplification de la déclinaison réduite à deux cas, dont l'un joue le rôle de sujet et l'autre le rôle de régime : *Deus* et *Deo, Karl* et *Karlo*.

La création de l'article qu'on trouve pour la première fois dans la cantilène de sainte Eulalie : *li inimi, la mort*.

Le pronom joint au verbe, tantôt avant : *il mi fazet;* tantôt après : *salvarai eo*.

L'emploi du verbe *avoir* comme auxiliaire pour former des temps composés : *salvarai* pour *j'ai à salvar;* et dans la cantilène : *elle n'out eskoltet* (elle n'eut écouté).

Un mode nouveau, le conditionnel, substitué à l'emploi embarrassant de l'imparfait du subjonctif : *requirrait*, au début des lois de Guillaume le Conquérant.

Un type nouveau d'adverbe en *ment, solement* pour *solum,* dans un discours de saint Bernard.

Ces modifications intéressantes sont la reproduction de presque toutes les altérations qui ont pu être signalées, au chapitre III de l'Introduction (page 50), comme des faits positifs dans l'histoire du développement naturel de la langue latine. Ainsi se trouve justifiée cette assertion que le Roman n'est en somme que du latin; c'est la conclusion à laquelle la critique se trouve amenée, par quelque côté qu'elle prenne la question. Il ne faut donc plus dire : le Roman est une corruption du latin; mais d'une façon plus rigoureuse : le Roman est la continuation et le développement de la langue latine dans des conditions intellectuelles et morales, politiques et religieuses, qui, malgré leur importance, ont bien peu troublé l'application des lois organiques de la langue latine.

7. Mais ce serait concevoir une idée très-fausse de notre pays au IXe siècle que de se représenter la France des Carlovingiens soumise à l'uniformité d'une langue constituée, avec son vocabulaire, sa grammaire, sa syntaxe officielle, comme était le latin au siècle d'Auguste, comme sera le français au siècle de Louis XIV. Rien, au contraire, de plus divers, de plus irrégulier, de plus confus, de plus contradictoire que le langage parlé sous Charlemagne depuis la mer du Nord jusqu'à l'Atlantique et la Méditerranée. Le nom générique de *roman rustique* fait à cet égard une illusion qu'il faut éviter en lui substituant le terme plus vrai de *dialectes romans;* il n'y a pas une seule langue, mais plusieurs langues sont formées simultanément par l'altération du latin. Ce titre rappelle donc à la fois la communauté d'origine et les diversités locales, la similitude de révolution et les différences accidentelles; les langues romanes sont des sœurs auxquelles s'applique à merveille le mot d'Ovide :

> ..... *Facies non omnibus una*
> *Nec diversa tamen, qualem decet esse sororum.*

4.

Le chaos de ce début fait d'abord une illusion qui peut conduire à deux erreurs opposées. L'historien peut être tenté ou bien de confondre tout l'occident de l'Europe dans un même jugement, ou bien de disséminer, d'éparpiller sa critique dans l'analyse d'une foule de nuances provinciales qui rendraient l'histoire insaisissable et impossible. Mais pour qui regarde avec attention, peu à peu la lumière, l'ordre se fait. Alors, sous les caprices infinis de l'ignorance et des inspirations locales, se dessinent assez vite dans la partie occidentale de l'empire romain quatre langues romanes : l'italien, l'espagnol, le provençal ou langue d'*oc*, et le français ou langue d'*oïl*. Ces deux dernières langues se distinguent par le signe de l'affirmation : *oc* (*hoc*, c'est cela), dans le midi, et dans le nord, *oïl*, participe passé du verbe *ouïr*, qui est devenu notre *oui* (c'est entendu). Malgré la différence d'orthographe, *oïl*, dont l'orthographe rappelle la prononciation *oye* de nos paysans, *oïl* doit se prononcer *oui*. Cette manière d'écrire s'est conservée longtemps. Le roi Charles VI ayant accepté pour femme Isabeau de Bavière, Froissart écrit ainsi cette réponse, en plein xv⁰ siècle : « Par ma foi, dit-il, *oïl*, nous ne veulons autre. »

8. Les langues romanes peuvent être rangées dans l'ordre où elles viennent d'être énumérées. Cet ordre correspond au progrès croissant des altérations subies par le latin, et tout naturellement ces altérations sont plus profondes à mesure qu'on s'éloigne du centre commun. Il y a donc un parfait accord entre l'indépendance et la position géographique des quatre contrées. L'italien et l'espagnol restent les plus fidèles aux habitudes de la latinité, à laquelle ils sont rattachés par le voisinage ou par la similitude de climat. La langue d'oïl, parlée sur le territoire le plus éloigné de Rome, est aussi l'idiome qui altéra le plus les formes du latin. Voici un exemple simple et frappant de cette progression : du latin *amicus*, l'italien fait *amico*, l'espagnol *amigo*, le provençal *amico*, le français *amis*.

Ces quatre types essentiels subissant quelques fusions sur les frontières communes des quatre pays, on voit se former ainsi des zones intermédiaires, qu'il est plus important de mentionner qu'il ne serait facile de les étudier en détail ; une histoire sommaire ne peut qu'insister sur les caractères essentiels des quatre grands dialectes romans. Un témoin du x111e siècle, et quel témoin ! Dante lui-même, marque par les traits suivants la physionomie des trois principaux.

«La langue d'oïl allègue pour soi qu'à cause de ses formes plus faciles et plus agréables, tout ce qui a été rédigé en poëmes narratifs lui appartient ; la langue d'oc peut prétendre qu'elle est la première qui ait eu des poëtes, comme plus parfaite et plus douce.... La troisième, celle des latins (l'italien), peut s'attribuer deux priviléges : d'abord c'est d'elle que viennent ceux qui ont montré dans la poésie vulgaire plus d'harmonie et plus d'art..., ensuite ils paraissent s'appuyer davantage sur la grammaire. »

9. L'ordre chronologique dans lequel se sont formés ces différents idiomes est presque en sens inverse de leur proximité du berceau commun, ce sont les deux plus éloignés qui se sont constitués les premiers dans leur indépendance de la langue-mère. Les Gaulois ont eu leur langue originale longtemps avant les Italiens et les Espagnols; on dirait que l'esprit, plus libre à une plus grande distance du centre, a plus vite et plus aisément secoué le joug romain. Autant qu'il est possible de fixer une date à cette évolution intellectuelle, le provençal se constitua vers la fin du IXe siècle, le français au début du Xe, l'espagnol vers le XIe siècle, et l'italien seulement au début du XIIe siècle.

10. La langue d'oc et la langue d'oïl se partagèrent le territoire de la France actuelle d'une façon inégale. La Loire dessine à peu près la ligne de démarcation entre les deux langues de la vieille France; le provençal régnait au sud et le français au nord de cette frontière.

Du reste, ces deux idiomes forment à eux deux un groupe distinct et naturel, moins encore par le rapprochement géographique que par des analogies grammaticales, dont la plus remarquable est une fidélité plus constante à la déclinaison latine. Ce fait a une double signification : il prouve, d'abord, que les deux langues de la Gaule sont des dérivations plus directes du bon latin, puisqu'elles en conservent mieux les caractères essentiels, ensuite que les habitudes de la vie romaine étaient plus profondément enracinées en Gaule que dans l'Italie elle-même, plus bouleversée par l'invasion barbare.

Au début, le Provençal et le Français ne diffèrent vraiment que par des caractères secondaires de vocalisation et d'euphonie. Ce sont des conséquences presque nécessaires des différences morales entre les deux peuples et les deux littératures. Dans le nord, la littérature offre un caractère plus impersonnel et plus général, elle est surtout narrative et épique ; la littérature provençale est l'expansion lyrique de sentiments bien plus personnels. Quant aux deux langues, un grammairien ancien, mis en lumière par l'érudition de M. Guessard, Raymond Vidal les oppose ainsi l'une à l'autre : « La langue française vaut mieux et est plus avenante pour faire romans et pastourelles ; mais celle du Limousin est préférable pour faire vers, chansons et sirventes. » Qui ne reconnaîtra l'exactitude de ces distinctions, rien qu'en rapprochant du texte provençal publié par M. Guessard la traduction qui en a été faite en français du moyen âge par M. Littré, autant vaut dire un Français du temps :

TEXTE PROVENÇAL.	TEXTE FRANÇAIS.
Langue d'oc.	*Langue d'oïl.*
Totz hom que vol trobar ni entendre deu primiera·ment saber que neguna parladura no es tant natu·rals ni tant drecha del notre lingage con aquella de Proenza o de Lemosi.	Toz hom qui vuelt trover ne entendre doit premiere·ment savoir que nule par·leure del nostre langage n'est tant droite com cele de Provence ou de Limou·sin.

Cette double citation suffit pour reconnaître combien les langues d'oc et d'oïl sont voisines et analogues. La seule différence caractéristique est dans la sonorité ouverte et chantante du provençal : *trobar, neguna, parladura, drecha, aquella, Proenza, Lemosi,* toutes les finales sont des voyelles sonores, tandis que le français y substitue des sons étouffés, l'*e* muet et les nasales : *trouver, nule, parleure, droite, celle, Provence, Limousin.* Cette opposition est le reflet des différences essentielles qui séparent les idiomes, les caractères, les tempéraments des peuples du midi et des peuples du nord.

11. Ainsi, au siècle de Charlemagne, à l'époque même où le grand empereur songeait à reconstituer l'unité administrative et politique de l'empire ro-

main, une altération profonde de la langue latine s'é-
tait accusée par un mouvement simultané dans toute
la partie occidentale de l'Europe : de nouveaux
idiomes venaient au jour. Protégés, vivifiés par la
charité éclairée de l'Église, ces idiomes populaires
s'imposent aux successeurs de Charlemagne. Des
quatre langues romanes, deux se partagent le territoire de la France ; identiques dans leur fond, ani-
més des mêmes principes de réformation, imposant
au latin les mêmes altérations, le provençal et le
français n'offrent d'autres différences que celles qui
résultent de la différence naturelle des climats sous
l'influence desquels les deux idiomes se forment et
se développent.

CHAPITRE V

Formation et développement du vieux français au Xᵉ et au XIᵉ siècle.

1. Importance de la langue d'oïl.
2. Séparation d'avec la langue d'oc.
3. Domaine propre de la langue d'oïl.
4. Caractère latin de cette langue.
5. Influence de la langue des Francs.
6. Preuves de la diffusion de la langue d'oïl au xᵉ siècle.
7. Ses caractères distinctifs.
8. Division de la langue d'oïl en quatre dialectes.
9. Prédominance du dialecte de l'Ile-de-France.
10. Emprunts aux autres dialectes.
11. Valeur littéraire du français au xiᵉ siècle.
12. Preuves historiques
13. Diffusion du français par les croisades.
14. Tableau du xiᵉ siècle.

1. Des langues romanes dont l'existence peut être constatée au xᵉ siècle, celle qui offre l'intérêt le plus général en France, c'est évidemment la langue d'oïl. En effet, c'est un des dialectes de la langue d'oïl qui est devenu la langue du moyen âge, ce vieux français qui a brillé d'un très-grand éclat, joui d'une renommée européenne, et doté notre pays de véritables chefs-d'œuvre.

2. Formé par un progrès plus lent que la langue d'oc, la langue d'oïl a dû précisément à sa lenteur même de se former d'une manière plus indépendante et plus durable. Dès le début, l'opposition de caractère et d'esprit entre les populations du nord et celles du midi se trahit dans les deux langues. Le Provençal appelle *franciot* un beau parleur, un faiseur d'embarras, et c'est ce même ridicule que le Français désigne par le nom de *gascon*; entre le nord et le midi de la France, le même reproche, la même raillerie est reçue et renvoyée. Cette hostilité doit être notée comme une preuve de l'énergie vitale des populations et des langues; car dans leur orgueil naïf, les Français du nord se qualifiaient eux-mêmes de « nations les plus polies du monde. »

3. Leur langue étendait son domaine depuis les extrémités du bassin de la Loire, c'est-à-dire le Maine et l'Anjou, jusqu'aux rivages de la mer du Nord, comprenant ainsi la Neustrie, la Picardie, le pays Wallon, tout le bassin de la Seine et de la Marne avec une partie de la Lorraine et de la Bourgogne. Autant qu'on peut apporter d'exactitude dans une pareille délimitation, il est permis de fixer pour limite au sud du domaine septentrional qui est échu à la langue d'oïl une ligne menée de la Charente aux Alpes, en passant par Limoges, Clermont-Ferrand, Tournon et Grenoble.

4. La langue d'oïl est essentiellement latine; elle garde du latin son vocabulaire. Sur cinq cent soixante et onze mots qui composent les trois

monuments antérieurs au XIIe siècle, Chevallet en a
trouvé cinq cent dix-neuf, c'est-à-dire environ les
quatre cinquièmes qui sont d'origine latine incontestable. Ce ne serait rien que ce vocabulaire commun, si la similitude de constitution des langues ne
venait s'y joindre; mais les procédés essentiels de
composition des mots, les règles générales de syntaxe et de construction sont encore autant de traditions latines, et les éléments étrangers jetés par la
guerre dans ce courant primitif n'en ont pu changer
la direction.

5. Cependant, du Ve au Xe siècle, cette partie de
la France fut plus que toute autre occupée, agitée,
bouleversée par les invasions et les guerres des
Francs qui s'y établirent. Aussi la langue d'oïl est-
elle de toutes les langues romanes la seule qui porte
des traces visibles d'emprunts à l'idiome des Francs.
Diez a fait ce calcul rigoureux que sur neuf cent
trente mots qui ont passé de la langue germanique
dans les idiomes romans, il s'en rencontre quatre
cent cinquante dans le dialecte propre à la Gaule.
Les barbares envahisseurs, tout en subissant la domination intellectuelle des peuples vaincus, leur
imposèrent sans doute bien des altérations de prononciation; ils introduisirent dans la langue un
nombre de mots nouveaux assez considérable pour
qu'un érudit ait pu porter à mille le nombre des
racines françaises sorties d'un primitif germain,

sans compter encore les dérivés et les composés. On a fait de plus cette remarque curieuse que la plupart des mots français qui sont d'origine franque servent à l'expression d'idées fâcheuses ou terribles, et en particulier désignent les armes et les combats : *babouin* de *bappe*, muffle, *guerre* de *war*, *brandir* de *brand*, épée, etc. Ampère ajoute encore cette observation morale, ingénieuse, que la révolte des Gallo-Romains contre l'oppression barbare se trahit vivement par le sens défavorable donné à la plupart des mots usuels que les vaincus ont tirés de la langue des vainqueurs : *land* (terre) devient *lande* (terre stérile), *buch* (livre) devient *bouquin* (vieux, mauvais livre), *ross* (coursier) devient *rosse*, *herr* (seigneur) se transforme en *hère* (pauvre diable).

Enfin, si l'on voulait ajouter à la liste des mots francs l'indication des altérations les plus sensibles imposées à la langue d'oïl par l'action des Germains, on pourrait ramener ces altérations aux points suivants : 1° introduction de quelques-unes de ces aspirations si familières à l'Allemagne : *harangue* de *hring*, cercle; *herberge* (auberge) de *hiri*, armée, *bergan*, garantir; *haire* de *hara*, etc.; 2° admission de quelques suffixes expressives, et en particulier de la finale : *ard*, *art* avec le sens du superlatif; *babillard, richard, vieillard*, etc.

Une fois cette part accordée à l'invasion franque,

on peut affirmer qu'en somme, quelques racines et quelques terminaisons d'origine germanique n'ont apporté aucune modification importante à l'évolution naturelle du latin dans la Gaule. Rajeuni par l'action féconde de l'esprit gaulois, l'idiome néo-latin du xe siècle a déjà sa valeur poétique et oratoire.

6. Telle est en effet l'importance des œuvres de la langue d'oïl que l'histoire n'a pas dédaigné de recueillir les témoignages relatifs au langage de nos pères dès ses premiers débuts. On peut signaler quelques faits qui attestent la diffusion et l'autorité de cet idiome primitif, au commencement du xe siècle. Lorsqu'en 911 Rollon, chef des Normands, prêta serment de fidélité au roi Charles III, le vocabulaire des Franks était déjà tellement tombé en désuétude dans la Gaule que les premiers mots de son serment : *by Got*, provoquèrent les risées de toute l'assistance ; les mêmes railleries accueillirent les seigneurs de la suite de Henri l'Oiseleur, lorsqu'en 920, ce prince eut une entrevue avec le roi de France. L'autorité de la langue d'oïl était si bien reconnue au xe siècle que, malgré l'affaiblissement croissant des tristes successeurs de Charlemagne, en dépit même des mépris de l'érudition qui désigne ces premiers interprètes de la poésie populaire sous les noms dédaigneux de *joculatores* ou d'*histriones*, les Normands s'empressèrent de se soumettre au joug de la langue et abandonnèrent leur idiome scandinave pour adopter la langue du pays; ils portèrent même dans cette étude une telle ardeur, que bientôt ils furent passés maîtres dans la langue nouvelle. Une preuve bien éloquente encore du rôle littéraire que joue déjà cette langue, c'est l'éloge que font de Hugues Capet ses contemporains, le félicitant de sa savante éloquence en français (*linguæ Gallicæ facundia peritissimus*). Il semble même que le fondateur de la dynastie Capétienne ait affecté de ne pas savoir d'autre langue que l'idiome du peuple sur lequel il était appelé à régner, car il réclama le secours d'un interprète pour s'entretenir avec l'empereur Othon II, qui savait le latin. Enfin, dans un concile tenu en 995, l'évêque de Verdun qui le présidait fit l'ouverture de cette assemblée religieuse par un discours en langue romane; ainsi, les derniers retranchements de l'archaïsme étaient forcés; la théologie elle-même abdiquait devant la souveraineté toute puissante de l'usage et de la force des choses; l'Église acceptait et consacrait la langue d'oïl.

7. Il y a donc quelque intérêt à noter les innovations les plus frappantes de cette langue au xe et au xie siècle. Rien de plus difficile à constater que la création et les progrès d'un idiome et d'une poésie par l'action de ces maîtres de la langue qui eux-mêmes ne savaient pas lire et qui faisaient l'éducation d'une population encore plus grossière et plus ignorante. Il fallait qu'on recueillît comme par grâce quelques-uns des échos de la muse populaire, et pendant longtemps, avant de leur consacrer un manuscrit, la curiosité se contenta de les admettre sur les marges ou sur les pages restées blanches d'un manuscrit latin. Cependant il est possible de faire sur les premiers essais de cette langue naissante quelques remarques très-générales. C'est probablement à cette époque qu'il convient de rapporter l'apparition de cet *e* muet qui est devenu l'un des signes distinctifs et originaux de la langue française. Il se rencontre déjà dans les Serments de Strasbourg (*fradre, altre*), et il se retrouve plus fréquent encore dans la cantilène de sainte Eulalie. C'est alors aussi qu'appliquant la loi générale de l'assourdissement des voyelles, les Normands ont les premiers substitué à l'*a* des Romains l'*é* fermé : *caritas*, après avoir fait *caritat*, devient *carité*, etc.

8. Mais seule la main puissante de Charlemagne avait pu rapprocher dans une unité factice tant de nations d'origine différente et de caractère opposé. Le faisceau se rompit donc entre les mains débiles de ses successeurs ; la diversité naturelle reprit ses droits, la barbarie envahit de nouveau l'Occident, et le morcellement militaire et politique de l'empire eut son contre-coup dès le début du Xe siècle dans le morcellement de la langue d'oïl entre plusieurs dialectes provinciaux. Ces dialectes ont tous au début des droits égaux, de même que tous les seigneurs féodaux, avides d'indépendance, s'arrogent un pouvoir que les Carlovingiens ne sont pas en état de leur disputer. Les quatre plus répandus de ces dialectes féodaux de la langue d'oïl sont : le français ou dialecte de l'Ile-de-France, le picard, le normand et le bourguignon.

9. De ces dialectes, le français prend très-vite le premier rang, à la faveur des circonstances politique. Le jour même où la dynastie germanique tombe avec les Carlovingiens, une dynastie nationale fait son avénement en France. Cette dynastie, vraiment française, c'est celle des Capétiens, ducs de France, c'est-à-dire seigneurs féodaux du cœur même du pays. En cette même année 987, le dialecte de l'Ile-de-France devient la langue commune du royaume, c'est le français proprement dit, et les dialectes de la veille descendent au rang de patois, comme les seigneurs deviennent les vassaux des Capétiens. Paris, capitale du royaume, impose au royaume entier sa langue et son goût, et bientôt les écrivains ou les orateurs de province se sentent obligés de demander grâce pour leur jargon.

10. Cependant, soit pour se faire pardonner son usurpation, soit par une sorte d'éclectisme spontané que la parenté rendait facile, le français du XIe siècle admet encore un très-grand nombre de formes normandes, picardes et bourguignonnes. Par exemple, le français conserve *pois* (poids) et emprunte au normand *peser*; il continue à dire *attacher*, mais il prend au picard *attaquer*; il dit *roi* avec les Bourguignons, et *reyne* avec les Normands, etc.

11. Voici déjà que la langue nationale a ses poëtes, ses prosateurs et même ses érudits. Cet idiome, qui avait commencé par n'être au vi^e siècle que le jargon du bas peuple, après avoir été accepté au viiie et au ixe siècle par quiconque voulait se faire entendre de la foule, c'est, au xie siècle, une langue presque savante à laquelle l'emploi de l'écriture et quelques observations grammaticales viennent donner de la consistance et une valeur littéraire. A cette époque, le latin a cessé d'être une langue usuelle; il a passé au rang de langue morte; il n'est plus guère entendu que de ceux qui l'étudient, même parmi les prêtres et dans les monastères; le règne du français commence, et déjà il se consacre et s'immortalise par un chef-d'œuvre.

12. C'est au xie siècle qu'il faut probablement rapporter la rédaction qui nous est parvenue de la *Chanson de Roland*. Cette sublime épopée chevaleresque et nationale entraînait à la victoire les soldats de Guillaume le Conquérant, preuve certaine qu'en 1066 cette chanson de geste était déjà très-populaire parmi les soldats. Elle nous offre le type de ce qu'était la poésie française au xi^e

siècle, et même, par une extension qui n'a rien d'excessif, au xe siècle.

Dans l'Église, les plus accrédités des prédicateurs emploient tous le français. Dans l'armée, Guillaume de Normandie impose l'étude de cette langue à ses compagnons d'armes. Enfin dans l'état civil, diplômes, lois, chartes, ordonnances, sont le plus souvent rédigés en langue vulgaire ; et les enfants l'emploient journellement dans les exercices de l'école. Il n'est pas jusqu'aux étrangers qui n'apprécient la valeur de l'idiome nouveau ; à tel point que les Anglais eux-mêmes envoient leurs enfants en France pour y dépouiller la barbarie de leur idiome natif.

13. Cependant l'année 1095 voit éclater la crise suprême de l'esprit féodal, et le mouvement religieux et militaire vers la terre sainte a son contre-coup dans toutes les sphères où s'exerce l'esprit humain.

L'Église proclame sa souveraineté, la féodalité l'accepte, le tiers état la bénit. Pour détourner ou suspendre les coups d'une noblesse oisive et brutale, la charité religieuse prêche la Trêve de Dieu et les Croisades. Cette voix est entendue ; et, laissant le tiers état faire son entrée dans le monde par l'institution laborieuse des communes, les barons courent aux expéditions lointaines. Les croisades répandent les dialectes romans par toute l'Europe ; aussi les peuples soumis à l'empire d'Orient, leurs ennemis même, apprennent, bon gré mal gré, la langue des envahisseurs d'Occident.

14. Quand il s'agit d'organiser la première victoire et d'établir le royaume de Godefroy de Bouillon, cette société se fonde sur une base nouvelle, la base de la justice; elle s'organise d'après des principes nouveaux, les principes du droit. Alors elle fait aussi fleurir un art nouveau, des langues nouvelles, une nouvelle littérature; le code du système féodal soumis aux lois de la raison, est rédigé en langue d'oïl, ce sont les *Assises de Jérusalem.*

Ainsi, d'un bout de l'Europe à l'autre, le xie siècle est une époque de renaissance. Le monde chrétien, si barbare qu'il soit encore, sent qu'il approche d'un de ces moments de plénitude et de possession de soi-même où l'esprit humain, maître de toutes ses forces et inspiré d'une foi puissante et supérieure, produit tout ce qu'il est capable de produire. Le moyen âge va donc atteindre son apogée au xiie et au xiiie siècle, et la langue tiendra sa place et jouera son rôle dans le brillant développement du génie de la France.

CHAPITRE VI

Apogée du vieux français au XIIe et au XIIIe siècle (siècle de saint Louis).

1. Progrès accomplis au XIIe et au XIIIe siècle.

2. Rôle et institutions de saint Louis.

3. Mérites généraux des œuvres de cette époque.

4. Supériorité de la langue et de la littérature.

5. Originalité des écrivains français.

6. Caractères de la langue du moyen âge.

7. Analyse d'un passage de saint Bernard.

8. Comparaison avec la langue du XIe et la langue du XIVe siècle.

9. Universalité de la langue et de la littérature françaises au moyen âge.

10. Qualités littéraires du vieux français.

11. Résumé et conclusion.

1. Le XIIe et le XIIIe siècle continuent dans notre histoire la marche progressive qui s'est annoncée et produite dès le siècle précédent. La royauté capétienne s'affermit; elle impose avec énergie sa suzeraineté toute-puissante à ses barons. Philippe-Auguste représente la première partie de cette belle époque, et elle est couronnée par le noble et pur génie de saint Louis, qui a mérité de laisser son nom au XIIIe siècle.

En même temps que la royauté consolide son

autorité, la nation, prenant possession d'elle-même avec une sécurité plus grande, étend et perfectionne sa langue. Ainsi, avec le degré d'exactitude que comportent ces sortes de rapprochements, l'apogée du vieux français correspond au premier essai de constitution nationale de la France. Ces deux progrès moraux sont également favorisés par la politique, les institutions, le génie de Louis IX, par le calme qui suit les grandes agitations intestines du moyen âge, et par l'éveil de l'esprit d'association, qui avec un éclat immortel s'est appliqué dans les Croisades à l'accomplissement d'une grande œuvre religieuse.

2. L'aspiration à l'unité territoriale et monarchique, aspiration vague et confuse dans la pensée de Louis VI, énergique et dominante pendant tout le règne de Philippe-Auguste, dicte à Louis IX une législation généreuse qui écrase la féodalité et nie le droit du plus fort. A l'institution de l'Université, œuvre de Philippe-Auguste, Louis IX ajoute la création de la Sorbonne. Il fait traduire en français des fragments des livres saints et s'associe parfois à ce travail ; il entretient avec vigilance tous les établissements d'instruction, fonde la première bibliothèque publique ; en un mot, presque tous les actes de son gouvernement tendent à développer le goût des lettres. Cet intérêt passionné et constant fait éclore ou achever un grand nombre d'œuvres utiles ;

les communautés religieuses s'organisent, des universités provinciales sont fondées.

3. Il n'est pas jusqu'aux arts industriels, alors dans l'enfance, qui ne contribuent au progrès littéraire : c'est à la fin du XIIIe siècle que se répandent en France les fabriques de papier de linge, innovation féconde à laquelle on peut appliquer ce que Pline écrivait du papyrus : « Son emploi est lié très-intimement à l'histoire des progrès de l'esprit humain. » A la même époque, le mérite et l'éclat des œuvres d'art mettent la France à la tête de l'Europe, au niveau même de l'Italie : l'architecture ogivale produit ses chefs-d'œuvre : Notre-Dame de Paris et la Sainte-Chapelle, les cathédrales de Laon, d'Amiens et celle de Rouen. Ainsi tout concourt à la fois pour faire du XIIe et du XIIIe siècle l'époque la plus brillante du moyen âge, le point culminant de cette civilisation. Enfin telle est l'admiration que mérite cette période de notre histoire qu'il n'y a vraiment rien d'exagéré à la rapprocher des époques mêmes les plus brillantes de l'histoire de l'esprit humain.

Une admiration éclairée par l'examen et la comparaison voit avec saint Louis fleurir et briller le génie de la France, génie patriotique et génie religieux, prêt à tout sacrifier à la patrie, mais sacrifiant la patrie même avec tous les biens terrestres à la justice et aux espérances de la vie future.

4. C'eût été une étrange contradiction qu'une

époque si remarquable par ses œuvres et ses institutions sociales et religieuses n'eût pas en même
temps une langue et une littérature bien supérieures
à celles des âges précédents. L'histoire ne donne
pas ce démenti à la logique, car, en fait, dès le
XIIe siècle, les éléments divers dont s'est formée
d'abord la langue se combinent en un tout homogène
qui présente une physionomie très-distincte. Sans
doute, cette langue nouvelle est encore hésitante dans
son vocabulaire et dans ses constructions, elle est
gauche et embarrassée dans ses allures, elle est rude
dans ses intonations ; mais elle est déjà indépendante
et marquée des caractères originaux qui feront son
mérite et sa gloire. Ainsi à partir de la seconde
moitié du XIIe siècle, avec Chrétien de Troyes, Raoul
de Houdenc, la langue a pris une allure tout à fait
dégagée ; le dialogue surtout, dans Chrétien de
Troyes, mort vers 1192.

Quant à la littérature, cette époque est réellement
l'âge d'or de la vieille France : la poésie épique
reçoit un immense développement, et, la prose naissant du besoin de recueillir et de conserver le souvenir des hauts faits des croisades, l'Histoire, suivant
l'expression de Plutarque, descend du char de la
Poésie et, par la forme même, sépare nettement la
vérité de la fiction. Alors aussi, les sermonnaires
éprouvent le besoin de mettre en français, pour les
vulgariser, les livres saints et quelques historiens de

l'antiquité. Enfin, ces mêmes compositions que les copistes admettaient comme à regret sur les pages vides d'un manuscrit latin, on se décide à leur consacrer un volume tout entier; c'est à ce moment que remontent les deux plus anciens manuscrits romans qui nous restent : la traduction des quatre Livres des Rois et la Chanson de Roland.

5. Si maintenant on veut apprécier cette époque dans ses traits essentiels et distinctifs, le premier caractère qui frappe avant tout autre dans le travail littéraire du moyen âge, c'est que la langue et la littérature sont des œuvres originales et populaires. Pas plus que les trouvères, ceux des historiens du XIIIe siècle qui n'écrivaient pas en latin ne sont des disciples du *trivium* et du *quadrivium*; les hautes inspirations des chants épiques, la vivacité de l'imagination des conteurs, la gaîté des comédies, telles que le Jeu de Marion et Robin, la richesse et la variété des rhythmes de la poésie lyrique, tout était personnel et spontané. C'est grâce à ces mérites de l'invention et de la vie que, si la langue des hommes de ce temps a passé, la simplicité, le naturel, la vivacité nerveuse du style des écrivains, rien de tout cela n'a passé, rien n'a vieilli, rien ne vieillira pour l'érudit et pour l'historien de nos gloires nationales.

Ces heureux génies ont rendu à cette langue un grand service. « Une langue est fixée, dit Voltaire, quand elle a été employée et consacrée par de grands écrivains dont l'usage peut et doit faire loi»; or, ce caractère suprême ne manque pas au français du xiiie siècle. L'exemple d'orateurs tels que saint Bernard, d'historiens comme Villehardouin et Joinville; les leçons de trouvères tels que Chrétien de Troyes, le châtelain de Coucy, Thibault de Champagne pour la poésie, fournissent des règles ou du moins des habitudes de parler et d'écrire plus puissantes que ne seront les préceptes établis par la logique ou par l'érudition des grammairiens.

6. Un simple coup d'œil donné à ces monuments de notre passé suffit pour faire connaître que la langue du xiie et du xiiie siècle est un demi-latin, idiome assez lourd, sans éclat et sans élégance, parce qu'il procède à la fois de ce qui n'est plus et de ce qui n'est pas encore, mais ferme, précis, naturel; il est archaïque par bien des côtés, mais il est nouveau par beaucoup d'autres. Un exemple pris au hasard permettra d'apprécier le caractère, les qualités et les défauts de la langue de Villehardouin et de Thibault de Champagne; voici quelques lignes de saint Bernard; l'orateur chrétien n'a recours à nulle des licences de la poésie, il s'adresse à la foule, il doit donc employer de préférence les termes et les tours populaires.

7. *Por ceu volt il en terre dexendre, et ne volt mies solement dexendre en terre et nastre, anz volt* *assi estre conniz et por ceste conissance faisons nos ui ceste feste de l'Aparicion. Hui vinrent li troi roi por querre lo soloil de justise qui neiz estoit..... Signor roi ke faites vos ? Aoreiz vos dons un alaitant enfant ?... Est dons cest enfes Deus ?*

Le français du moyen âge a conservé du latin un reste bien précieux pour l'indépendance de ses constructions, c'est une sorte de déclinaison à deux cas dans les substantifs et les adjectifs : il dit au cas sujet du singulier *uns enfes*, et au cas régime *un enfant*, et en même temps, par une innovation qui concourt à la clarté de l'expression, il détache des pronoms un article qui se décline avec une plus grande richesse de cas que le substantif et l'adjectif : à chaque ligne se rencontrent les formes : *li, la, lo, les.* Les verbes ont retenu la plupart des figuratives latines : *s* pour la deuxième personne du singulier, *t* pour la troisième; et au pluriel *ons,* transformation de *mus; ez, nt (volt, faisons, aoreiz, vinrent*); enfin, les mots invariables sont enrichis par la formation d'un nouvel adverbe dont la terminaison est fort ingénieuse : *solement* de *sola mente, bonnement* de *bona mente,* etc.

La syntaxe de ces phrases jouit des bénéfices de la déclinaison, elle est encore toute latine. La construction est le plus souvent inversive et calquée sur les habitudes anciennes : *volt il en terre dexendre*; mais déjà la construction logique du français moderne se rencontre à la ligne qui suit : *dexendre en terre*. Plus loin c'est encore l'inversion latine qui prévaut : *Est dons cest enfes Deus?* Mais la persistance des distinctions casuelles pour le sujet et pour le régime (*enfes, enfant*) explique cette persistance des inversions, qui ne peuvent prêter à aucune amphibologie.

L'orthographe est encore bien plus fidèle aux habitudes latines, et, quoique la prononciation soit sans doute déjà bien altérée par l'usage, les lettres latines restent encore, ne fût-ce qu'à titre de signes étymologiques ; on écrit *Deus*, *volt* de *vult*, *nos*, *feste* de *festa*, *querre* de *quærere*.

8. Ainsi la langue du XIIe et du XIIIe siècle offre une application régulière et générale des mêmes principes de formation des mots, de syntaxe et de construction grammaticale et littéraire qui avaient présidé dès longtemps au travail de transformation commencé au Xe et au XIe siècle. De plus, comme ces mêmes règles sont déjà violées ou mises en oubli, dès le XIVe siècle, on peut considérer la langue du XIIe et du XIIIe siècle comme le type le plus parfait de notre vieux français.

En résumé, les faits disent avec une clarté parfaite qu'au Xe siècle est né et s'est développé un fruit de la vie intellectuelle et morale de la France, qui se gâte et périt dans l'agonie générale du XIVe siècle ; ce fruit, c'est la langue primitive et nationale de la vieille France. Entre ces deux époques extrêmes, le XIIe et le XIIIe siècle forment une période brillante, de même que les règnes de Philippe-Auguste et de saint Louis contrastent à la fois avec les essais laborieux de Louis VI, et avec les misères des premiers Valois.

9. Une preuve, une confirmation éclatante de la supériorité de la langue française au siècle de saint Louis, c'est le crédit universel dont elle jouit en Europe. La France de Philippe Auguste et de Louis IX est bien, à tous les titres, le coryphée de la civilisation. Sans doute, la langue provençale et la langue italienne ont été constituées avant le vieux français dans leurs caractères originaux et distinctifs ; cependant, un assentiment unanime donne au français la préférence sur tous les autres idiomes ; l'Europe entière souscrit à ce jugement de Martino da Canale, traduisant l'histoire latine de Venise en français parce que *la langue françoise cort parmi le monde et est plus délitable à lire et à oïr que nule altre.* La France était comme un foyer d'où la lumière rayonnait sur toute l'Europe ; au XIIIe siècle, l'Anglais Mandeville racontait en français ses pérégrinations suspectes, comme le Vénitien Marco Polo écrivait le récit consciencieux de ses voyages ; Brunetto Latini de Florence, dans son *Trésor*, répétait à peu près les paroles mêmes de Canale ; enfin Adenès, le roi des ménestrels, dans son poëme de *Berte aus grans piés*, avait le droit de dire :

Avoit une coustume ens el Tyois (Teuton) païs
Que tout li grant seignor, li comte et li marchis
Avoient entour eux gent françoise tous dis
Pour apprendre françois leur filles et leur fils.

La langue et la littérature de la France forment donc pour l'Europe, qui les adopte avec enthousiasme, une sorte de fonds commun sur lequel chaque nation construisit plus tard sa propre littérature, lorsque l'unité du monde féodal fut brisée, lorsque l'esprit individuel des peuples revendiqua ses droits. Développant cette idée avec la double autorité de l'érudition et du goût, Le Clerc ajoute dans son introduction à l'Histoire littéraire de la France au xive siècle : « La France avait surtout conquis les âmes par la poésie..... elle a eu des poëtes en langue vulgaire qui ont été compris et imités aussitôt par l'Angleterre, l'Italie, l'Allemagne, les pays scandinaves, l'Orient. »

On peut même aller plus loin et soutenir que le mouvement littéraire qui s'accuse en Italie et en Espagne au xive siècle, est imprimé à ces deux langues romanes par l'émulation et l'imitation de la France, qui mène de haut toutes les nations romanes, provoque leur amour-propre et leur offre des modèles d'imagination aussi bien que d'héroïsme.

10. Cette langue, déjà vive dans ses allures, est

aussi flexible en raison de son caractère mixte ; elle
excelle surtout à rendre, d'un style rapide, les détails du récit et de la conversation. C'est ce qu'atteste
le nombre presque incalculable des romans et chansons de geste, des fabliaux pleins de malice et de
verve railleuse, enfin, des récits historiques qui
atteignent une perfection presque classique dans
Villehardouin et dans Joinville. Le français du
moyen âge a des traits vigoureux pour le portrait du
suzerain et du baron, des notes énergiques pour
les misères du vassal et du serf, des nuances délicates pour peindre les attraits des dames, parfois
même un accent sérieux et noble pour célébrer
l'Église qui donne aux preux pardon et repos, aux
villains asile et protection. Enfin, Rivarol a pu dire
que si l'on comparait Thibault de Champagne à
Ronsard, on reconnaîtrait au français du xiiᵉ siècle
une certaine perfection que n'a pas la langue du xviᵉ
siècle. L'éloge est mérité ; il peut même être étendu
encore : l'histoire et la logique constatent à certains égards une véritable supériorité de la langue
de Joinville sur la prose même de Voltaire ; par
exemple, la raison aime mieux *l'endemain* que *le lendemain*, *m'espée* que *mon épée*, qui fait un solécisme ;
qui que je visite est plus simple et plus logique que
quel que soit celui que je visite, etc.

11. Ainsi les faits généraux de l'histoire et les
observations critiques qu'ils provoquent sur la

langue écrite et parlée en France au XIIe et au XIIIe siècle mettent hors de doute que le français de cette époque était un idiome constitué et complet, ayant sa grammaire, sa syntaxe, sa construction et sa littérature; un idiome dont l'influence a été très-considérable et très-heureuse sur toute l'Europe civilisée.

N'est-il pas permis de tirer de là une dernière conclusion? C'est que l'analyse précise et détaillée de la grammaire et du génie littéraire de ce vieux français est une étude historique du plus haut intérêt pour quiconque est jaloux de ne laisser dans l'ombre aucune des gloires de notre pays; c'est une œuvre tout à fait patriotique.

CHAPITRE VII

Corruption du vieux français au XIVe siècle (siècle de la Guerre de cent ans).

1. Caractères généraux du xive siècle. — Dissolution de la société féodale.
2. Misères physiques et morales de la France.
3. Décadence des arts et des lettres.
4. Les traductions et les satires se multiplient.
5. Corruption de la langue par la éparation des dialectes provinciaux.
6. Décadence de la poésie.
7. Défauts de la prose de Froissart.
8. Corruption du latin dans les écoles.
9. Analyse des caractères grammaticaux du français au xive siècle.
10. Origine de la règle moderne de l's.
11. Confusion et obscurité dans le vocabulaire et dans la syntaxe.
12. Symptômes d'une renaissance prochaine.

1. Le xive siècle est l'époque où se dissout la société du moyen âge; il voit frapper à mort les deux grandes autorités du temps, la papauté insultée dans la personne de Boniface VIII et avilie dans celle de Clément V, la chevalerie dégradée par le supplice ignominieux des Templiers. Il a donc pour caractères distinctifs l'affaiblissement de l'autorité catholique et l'ébranlement de la féodalité.

2. En France, ce siècle est une époque de crise politique et morale, un temps de confusion dont toutes les misères ont leur écho et leur conséquence dans une décadence littéraire; le désordre social entraîne le désordre intellectuel. La féodalité apanagée est la ruine de la monarchie au xive siècle, comme au ixe siècle la puissance de la féodalité militaire avait été la ruine des Carlovingiens; non, l'invasion étrangère elle-même n'aurait pas eu les suites terribles qui assombrissent alors notre histoire, si la France n'avait été désolée par le mal intérieur des rivalités féodales. A ces deux fléaux s'en joint un troisième, c'est l'essai douloureux d'un pouvoir nouveau dont l'avénement dans notre pays ne fut pas signalé par des bienfaits. Le pouvoir administratif inaugure son règne par des expédients qui le déshonorent dès le berceau : confiscations, fausse monnaie, banqueroute. En un mot, la guerre, le désordre et la ruine partout : voilà le bilan de l'époque.

Pris entre le soldat étranger qui le poursuit, les grandes compagnies des rois et des seigneurs qui le dévalisent, le fisc qui le vole sous prétexte de nourrir des défenseurs qui le pillent et le massacrent, le pauvre peuple, tantôt se soulève par des élans de rage qu'il faut noyer dans des flots de sang, tantôt retombe épuisé, et, s'abandonnant lui-même, s'engourdit dans la torpeur de la misère et de la faim.

3. Au milieu de ce sanglant chaos, l'esprit de progrès suspend sa marche naguère encore si brillante

et si rapide. Dans toutes les régions où s'exerce
l'activité de l'intelligence, la vie et le mouvement
s'arrêtent; les arts comme les lettres souffrent d'une
décadence prématurée : la belle architecture ogivale
se perd dans la recherche et la manière. Ainsi la
jeunesse est flétrie dans sa fleur, et la décrépitude
devance et remplace la maturité. Même au sein des
monastères les études languissent; plusieurs des
écoles fondées à l'ombre des abbayes se ferment, et
Virgile est considéré moins comme un poëte que
comme un devin expert en sorcellerie. Pétrarque
nous a laissé le tableau de cette triste dissolution :

« Non, je ne reconnais plus rien de ce que j'admi-
rais autrefois. Ce riche royaume est en cendres....
Les écoles de Montpellier que j'ai vues si florissan-
tes sont aujourd'hui désertes.... Paris, où régnaient
les études, où brillait l'opulence, où éclatait la joie,
n'amasse plus des livres, mais des armes, ne reten-
tit plus du bruit des syllogismes, mais des clameurs
des combattants ; le calme, la sécurité, les doux loisirs ont disparu.... Qui dans cet heureux royaume
eût pu se figurer même en songe de telles catastro-
phes? Et si un jour il se relève, comment la postérité voudra-t-elle y croire, lorsque nous-mêmes, qui
en sommes témoins, nous n'y croyons pas? »

4. La sécheresse égoïste dans l'âme des nobles,
l'indignation haineuse dans le cœur du peuple,

appauvrissent la veine poétique. Faute d'enthousiasme, d'imagination et d'idéal, un grand nombre d'écrivains se réduisent au rôle de traducteurs, soit qu'ils fassent passer en français quelques auteurs anciens, soit qu'ils mettent en prose et remanient les anciens romans dont le faux goût du temps ne veut ou ne peut plus comprendre la naïveté primitive. La plupart de ceux qui continuent à cultiver la poésie reçoivent du continuateur du roman de la Rose le modèle d'un tour railleur et sceptique, d'un ton de sarcasme frondeur, enfin d'un matérialisme grossier qui ravale la poésie et dégrade le goût. A part quelques œuvres d'exception, comme les vers de Charles d'Orléans ou quelques compositions dont l'inspiration mystique, le tour allégorique et le ton sentencieux rendent la lecture impossible, la poésie ne survit guère que dans la satire brutale et violente, nouvelle arme de combat dans une société où la lutte est partout.

5. Le mal s'étend suivant une marche naturelle de la pensée, de l'inspiration, du sentiment à la langue qui leur sert d'interprète. Déjà le Provençal cesse, au XIVe siècle, de se développer comme langue littéraire; il passe donc à l'état de langue morte. Quant à la langue française, elle subit une crise terrible qui pour elle aussi aurait pu être la mort. Cette crise est accusée surtout par une nouvelle subdivision des quatre grands dialectes

provinciaux en une foule de patois qui aspirent tous à l'indépendance.

L'unité monarchique, préparée par les premiers Capétiens, conquise par Philippe-Auguste, mise à profit par le génie de saint Louis, se brise, une fois encore, à l'avénement des Valois. Leur indépendance ressaisie, les seigneurs féodaux créent chacun un État dans l'État, et par suite une langue dans la langue française. Autant ils font de duchés et de comtés, autant se forment de dialectes locaux entretenus par les courtisans, les légistes, les écoles, les écrivains qui se groupent autour de chacun de ces seigneurs. Ainsi se multiplient ou s'entretiennent ces idiomes provinciaux qui, perpétués jusqu'à notre époque, sont devenus les patois bourguignon, picard, normand, etc., autant d'obstacles à constituer l'unité nationale du peuple et de la langue. Ainsi l'on voit peu à peu disparaître la bonne langue, qui n'est plus cultivée dans un centre littéraire dont l'autorité s'impose au reste de la France.

6. Outre la perte consommée de l'élégance et de l'élévation distinguée du langage, un des traits les plus frappants de l'altération regrettable de la langue poétique, c'est l'abandon définitif du vers décasyllabique, dont l'harmonie échappe à des oreilles devenues trop grossières. Il est supplanté par l'alexandrin, qui, créé au xɪɪᵉ siècle, s'était déjà répandu au xɪɪɪᵉ siècle et règne maintenant sans partage; sa coupe, symétrique jusqu'à la monotonie et à la lourdeur, charme ces esprits incapables d'impressions plus délicates. Telle est la pauvreté, la sécheresse, la barbarie de la langue poétique, que le génie si noble de Christine de Pisan ne réussit pas à secouer cette rouille et cette poussière.

7. Reste la prose : elle est en général lourde et surchargée d'épithètes et de synonymes ; la pensée est étouffée sous des détails de mots entassés avec plus de profusion que de goût. Cependant elle a été consacrée par un monument très-remarquable, c'est la Chronique de Froissart, récit anecdotique, écrit au jour le jour par un homme d'esprit, mais dépourvu de toute croyance et privé de conscience morale. Froissart a puisé à toutes les sources ; ses devanciers Jean Le Bel, Wavrin et autres auraient beaucoup à lui réclamer. Il a mis le pied dans tous les camps ; il a été le héraut de toutes les victoires, le complaisant de tous les succès. Ses pérégrinations à travers tous les partis lui ont fait perdre la notion distincte du bien et du mal ; aussi il reflète les événements dont il se fait le narrateur avec la fidélité et l'insensibilité d'un miroir. La langue de Froissart a tous les caractères de son esprit et de ses opinions ; son style est diffus, désordonné, indécis, son éclectisme banal lui fait perdre le nerf et le relief ; et l'animation romanesque du récit ne peut faire illusion sur le vide de la pensée et la sécheresse de la forme.

On peut donc admettre comme un fait général à peine contredit par quelques exceptions de détail, que, de 1350 à 1425 environ, tout ce qu'il y avait de savant et d'ingénieux dans notre vieille langue nationale disparaît peu à peu ; révolution qui laisse la place libre pour la création d'un idiome nouveau fondé sur d'autres principes.

8. Jusque dans les écoles où se conservait la tradition du latin comme langue propre des doctes et des clercs, la langue classique elle-même s'altère et s'appauvrit. Faute d'énergie pour la résistance, les érudits se laissent pénétrer et envahir par la langue vulgaire, dont le mélange décolore le latin, lui fait perdre ses caractères originaux, sans que le français ait tiré lui-même le moindre profit du mal qu'il produisait.

9. Cette corruption et cette décomposition de la langue du moyen âge sont attestées par deux faits surtout dont les résultats sont considérables :

1° L'oreille qui a perdu toute délicatesse à cet égard ne tient plus compte de l'accent latin dans la formation des mots nouveaux.

2° Toutes les finales se confondent, les cas et les personnes se mêlent; on ne comprend plus la valeur et le sens précis des désinences. La révolution populaire qui, dès le XIIIe siècle peut-être, avait déjà rejeté la déclinaison, gagne jusqu'à la langue littéraire.

Ces deux altérations de la barbarie renaissante ont

une conséquence très-grave : elles ravissent à la langue le caractère de demi-latinité qui faisait son mérite propre et original, la distinguait des autres langues néo-latines et lui assurait les avantages d'une langue synthétique. Ainsi, tandis qu'au XIIIe siècle on dit au sujet *Diex*, *Dix*, *Dex*, au régime *Dieu*; au XIVe siècle, Oresme écrit : « Quand le *Dieu* de fortune donne du bien » (au sujet) et, « que félicité soit don de *Dieu* » (au régime).

10. Le cas le plus employé était tout naturellement le cas régime qui correspondait à quatre cas latins, tandis que le cas sujet ne remplaçait que le nominatif latin. Il suit de là que le cas régime persiste au singulier et au pluriel ; et comme il est marqué au singulier par l'absence de l'*s*, au pluriel par l'addition de l'*s*, cette révolution très-simple est dans la grammaire le germe de la règle moderne qui donne l'*s* comme caractéristique du pluriel.

11. Il ne faut pas croire que ces altérations fussent soudaines et imprévues; elles avaient été dès longtemps préparées par l'incertitude de la tradition et les licences des poètes. Elles sont d'une grande conséquence pour la syntaxe et la construction, qui hésitent, comme la déclinaison et la conjugaison elles-mêmes. De là naît dans le langage une extrême confusion, les constructions inversives sans le secours des cas devenant une source de continuelles amphibologies.

C'est encore à cette époque qu'il faut faire remonter le malheureux usage d'éviter l'hiatus de : *ma âme*. ou l'élision plus habituelle et plus douce de *m'âme*, par l'absurde emploi de l'adjectif masculin *mon âme*. Froissart dit tantôt, comme au XIIIe siècle, *m'amie*, tantôt, comme au XIXe, *mon amie*.

La règle de l'emploi de l'*e* muet comme signe du féminin dans les adjectifs est une simplification heureuse qui date de cette époque; il n'y a plus à cet égard qu'une classe d'adjectifs et l'on écrit : *grande, loyale, forte*.

C'est par une abréviation moins bien inspirée que dans la conjugaison des verbes de la première classe le *t* de la troisième personne du singulier disparaît, et soit qu'on prononçât encore le *t*, soit qu'on ne craignît pas l'hiatus, on écrit *parle-il, done-il*.

Voici, du reste, en quels termes un écrivain du temps, traducteur des psaumes de David, résume son jugement sur l'état de la langue au XIVe siècle : « Et pour ceu que nulz ne tient en son parleir ne reigle certenne, mesure, ne raison, est laingue romance si corrompue qu'à poinne li uns entend l'aultre et à poinne peut on trouveir à jour d'ieu personne qui saiche escrire. »

En résumé, la misère physique et morale abaisse le niveau de la civilisation française. La faiblesse ou les exactions des rois, l'égoïsme et la cupidité des grands vassaux et des princes du sang, les aspira-

tions impuissantes des villes et des campagnes, l'oc-
cupation étrangère, l'oubli de tout sentiment élevé,
de tout dévouement, de tout patriotisme, la trahison
à la place de la foi chevaleresque, voilà les traits
historiques de ce déplorable siècle. Dans un pareil
milieu, l'esprit et la langue n'avaient aucune chance
de se développer et de grandir. C'était déjà beaucoup de vivre; mais la vie sans le progrès, c'est la
corruption et la décadence. Aussi le xiv⁰ siècle est
un temps de crise, crise redoutable où la langue
française pouvait périr, comme périssait à côté
d'elle la langue d'oc. Le français a traversé victo-
rieusement cette crise; une langue nouvelle en va
sortir, dont les caractères distinctifs semblent déjà
poindre du milieu des ruines.

12. Le respect de l'accent avait été l'âme de
toutes les premières créations du vieux français;
mais ce respect n'était possible qu'à l'époque où le
latin était encore une langue vivante, la langue officielle de l'État et de l'Église. Du jour où il n'est plus
que l'idiome consacré de la religion et de la science,
le latin s'écrit plus qu'il ne se parle, et dès lors, la
valeur mélodique de l'accent s'oublie peu à peu et
se perd tout à fait. Il en est de même pour la conservation d'une déclinaison; même abrégée la
déclinaison était un usage trop hostile aux tendances analytiques de l'esprit moderne; elle ne
pouvait être respectée.

Cependant, grâce aux travaux des traducteurs, plus préoccupés du style que de l'idée, la langue s'enrichit de mots nouveaux; et, par exemple, on doit à Pierre Bercheure, traducteur de Tite-Live, les mots : *colonie, fastes, faction, magistrat, triomphe,* etc., etc.; à Oresme, qui traduisit Aristote sur un texte latin : *aristocratie, démocratie, démagogue, despote, insurrection, monarchie, séduction, tyrannie,* etc.

Enfin, le goût pour la clarté et la précision, à défaut d'autre théâtre, manifeste sa persistance et ses progrès par la rédaction même des actes officiels; les ordonnances et les rescrits de Philippe IV et de Charles V sont déjà rédigés dans un style dont la clarté, la propriété, la précision ne seront plus dépassées; ce style diffère très-peu du français des lettres-patentes de Louis XIV.

Par un bienfait spécial de la Providence, il arrive donc que cette confusion et ce désordre du xivᵉ siècle sont un chaos fécond. L'avenir n'est pas perdu; la littérature mystique ou railleuse de la fin du siècle contient les germes d'une littérature meilleure, de même que le triomphe des légistes et du droit romain sur la violence des seigneurs féodaux prélude à l'avénement d'un droit fondé sur la raison, droit qui ne sera ni romain, ni féodal, mais humain et vraiment catholique, c'est-à-dire universel.

Ainsi, l'histoire du xivᵉ siècle, surtout dans sa

deuxième partie, nous fait assister à un travail productif : ce qui fait que l'époque de Jean de Meung et de Froissart est un moment de crise et non une date de mort, c'est qu'elle a rendu un grand service à la civilisation moderne. Ce siècle opère sur plusieurs points une rupture violente et définitive avec le passé ; il provoque un élan d'indépendance laïque ; il prépare l'effort libre qui doit renouer la chaîne des traditions classiques. « Le XIVe siècle, dit Le Clerc, est une époque qui commence beaucoup de choses, dont quelques-unes ne sont pas encore achevées, même au XIXe siècle. »

DEUXIÈME PARTIE

ÉTUDE PHILOSOPHIQUE DU VIEUX FRANÇAIS

DEUXIÈME PARTIE

ÉTUDE PHILOLOGIQUE DU VIEUX FRANÇAIS

CHAPITRE VIII

Quelques conseils pour la lecture du vieux français.

1. Difficulté de fixer quelle a été la prononciation au moyen âge.
2. Causes de cette difficulté.
3. Règle générale de Génin.
4. Règles particulières.
5. De la voyelle *a*.
6. De la voyelle *e*.
7. De la voyelle *i*.
8. De la voyelle *o*.
9. De la voyelle *u*.
10. Des doubles voyelles.
11. De l'hiatus.
12. Prononciation des consonnes.
13. Du *ch*.
14. De la consonne *l*.
15. De la consonne *x*.
16. Du *t* final.
17. Des consonnes juxtaposées.
18. Des consonnes finales.
19. Des consonnes euphoniques.
20. Résumé.

1. Dès le premier essai tenté pour étudier le français du moyen âge, un premier obstacle arrête et parfois rebute ; c'est la singularité de la prononciation à laquelle on se croit condamné. Rien de plus décourageant que de se heurter à chaque ligne contre des mots inintelligibles, tant ils semblent différents des nôtres, malgré la communauté d'origine : *nies, altre, nepvuld, il donet, eslire, cuer, muete, bues, cos, iex, suer, anme,* etc.

Il faut avouer que tous ces mots sont durs, barbares, incompréhensibles, si nous les prononçons comme ils sont écrits, c'est-à-dire comme nous les prononcerions aujourd'hui, en ayant bien soin d'en articuler toutes les lettres. Mais prononcer ainsi, c'est se laisser égarer par un préjugé dont l'homme se guérit à mesure qu'il étudie plus de langues. L'expérience apprend, en effet, que tout est de convention dans les rapports entre les signes écrits et les sons parlés, et qu'en particulier pour certains sons dérivés, comme *eu, au,* il n'y a pas plus de raison de les écrire comme nous faisons que comme faisaient nos ancêtres, *ue, al.* Cette première réflexion générale absout déjà le moyen âge du reproche de barbarie, que lui prodigue encore le pédantisme de l'ignorance.

D'ailleurs, quelques observations très-simples et quelques règles très-pratiques font évanouir presque toute difficulté ; bien plus, avec un peu de réflexion et d'exercice, il est aisé de lire, de comprendre et de rendre intelligibles à tout auditeur la plupart des mots du vieux français. Ce n'est pas, cependant, que sur ce point, plus que sur les autres, nous soyons en possession de règles fixes qui n'admettent pas d'exception.

Jamais, au contraire, la science philologique n'a été condamnée à plus de conjectures, puisque nos seuls textes authentiques ne sont guère que des manuscrits du xiiie siècle dont les auteurs reproduisent surtout l'orthographe de leur pays et se règlent sur la prononciation de leur dialecte.

2. Les conditions politiques et morales dans lesquelles s'est opérée la transformation du latin en vieux français ont exercé sur la prononciation et l'orthographe plus d'influence encore que sur le vocabulaire et sur la syntaxe. D'une part, l'ignorance profonde des populations, qui façonnent la langue à leurs besoins, jette et introduit dans les innovations toutes les contradictions de la nature humaine : nul souci des exceptions, nul soin d'établir certains rapports constants entre les sons et les signes qui les représentent. D'autre part, les érudits font résistance ; ils voudraient rattacher les mots à leur origine ; ils luttent en faveur de la tradition et de l'orthographe latine. Enfin, chaque division féodale de la France a son dialecte, c'est-à-dire ses habitudes de prononciation et d'orthographe qui contribuent à retarder la constitution d'une orthographe et d'une prononciation communes et définitives. Faute d'une direction supérieure, l'arbitraire et l'anarchie sont partout ; il faut donc renoncer à une législation uniforme, régulière, indiscutable.

D'ailleurs, sur ce point comme sur bien d'autres,

un retour sur nous-mêmes doit nous inspirer l'in-
dulgence : aujourd'hui encore, de Paris à Lille ou à
Rennes, à Bayonne ou à Marseille, songeons de combien de façons différentes notre langue française est
parlée ; songeons à la difficulté que, même en 1866,
rencontre un lexicographe qui veut ramener à des
règles notre prononciation moderne, et nous appren-
drons à devenir moins exigeants pour nos ancêtres
du moyen âge, qui manquaient de tout secours, et
n'avaient ni la tradition des grands modèles, ni les
grammairiens, ni l'Académie, ni la rapidité des
communications qui nous rend si facile et de propager le bien et de corriger le mal.

Le vieux français fut parlé pendant très-longtemps
avant d'être écrit, et les mots ont dû subir mille
modifications avant qu'on songeât à les fixer par
l'écriture. Il suit de là qu'au premier essai pour
écrire cette langue nouvelle que le peuple ignorant
imposait aux classes éclairées, la difficulté dut être
extrême. En effet, la lutte s'engageait entre le respect de l'étymologie et la soumission aux habitudes
d'une prononciation qui répondait rarement à l'orthographe du primitif latin. Par exemple, pour les
mots dérivés de *gloria* et d'*alter*, tandis que l'étymologie demandait qu'on écrivît *glorie* et *altre*, la
prononciation usuelle réclamait peut-être *gloire* et
autre.

3. Au milieu des traces qu'ont laissées en sens

inverse la routine et l'érudition, Génin, partisan ingénieux de la routine, a proposé une règle de prononciation très-simple et d'une application très-fa-
cile; inutile d'ajouter que, par suite de sa simplicité
même, cette règle admet bon nombre d'exceptions. Par une analogie naturelle, de même que
notre français écrit est en général une reproduction
du vieux français, de même notre langue parlée doit
rappeler l'idiome du moyen âge dans la plupart des
sons et des articulations. Tout cela doit nous avoir
été transmis avec le vocabulaire; de là cette règle
générale : LES MOTS ANCIENS SE PRONONÇAIENT COMME SE
PRONONCENT AUJOURD'HUI LES MOTS MODERNES QUI LES
ONT REMPLACÉS. Ainsi les mots cités plus haut, *nies,
altre, nepvuld, il donet, eslire, cuer, muete, bues,
cos, iex, suer, anme*, doivent être lus : *nièce, autre,
neveu, il donne, élire, cœur, meute, bœufs, coqs,
yeux, sœur, âme*.

L'application de cette seule règle générale simplifie et rend déjà plus facile la lecture des textes du
XIIe et du XIIIe siècle.

4. Il faut cependant y joindre quelques règles de
détail qui semblent bien répondre aux trois qualités
que, suivant le grammairien Palsgrave, les Français
recherchaient dans la prononciation : harmonie,
brièveté, articulation distincte. Ainsi, c'est par
amour de l'harmonie que certains hiatus sont évi-
tés; c'est par goût de l'harmonie à la fois et de la

brièveté que certaines consonnes ne se font pas sentir ; enfin, c'est pour obtenir une articulation distincte que certaines autres sont prononcées.

Il faut passer rapidement en revue les voyelles d'abord, puis les consonnes.

5. La voyelle *a*, se prononçant en latin comme en français, présente peu de difficultés ; cependant l'*a* long, avant l'invention de l'accent circonflexe, a été indiqué ou par le redoublement de cette voyelle, ou par l'adjonction de l'*e* ou de l'*i*. Tout en disant *âge*, on écrit, jusqu'au XVIe siècle, *eage*, *aage*, *aaige*. Il est même probable **que** *ai* s'est toujours prononcé *a* long : *Montaigne, saige, raige, langaige*, etc, se prononçaient, *Montagne*, comme écrit Pascal, *sage, rage, langage*. Il nous reste aujourd'hui, en témoignage de cette prononciation, les deux formes équivalentes *je vais* et *je vas*.

6. La voyelle *e* représente deux sons, *e* muet et *é* plus ou moins fermé. L'*e* était muet à la fin d'un mot ou quand il servait à rendre l'*a* long. Suivi d'une consonne, l'*e* avait le son fermé, comme dans *aimer*, ou le son *eu*, comme dans *emperere, vendere, vies*, qu'on prononçait *empereur, vendeur, vieux*, etc. Quand on a fait le mot moderne *trouvère*, on s'est guidé sur l'écriture ancienne, et non sur la prononciation. Le *trouvère* au moyen âge s'appelait d'un nom fort expressif, *trouveur*.

Placée devant *i* et *u*, la lettre *e* se détacha d'abord

de façon à séparer deux syllabes; mais de bonne heure elle cessa de se faire entendre : *que je feisse* finit par se prononcer *fisse; meur* sonna comme *mûr*. Dans cet état de choses, devant *u*, dont le son primitif était *ou*, l'*e* ne servit plus qu'à lui donner, par exception, le son qui lui est propre aujourd'hui : *eune blesseure, heurler*, se prononçaient, *une blessure, hurler*. Cet usage nous a laissé sa trace dans la prononciation régulière des mots *gageure* et *j'eus*, ainsi que dans la prononciation populaire de *Eugène, Eustache*, où l'*e* initial ne se fait pas sentir.

L'*e* final n'avait d'autre fonction que d'indiquer que l'*r* devait se faire sentir : *emperere*, s'il avait été écrit *emperer*, se serait prononcé *empereu;* au lieu de *blesseure, blesseur* aurait sonné *blessu*.

7. La voyelle *i* ne se prononçait pas toujours dans *ie : rochier, couchier, vergier* se lisaient *rocher, coucher, verger*. Aussi, selon toute probabilité, depuis qu'on a prononcé comme on écrit les mots *bouclier, destrier*, on a sacrifié la prononciation primitive, qui était *boucler* et *destrer;* la preuve en est que dans les vers *bouclier* comme *destrier* ne compte jamais que pour deux syllabes. Le rôle de l'*i* dans ces finales était de donner à l'*e* le son fermé, comme nous voyons qu'il lui donne aujourd'hui le son ouvert dans les mots *reine, peine, treize*, etc.

En résumé, la voyelle *i* semble avoir eu souvent pour fonction propre d'indiquer une modification

du son des autres voyelles : *ai* se prononçait *â; ei,*
è; ier, er; oi, o; ui, u. Cette lettre est la plus simple
de toutes puisque ce n'est qu'une ligne verticale,
elle était donc très-heureusement choisie pour ce
rôle très-actif. D'ailleurs cette intercalation se rattache à une théorie très-importante de la langue
sanscrite.

Comme c'était le même signe qui représentait *i* et
j dans l'écriture des Romains, dans notre ancienne
orthographe *i* tient souvent lieu de *j* et doit se prononcer en conséquence; c'est dans le cas très-fréquent où le pronom *je* est rejeté après le verbe;
ainsi *vourroie* doit se prononcer *voudrais-je; aie,*
ai-je; pensoie, pensais-je, etc.

8. La voyelle *o* avait le son que nous lui donnons
encore. Suivie de *i*, elle ne formait pas une diph-
thongue, mais se prononçait plus brève comme il
arrive aujourd'hui pour *oignon, empoigner;* ainsi
l'on écrivait *cigoigne* et l'on disait *cigogne*. C'est
assez tard, et pour faire sentir toutes les lettres écri-
tes, qu'on a prononcé, comme nous faisons, *histoire*
et *gloire,* dont la prononciation primitive se trahit
dans leurs dérivés *historien* et *glorieux*. On voit par
cet exemple que Voltaire se trompait peut-être, lorsqu'il prenait pour la plus insupportable trace de
barbarie welche et gauloise la terminaison *oin;* cette
nasale est probablement de création toute moderne.

L'*o* représentait encore le son *ou : jor, por,*

Bologne. forvoyer se prononçaient *jour, pour, Bou-
logne, fourvoyer.* Il représentait même le son *eu*, dont
l'affinité avec le son *ou* est très-frappante. Ainsi *do-
lir* se lisait *doulou*, d'où nous est venu *douloureux*,
puis *douleur*; *labor* se lisait *labou* et *labeu*, qui nous
sont restés tous deux dans les mots *labour* et *labeur*.
Afin de représenter ce son *eu*, l'*o* s'adjoignait souvent un *e* : *noeve, joene, empereor, jugleor*, prononcez *neuve, jeune, empereu, jongleu;* nous suivons
cette vieille règle quand nous lisons *œil*, donnant
à *œ* le son *eu*.

9. La voyelle *u* conserva longtemps le son latin
ou: amur se lisait *amou; nus, nous; cutelier, coute-
lier; cupe, coupe* etc. Suivie d'un *e*, cette voyelle représentait le son que nous écrivons *eu; il puet, suer,
bues* se prononçaient *il peut, sœur, bœufs.* C'est encore
une application de cette règle du moyen âge que de
prononcer comme nous faisons : *cueillir, orgueil*, etc.
Peut-être même *deux* s'est-il quelquefois prononcé
comme nous faisons, alors même qu'on l'écrivait *dou,
dui*, etc.

Avant qu'on adoptât le son moderne de la voyelle
u, ce son était indiqué par *ui: étuide, il buit, il fuit* se
lisaient *étude, il but, il fut.*

L'usage latin de représenter par un même signe
écrit la voyelle *u* et la consonne *v* s'étant prolongé
jusqu'au milieu du XVIe siècle, l'échange et la confusion entre ces deux lettres furent très-fréquents :

d'*habere* se forma *j'avrai*, qui devint *j'aurai*; et par une marche contraire, *januarius* a formé *janvier*; *Deus* a donné *Deu* ou *Dev*, dont le féminin a été *deusse*, *devesse*, *déesse*. L'usage du signe V dans l'écriture et dans la typographie fut si lent à se populariser qu'on peut voir encore dans les noms gravés autrefois aux coins des rues de Paris V surmonté d'un tréma pour représenter *u*, et ce tréma persistant même quand l'U fut adopté, l'on écrivit longtemps *rüe*; c'était du reste un moyen d'écarter la prononciation *reu*.

10. Deux voyelles de suite se prononcèrent d'abord séparément : formé de *securus*, *seur* fut articulé *seür*; *traditor*, avant de donner *traître*, forma *traître*, qu'on écrivit parfois, pour en indiquer la prononciation, *trahitre*, qui nous a donné *trahir* et *trahison*; *adjuvare* faisait *aidier*, qui se prononçait *aïder*, *aïde*, comme il se dit encore dans le patois picard.

11. Ces exemples, qu'on pourrait multiplier, semblent une preuve que le vieux français ne fuyait pas les hiatus; cependant ce serait aller trop loin que d'avancer qu'il les recherchait. Une règle absolue dans un sens ou dans l'autre est inadmissible, à propos d'une langue créée par une expansion toute spontanée et sans nul esprit de système.

12. Les consonnes françaises nous sont venues de l'alphabet latin et la prononciation n'en a sans doute pas varié beaucoup. Cependant leur emploi au moyen âge donne lieu à quelques observations intéressantes.

Une première remarque générale, c'est que certaines consonnes ne se prononçaient pas. Elles semblent tantôt avoir eu pour la prononciation des voyelles une valeur analogue à celle de nos accents, tantôt avoir servi de signes étymologiques et indiqué l'origine des mots : ainsi dans *ex* le rôle de la consonne est de faire prononcer *eux*; dans *nepvuld* le rôle du *p* est d'indiquer que le mot vient de *nepos*. La correction qui plus tard a fait disparaître ces consonnes étymologiques de notre orthographe est donc loin d'être, comme se l'imaginent encore certains grammairiens, un moyen heureux d'effacer de prétendues traces de barbarie.

13. La consonne double *ch* se prononçait assez souvent *k* : *charnage*, *chœur* sonnaient *karnage*, *kœur* : le patois picard est resté seul fidèle à cette règle des anciens ; il prononce encore un *kien*, un *kemin*, une *karette*, tandis que le français moderne a introduit dans ces mots une aspiration particulière à notre langue : *chien*, *chemin*, *charette*.

14. La consonne *l* semble offrir une particularité curieuse : précédée de *a*, *e*, *o*, elle équivaut à notre *u* et indique les sons *au*, *eu*, *ou* ; *altre*, *cheval*, *chevel*, *licol*, se disaient *autre*, *chevau*, *cheveu*, *licou*. Cette antique prononciation explique le pluriel de nos substantifs en *al* : quand nous disons *cheval*, *égal*, au singulier, nous conservons l'orthographe ancienne, en donnant une prononciation moderne plus conforme à l'origine des mots, qui viennent de *caballus, æqualis* ; quand nous écrivons au pluriel *chevaux, égaux*, nous employons une orthographe nouvelle en conservant l'ancienne prononciation. C'est le même mélange de tradition et d'innovation qui se produit, sans nulle logique, à propos de *tonel*, dont le français moderne représente la prononciation primitive par *tonneau*, et dont il conserve l'orthographe en altérant le son dans *tonnelle* et *tonnelier*. Nous écrivons *cheveu* ce qu'au moyen âge on écrivait *chevel*, et trompés par notre prononciation moderne, nous disons *chevelu* et *chevelure*. Du reste, le rapport étroit et fondamental entre les formes *el, eu, eau* est attesté par la relation qui persiste entre les mots *bel* et *beau*, *nouvel* et *nouveau*, *chevelu, cheveu, écheveau*, etc.

15. La consonne *x* semble avoir eu pour fonction orthographique d'indiquer que l'*e* doit se prononcer *eu* ; *ex, iex, Diex* se prononçaient *eux, yeux, Dieu* ; l'*x* était alors un simple signe de prononciation, comme il est parfois aujourd'hui signe du pluriel.

16. Le *t* final dans les verbes est caractéristique de la troisième personne du singulier ; il n'altère en rien le son de la voyelle qui le précède : *il at, il donet, il aimet* se disaient *il a, il donne, il aime* ;

dans ce cas, le *t* ne se fait sentir que devant une voyelle : *at il, donet il*, etc.; ce sont ces locutions anciennes, fort ingénieuses, que nous avons conservées, en les altérant par une mauvaise orthographe, dans nos formules interrogatives : *a-t-il, donne-t-il ?*

17. La juxtaposition des consonnes peut donner lieu à une observation générale, c'est que nos ancêtres semblent avoir redouté le heurt des consonnes bien plus que celui des voyelles ; si bien qu'on peut poser cette règle générale : Quand deux consonnes se suivent, une seule se prononce. Par exemple, au commencement des mots : *esponge*, prononcez *éponge* ; au milieu, *debte, dette* ; à la fin, *loing, loin* ; *subject, sujet*. Nous observons cette règle aujourd'hui pour les mots *seing, temps, corps*, etc.

Ce désaccord entre l'écriture et la prononciation s'explique à l'honneur de nos pères, qui conservaient ces consonnes muettes à titre de signes étymologiques, *esponge* venant de *spongium*, *debte* de *debitum*, *subject* de *subjectum*, *temps* de *tempus* ; excellente leçon qu'ont léguée nos pères aux ignorants et aux étourdis qui viennent aujourd'hui proposer d'écrire comme on parle.

Un exemple assez curieux de l'importance de cette règle ancienne des lettres étymologiques, c'est l'histoire du mot *faubourg*, dont l'orthographe moderne déguise tout à fait l'origine. Au XIIIe siècle, on nommait *forsbourg* la partie de la ville située au-delà

de l'enceinte, en *dehors* (*foris*) ; trompé par la prononciation, qui ne faisait pas sentir l'*r*, on écrivit
fobourg, en supprimant les signes étymologiques ;
puis, au xve siècle, pour donner une sorte de sens
au mot, on écrivit : *les faux bourgs*, d'où est venue
notre orthographe, *faubourg*, qui ne présente plus
aucun sens. C'est de même, et faute de prononcer
les doubles consonnes, que le nom de *rue Marie
l'Égyptienne*, par abréviation *rue de l'Égyptienne*,
est devenu aujourd'hui *rue de la Jussienne*, etc.

18. Les consonnes finales peuvent être muettes
ou se faire sentir :

1° Elles ne se prononcent pas, quand le mot suivant commence par une consonne : *chef* se lisait
ché, comme nous lisons aujourd'hui, sans prononcer l'*f*, *clef*, *bœufs*. De même *courir vite* se disait
couri vite ; *avec toi*, *avè toi* ; *c'est donc lui*, *c'est don
lui*. 2° Cette même consonne finale se faisait sen-
tir devant une voyelle : « elle se lie à la voyelle initiale du mot suivant, dit Théodore de Bèze, si bien
qu'une phrase entière glisse comme un mot unique. »
Exemple : On peut *donc aimer à courir avec ardeur*.

Cette règle du mutisme d'un grand nombre de
consonnes entra dans les habitudes françaises, à tel
point qu'en 1663 Molière se moque des pédants
jaloux de « cette exactitude de prononciation qui
appuie sur toutes les syllabes et ne laisse échapper aucune lettre de la plus sévère orthographe. »

C'est en renchérissant sur cette innovation, très-nuisible à l'harmonie de notre langue, qu'aujourd'hui certaines personnes en viennent à faire sentir la consonne finale dans *gens*, *vers*, *fils*, *mœurs*, qui sonnent alors *gensses*, *verses*, *fisses*, *mœurses*.

19. La même préoccupation de l'harmonie explique l'addition très-fréquente des consonnes euphoniques ; elles sont destinées à prévenir le choc d'une voyelle contre une autre, et par suite ne se font sentir que devant une voyelle. Ainsi *c* est purement euphonique dans la locution interrogative *a joc evud* qui se lisait *ai-jos-eu* (ai-je eu ?) ; le *d* de *parlad* ne se fait sentir que dans des propositions comme : *Saul parlad à David*. Peut-être est-ce l'addition d'un *d* euphonique qui a formé du nom *or* l'adjectif *doré*, d'abord *oré*, à moins qu'il ne vienne de *deauratus*. L'*n* est euphonique à la fin d'*ainsin*, et ne se prononce que dans des constructions comme : *ainsin autrefois*. L'*s* et le *t* jouent le plus souvent ce rôle euphonique ; c'est de cet usage que nous est venue sans doute la locution familière *entre quatre-z-yeux*, dont l'orthographe serait *quatres yeux* ; le *t* euphonique a laissé sa trace dans la locution *voilà-t-il pas*, et très-probablement dans le substantif *tante* du latin *amita*, qui, au XIIe et au XIIIe siècle, donnait *ante*.

Le *v* euphonique se glissait souvent dans la prononciation, même sans être écrit : *pooir* sonnait *povoir* ou *pouvoir*; *j'ai eu* s'est prononcé *j'ai évu*, comme disent encore bien des paysans.

20. En résumé, dans l'orthographe et dans la prononciation du moyen âge, les lettres semblent avoir rempli cinq rôles différents :

1° Signe vocal, la lettre représente un son ou une articulation ;

2° Signe modificatif, elle change le son d'une autre lettre : *al* se prononce *au*;

3° Signe grammatical, elle indique le rôle d'un mot : dans *donet*, le *t* est la figurative de la troisième personne du singulier ;

4° Signe étymologique, la lettre rappelle l'origine du mot : *subject*;

5° Signe euphonique, elle prévient un choc désagréable à l'oreille : *quatres yeux*.

Quant à la prononciation des voyelles, elles est résumée dans le tableau ci-contre.

Si, aidé de ces secours, on veut avec un peu de suite et d'attention appliquer ces règles à la lecture d'une page de Villehardouin, l'on sera frappé de la facilité qu'on devra trouver à l'entendre et du petit nombre de mots par lesquels on sera encore arrêté.

TABLEAU DES PRINCIPAUX SONS.

Les lettres:	se prononcent :	Quand vous voyez :	lisez :
a		agc	
aa	a	aage	age
ai		aige	
al	au	altre	autre
ea	a	eage	age
ei	i	que je feisse	fisse
cl	eu	chevcl	cheveu
ere *final*	eur	emperere	empereur
eu	u	mcur	mur
et *final*	e	il donet	il donne
ex	eu	Diex	Dieu
ier	er	rochier	rocher
o	ou, eu	dolor	douleur
oe	eu	noeve	neuve
oi	o	cigoigne	cigogne
u	ou	amur	amour
ue	eu	suer	sœur
ui	u	il fuit	il fut

CHAPITRE IX

Caractères généraux du vieux français,

1. Le vieux français est une langue morte, dont on peut faire l'histoire et la philosophie.

2. C'est une transformation du latin.

3. Son vocabulaire est le même.

4. Il a les mêmes principes de formation et de dérivation des mots.

5. Loi vitale du changement.

6. Action de la tradition et du néologisme.

7. Des influences accidentelles qui se sont exercées en Gaule.

8. Loi du respect de l'accent latin.

9. Classification élémentaire des modifications qu'une langue peut subir.

10. Résumé.

1. Puisque la langue parlée en France pendant le moyen âge a été remplacée au quinzième siècle par un idiome nouveau qui est devenu le français moderne, ce vieux français est pour nous une langue morte. A ce titre, on a pu écrire son histoire tout entière, autant du moins que le permet tantôt le petit nombre, tantôt la profusion embarrassante des monuments.

De plus, par l'examen comparatif de ces monuments, il est possible à la critique et à la philologie de chercher quelles sont les lois qui ont présidé à cette œuvre de création ou plutôt à cette simple transformation du latin; ces lois, constatées par un travail tout expérimental, permettent d'expliquer, à l'aide d'un très-petit nombre de principes, tous les faits observés dans l'histoire de la langue. Ainsi se forme comme la philosophie de notre vieille langue française.

2. Le caractère fondamental et essentiel de cette langue, c'est d'être une langue néo-latine; le fait général qui domine tous les autres, c'est que le vieux français nous apparaît comme ayant son origine dans le latin.

3. A le considérer dans son ensemble, son vocabulaire est latin; on en peut classer tous les mots en deux grands genres: 1° le fonds le plus considérable de la langue est formé de mots latins qui appartiennent à la fois à la langue littéraire et à la langue populaire des Romains; 2° un grand nombre de mots ont été empruntés à la langue populaire, et ceux-ci ont un intérêt tout particulier pour la curiosité du philologue; il y reconnaît trois espèces distinctes : ce sont ou des mots vulgaires que le temps avait fait passer d'abord dans la langue littéraire, comme *minare* employé par Apulée et qui a fourni le français *mener*; ou tout au contraire des termes qui étaient dans la langue littéraire à une époque très-reculée, comme *apicula*, qui nous a donné *abeille*; ou enfin des mots dont l'existence dans l'antiquité peut même être conjecturée par analogie : ainsi il semble que *pendicare* doit avoir été le primitif de *pencher*, comme *claudicare* de *clocher*.

4. Malgré son importance, le fait de la communauté de vocabulaire a moins de valeur aux yeux du philosophe que la similitude des règles pour la formation des mots et pour la syntaxe.

Ce dernier rapport existe également, et d'une façon tout à fait évidente, entre le français et le latin; les points de contact sont si nombreux que les deux grammaires semblent presque se confondre. Tantôt le vieux français prend à la fois au latin son primitif et son dérivé comme *sens* et *sensible*; tantôt il ajoute un dérivé au primitif que le latin lui a fourni : de *vendere* il fait *vendre*, puis *vente*. Jusque dans ces modestes innovations de détail, le français subit la loi des habitudes latines : ainsi les Romains transformaient souvent en substantif le participe passé de leurs verbes, de *mordere* le participe passé *morsus* devient un substantif; suivant la même marche, de *prendre* le participe passé *pris* forme le substantif *prise*. C'est encore à l'imitation du procédé latin qui fait sortir *mora* de *morari*, que s'est établie la loi très-féconde signalée tout récemment par M. Egger dans un mémoire où il a recueilli un grand nombre de substantifs formés d'un infinitif dont la terminaison verbale a été retranchée : *déclin* de *décliner*, *refus* de *refuser*, etc.

Ainsi l'origine latine du vieux français se trouve mise hors de doute par les deux signes les plus frappants et les plus sérieux : l'un tout extérieur, la persistance du vocabulaire; l'autre interne, tout logique et par suite bien plus éloquent, la fidélité aux principes de formation et de dérivation que déjà suivait le latin. L'analyse plus détaillée des règles de syntaxe observées par le vieux français vient confirmer encore l'authenticité de cette origine.

5. Adopté par les Gallo-Romains, l'idiome des vainqueurs a subi la loi commune de la vie, c'est-à-dire la loi du mouvement et de la transformation. Cette loi suprême Varron l'a dès longtemps reconnue et proclamée comme souveraine à l'égard des langues : *Consuetudo loquendi est in motu*, l'usage d'une langue est dans un continuel changement.

6. Cette transformation est le résultat final de la lutte entre deux forces très-variables : 1° la tradition ou l'archaïsme, principe de conservation; 2° l'innovation ou néologisme, principe de changement. En tout pays, cette lutte s'établit dans des conditions physiques et morales qui en modifient l'issue et le résultat : tels sont le climat, les passions et les préjugés nationaux, les révolutions politiques et sociales. De plus, certains événements considérables comme des invasions de peuples nouveaux, l'influence exercée par quelques individus qui ont joui d'une grande autorité morale, sont des causes perturbatrices dont l'histoire doit tenir grand compte. Le difficile à cet égard est de ne rien omettre et de ne rien exagérer.

7. En Gaule, l'antagonisme entre la tradition et le néologisme s'est produit à travers mille conditions de ce genre qui ont contrarié ou favorisé ces deux forces, de manière à donner en somme à la langue nouvelle son caractère distinctif. De ces conditions historiques, si difficiles à saisir et à apprécier, il s'en rencontre deux surtout qui ont agi dans le même sens d'une manière puissante et qui doivent être signalées en première ligne :

1° Le vieux français est l'œuvre instinctive d'une population profondément ignorante, qui, ne sachant ni lire ni écrire, ne put apprendre le latin que par l'oreille, au lieu de l'étudier par les yeux et par le raisonnement.

2° Par instinct de nature, encore plus que par ignorance, les Gallo-Romains étaient portés à simplifier les formes d'une langue trop compliquée pour eux, à en raccourcir les mots savamment modifiés et composés.

8. Du concours puissant de ces deux circonstances résulte un fait capital et distinctif : le respect de l'accent latin. La syllabe accentuée étant à peu près la seule qui fût perçue par l'oreille, le mot s'en trouve singulièrement abrégé : *maturus* devient *meur; monasterium, monstier; examen, es-*

saim; sollicitare, soucier; ministerium, métier; modulari, mouler, etc.; tandis que, dans les temps plus modernes, alors qu'on n'entend plus parler le latin, mais qu'on ne fait que le lire, des mêmes primitifs on forme les mots *maturité, monastère, examen, solliciter, ministère, modeler*, etc.

Ce respect de l'accent latin mérite donc d'être signalé comme le caractère le plus frappant de notre langue du moyen âge; il la distingue et la sépare nettement et du français moderne, et même des autres langues néo-latines qui, formées plus près du foyer même de la langue des Romains, lui sont restées, à d'autres égards, plus fidèles, mais sur ce point sont moins latines que notre vieux français.

9. Sous l'empire de ces lois premières, et par suite des modifications dont elles furent cause, la transformation du latin en français s'opéra par des altérations qui, d'après leur degré d'importance, peuvent se classer en quatre genres principaux, selon qu'elles se rapportent : 1° au son — modifications vocales; 2° au sens des mots — modifications logiques; 3° au rôle des mots — modifications grammaticales; 4° au rapport des mots avec la pensée et le sentiment — modifications littéraires.

10. L'analyse critique du vieux français consiste donc à examiner successivement les faits qui se rapportent à chacun de ces points, et qui, par leur ensemble, donnent au français du moyen âge sa physionomie propre et nouvelle.

Cette classification, très-simple, indique le programme à suivre dans l'étude du vieux français. Il faut seulement subordonner toutes les explications de détail à cette observation générale, qui sert à expliquer bien des choses : la création du vieux français a été l'œuvre d'une population ignorante, et curieuse par-dessus tout de clarté, de précision, de naturel, dans l'expression de la pensée.

Se pénétrer de cette vérité fondamentale pour en tirer les conséquences avec mesure, c'est avoir déjà la clef d'une foule de problèmes généraux. Il ne restera plus guère à y ajouter que les observations de détail que l'examen et l'analyse des faits pourront ensuite suggérer.

CHAPITRE X

Formation des mots. — Modifications vocales ou figures de grammaire.

1. Des figures de grammaire.
2. Loi générale de la persistance des lettres.
3. Loi particulière de l'assourdissement.
4. Classification des figures de grammaire.
5. Permutation des voyelles. — Création de l'*e* muet
6. Application de la loi de l'assourdissement des voyelles.
7. Exceptions nombreuses.
8. Permutation des consonnes.
9. Permutation des voyelles et des consonnes.
10. Transposition des lettres.
11. Suppression des lettres.
12. Importance de la suppression des consonnes médianes.
13. Recherche de certains hiatus.
14. De la suppression des finales.
15. Addition de lettres.
16. Attraction des nasales.
17. Conclusion.

1. Les altérations les plus simples, les plus nombreuses et les plus frappantes des mots sont les modifications élémentaires connues en philologie sous le nom de *figures de grammaire*. Ces figures sont des altérations purement matérielles du mot, comme permutation de lettres, addition ou suppression ; elles ont leur principe essentiel dans la loi universelle du changement, qui est la loi même de la vie, pour les langues comme pour tout organisme.

2. En linguistique cette étude est d'une façon

à peu près exacte ce qu'est en physiologie l'examen des métamorphoses que subissent les os en passant d'un ordre d'animaux à un autre ordre. En effet, les lettres forment comme le squelette de la langue; c'en est la partie solide, la charpente qui peut se modifier d'un organisme à un autre, mais qui ne disparaît presque jamais. La persistance des lettres est donc une première loi à la lumière de laquelle s'éclaircissent bien des difficultés.

3. D'une manière très-générale encore, les faits enseignent que ces altérations se produisent avec des caractères qui reflètent les tendances et les instincts primitifs et naturels de chaque peuple. Or, nos aïeux, qui étaient d'origine septentrionale, si on les compare aux Romains, ont, suivant une loi naturelle qui tient au climat, éteint l'éclat, étouffé le son de toutes les lettres; et d'une façon toute particulière, les Francs, accoutumés dans leur pays à une langue plus sourde et plus gutturale que le latin, ont subi l'empire des habitudes prises et les ont transportées dans le travail par lequel ils ont contribué à la transformation de la langue latine. On peut donc poser en règle générale que toutes les modifications grammaticales de notre vieux français tendent à assourdir les voyelles et à durcir les consonnes.

4. Les figures de grammaire sont désignées par les linguistes sous des noms d'origine grecque ou latine qui sont presque tombés en désuétude, si bien que les érudits seuls en ont l'intelligence ; quelques périphrases remplaceront donc avec avantage ce langage un peu trop technique.

Ces figures s'appliquent à quatre objets principaux et peuvent être rangées ainsi d'après leur importance et leur complication : 1° permutation des lettres ; 2° transposition ; 3° suppression ; 4° addition.

5. La permutation des lettres, soumise pour les voyelles à la loi de l'assourdissement, a fait subir aux primitifs latins des changements considérables. Le plus important et le plus caractéristique est la création de l'*e* muet. Cette voyelle est exclusivement propre à la langue française ; c'est un signe de race très-particulier qui donne à notre langue une sonorité moins éclatante et dont l'écho se prolonge doucement. Ainsi dans les désinences l'*e* muet est appelé à remplacer toutes les autres voyelles : *rose* de *rosa*, *feindre* de *fingere*, *utile* d'*utilis*, *arbre* d'*arbor*, *chéne* de *casnus*.

6. En vertu de la loi de l'assourdissement *lan*A est devenu *lain*E, CE*ra* CI*re*, E*brius* I*vre*, *ordi*na*re ordonner*, *color* co*uleur*, *fluvius* fl*euve*, *cœlum* CI*el*, A*udire* o*uïr*, *lætitia* l*iesse*, CA*uda* q*ueue*, etc. Assez souvent, tandis que la langue d'oc préfère *ou* comme plus sonore, la langue d'oïl dans les mêmes cas emploie *eu* ; cependant cette règle est si loin d'être absolue qu'il nous reste en français de nombreux exemples de ces deux procédés de substitution : ainsi *opus* a formé *ouvrage* et *œuvre ; dolor, douleur* et *douloureux ; labor, labeur* et *labour*, etc. C'est par la parenté entre les sons *eu* et *ou* que s'explique la présence de ces deux sons dans les formes diverses d'un même mot: de *movere, mouvoir, je meus ;* de *mori, mourir, je meurs ;* de *posse, pouvoir, je peux*, etc.

La même loi d'assourdissement des voyelles explique le rôle important de la voyelle *i*, qui sert à marquer cet affaiblissement du son et fait de *clarus clair*, de *bene bien*, de *memoria mémoire*, de *conducere conduire*, etc. Ainsi s'explique encore le grand nombre de diphthongues que présente le français; ce fait résulte aussi de la suppression des consonnes médianes, dont il sera question plus tard : *traditor, traître; regina, reine; hodie, hui*, etc.

7. Malgré un très-grand nombre d'exemples, il faut reconnaître que cette loi de décroissance des voyelles n'est pas si rigoureuse qu'elle n'admette bien des exceptions ; ainsi *domina* devient *dame, columna colonne, viridis vert*, etc. Enfin, dans la variété un peu confuse de ces permutations de voyelles, qui ne reconnaît un procédé déjà très-familier à la langue latine, qui disait *fulmen, fulminis, onus, oneris, caput, capitis, decus, decoris*, etc. ?

8. La permutation des consonnes est soumise à la loi qui veut qu'elles deviennent plus dures en français qu'en latin. Appliquée aux labiales, cette loi fait

de *curvus courbe*, de *vervex brebis*, etc.; dans l'ordre
des dentales, *viridis* devient *vert*; dans les gutturales,
quare fait *car*, *crassus gras*, etc.; dans les liquides,
scandalum devient *esclandre*, *lacertus lézard*, *race-
mus raisin*. Les Parisiens, pour adoucir la prononciation substituaient volontiers *s* doux à *r*; de là
nous sont venus *Théodore* et *Théodose*, et de *cathedra* à la fois *chaire* et *chaise*, qui sont restés dans
le français moderne avec deux attributions distinctes.

Les exceptions ne manquent pas non plus dans
ce travail tout spontané, tout populaire de formation
des mots; par exemple : *duplex* donne *double*, *tunc
donc*, *caput chef*, *saturare souler*, etc. Une des subs-
titutions de consonnes les plus curieuses et les plus
difficiles à expliquer, c'est la substitution de *r* à *n*
dans *diacre* de *diaconus*, dans *pampre* de *pampi-
nus*, etc.

9. Enfin, dans un mélange curieux des consonnes
et des voyelles, trois faits méritent encore d'être
signalés : la voyelle *u* est substituée à la consonne
n dans *moustier* de *monasterium*, *couvent* de *conven-
tus*, etc. (on a longtemps dit *monstier*, *convent*); les
consonnes *f* et *v* viennent remplacer la voyelle *u*
dans *veuf, veuve* de *viduus*; *Juif, Juive* de *Ju-
dæus*, etc.; la voyelle *i* se transforme en la consonne
j, *iuvenis*, *jeune*, d'où il résulte que d'un même primitif latin peuvent sortir deux dérivés français dont

l'un prend *j*, comme *major*, et l'autre l'*i*, comme *maire*, qui viennent tous deux du latin *major*.

10. La transposition, c'est-à-dire le changement de place des voyelles ou des consonnes dans le corps des mots concourt presque toujours avec la suppression de certaines lettres à l'abréviation des mots ; ainsi *fistula* devient *flûte, temperare tremper.*

11. La suppression de lettres est de tous les procédés celui qui va le plus sûrement à ce but que le vieux français semble avoir poursuivi partout et toujours : la simplification. Le cas le plus fréquent se présente à propos des consonnes consécutives. Presque toujours la première, qui est la plus faible, est supprimée, tantôt sans autre altération : *advocatus* devient *avoué*, en même temps qu'il donne *advocat* ; tantôt il y a une substitution de voyelle, c'est ainsi qu'*altar* devient *autel*. Cette suppression d'une des deux consonnes ne se fait sentir le plus souvent que dans la prononciation ; dans l'écriture on garde la consonne à titre de signe étymologique, on écrit *altre* et *nocpcs* tout en prononçant *autre* et *noces*.

La suppression au commencement du mot est au contraire l'accident le plus rare dans le vieux français, qui, d'ordinaire, respecte la partie initiale des mots ; cependant on peut citer *le* formé de *ille, boutique* d'*apotheca, tisane* de *ptisana*.

12. Dans le corps des mots la suppression des

lettres et surtout des consonnes est un des signes distinctifs du vieux français : ainsi *anima* forme *âme*, *singularis sanglier*, *ministerium métier*, *rotundus rond*, *salutare saluer*, etc. La fréquence de ce fait a pour conséquence la multiplicité des diphthongues en français : *reine*, *traître*, de *regina*, *traditor*, etc.

13. Ces sortes d'hiatus, loin de paraître désagréables aux oreilles des hommes du moyen âge, semblent même avoir été parfois recherchés, à l'imitation des anciens, et de nombreux exemples prouvent qu'au xiie et au xiiie siècle on prononçait séparément les voyelles de *seur*, *traître*, *reine*, qui se disaient *seür*, *traïtre*, *reïne*, etc.

14. La suppression des finales a transformé *arcus* en *arc*, *legalis* en *loyal*, etc. Ce procédé d'abréviation, très-simple et très-populaire, a enrichi la langue française d'un grand nombre de mots, et en particulier de mots abstraits. Ainsi M. Egger a pu dresser une liste de plus de deux cents substantifs formés d'un infinitif dont la terminaison a été supprimée ; *accord* d'*accordare*, *blâme* de *blasphemare*, *conteste* de *contestari*, etc. Cette observation ingénieuse reçoit un intérêt philologique tout particulier de ce fait que les substantifs ainsi formés, étant plus courts que le verbe, prennent une apparence trompeuse et semblent des radicaux, tandis qu'ils ne sont que des dérivés.

15. L'addition de lettres, étant tout à fait contraire

aux tendances naturelles et générales de l'esprit
français, est un procédé moins usité que la suppression ; cependant les exemples en sont encore nombreux. Cette modification se produit sous l'empire
de bien des causes différentes : tantôt un monosyl-
labe se redouble, comme dans *cricri*, *bonbon*, etc.;
tantôt une lettre euphonique est ajoutée pour adoucir le son, au commencement du mot : *scribere, es -
crire; amita, tante;* à la fin : *de usque, jusques*; entre
deux mots : *aime-t-il, a-t-on,* etc.; tantôt une lettre
est attirée par une autre lettre, ce qui est de règle
surtout pour les liquides : ainsi s'introduit *b* dans
chambre de *camera*, *comble* de *cumulus; d* dans *cen-
dre* de *cinerem, tendre* de *tener; r* dans *nombril*
d'*umbilicus,* dans *fronde* de *funda;* enfin *s* dans
ustensile de *utensile.*

16. L'attraction est un singulier phénomène qui
se produit surtout à propos des nasales : il faut remarquer qu'elles ont une grande affinité pour la
voyelle *i; c'est ce qui explique *aimer* d'*amare, frein*
de *frenum, moine* de *monachus,* coïn de *cuneus,* etc.

Tantôt des préfixes significatives sont ajoutées,
comme dans DIS*traire,* BIS*cornu,* MÉ*fait,* etc.; tantôt
des mots s'agglutinent pour n'en former qu'un seul
dont les éléments sont à peine discernables : *ainsi* de
in sic, lierre de *li hedera, avant* de *ab ante, lundi* de
lunæ dies, etc.; ou bien les mots sont juxtaposés et
forment des composés dont les éléments sont encore

faciles à reconnaître : *embonpoint*, *orfèvre*, *prime-vère*, *milieu*, *licou*, etc.

17. Telle est d'une façon générale l'application faite pendant le moyen âge des figures de grammaire dans la formation de notre vieux français. Ces règles sont susceptibles d'une infinité d'exceptions ; il ne faut jamais oublier, pour s'expliquer ces anomalies. que le travail de transformation d'où est sorti l'idiome du moyen âge a été naturellement soumis à tous les caprices d'une formation spontanée et populaire, à toutes les contradictions et à tous les hasards de l'irréflexion ; cette langue s'étant constituée par le travail d'une population admirablement douée, mais qui n'avait pas conscience de ce qu'elle faisait.

CHAPITRE XI

Formation des mots. — Modifications logiques. Tropes.

1. Rôle naturel des tropes.
2. Des différentes espèces de tropes.
3. Emploi de la métaphore.
4. Emploi de la métonymie.

5. Emploi de la métalepse.
6. Emploi de la synecdoque.
7. Emploi de l'antiphrase.
8. Conclusion.

1. Pour l'homme, qui est un être doué à la fois d'intelligence et de passion, la traduction de la pensée n'est complète qu'à la condition qu'elle rende, outre ses idées, ses sentiments et ses émotions. A cet effet, l'homme donne à son langage certains tours particuliers qui en sont comme la physionomie; ce sont ces tours que les rhéteurs étudient sous le nom de figures.

Parmi ces mouvements du langage, les seuls qui doivent intéresser l'historien de la langue sont les figures de mots; car les figures de pensée n'ont point de date dans la succession des faits intellectuels; elles sont contemporaines de l'intelligence humaine et n'intéressent vraiment que le poète et l'orateur.

Au contraire, les mots, en passant d'une langue dans une autre, changent de sens et d'acception sous l'empire des dispositions d'esprit qui provoquent les tropes. Les tropes sont les changements par lesquels les mots cessent de représenter leur objet primitif pour désigner un objet différent, mais non sans rapport avec leur premier objet. Les dispositions d'esprit auxquelles on peut rapporter les tropes sont très-fécondes, parce qu'elles sont moins des accidents individuels que des faits essentiels et permanents de la nature morale.

2. Tantôt, entraîné par la vivacité de son imagination, l'homme met le nom du *ciel* que voient ses yeux à la place de celui du Dieu que conçoit sa raison, ou bien encore il appelle *tigre* un homme dont la cruauté lui rappelle les instincts féroces d'une brute. Tantôt, par besoin de concision et pour supprimer des mots faciles à suppléer, il nomme *cachemire* un châle fabriqué à Cachemire; *Homère*, un exemplaire des poëmes d'Homère. Souvent encore, faute d'un mot propre, nous employons par analogie un équivalent; c'est ainsi que nous disons en français : le *bras* d'un fauteuil, l'*aile* d'un bâtiment, la *jambe* d'un compas, le *pied* d'un arbre, etc. Enfin, c'est en vue de donner à l'expression plus de noblesse qu'on substitue *mortels* à *hommes*; c'est pour ménager la sensibilité et l'imagination que les anciens disaient : *il a vécu*, au lieu de, *il est mort*, « parce que, dit Montaigne, cette syllabe frappait trop rudement leurs aureilles. »

3. Aristote ramène tous les tropes à un seul qui les contient tous : la Métaphore, qui transporte un mot de sa signification ordinaire à une autre signification. C'est en vertu d'une comparaison tacite que l'esprit fait ainsi passer un mot d'une acception à une acception tout à fait différente : ainsi, de *capra*, nom de la chèvre, s'est formé le mot *caprice*, saut de chèvre, mouvement soudain et imprévu ; de *mactare*, égorger, s'est formé le verbe *mâter*, qui signifia d'abord abattre d'un coup d'épée, puis vaincre, écraser, réduire à s'avouer dompté ; le substantif *captivus*, captif, prisonnier, est devenu *catif*, *chétif*, synonyme de misérable, à cause de l'état de misère auquel les prisonniers sont réduits ; *margarita*, perle, devient marguerite, l'éclat de la fleur rappelant l'éclat de la perle ; *pendere* devient *penser*, à cause de l'analogie entre le fait physique et le fait intellectuel.

4. A ce trope fondamental peuvent se rattacher trois autres tropes dont les exemples très-nombreux méritent d'être signalés : la métonymie, la métalepse et la synecdoque.

La métonymie met un mot à la place d'un autre par suite d'une relation naturelle entre les objets que désignent ces deux mots.

Le nom de l'effet sert à désigner la cause : *tremere*, trembler, est devenu *craindre*, le tremblement étant l'effet habituel de la crainte; *crepare*, rendre un son éclatant, s'est transformé en *crever*, qui désigne le fait qui accompagne d'ordinaire ce grand bruit. Le nom de la cause sert à désigner l'effet : *stylus* est le poinçon de l'écrivain ou de l'homme de lettres, *style* représente le caractère littéraire de l'écrit tracé par ce poinçon; *ingenium* est l'esprit, cause de nos œuvres et de nos inventions, *engin* est le nom d'une des œuvres de l'esprit, d'un effet de son application à la mécanique.

Le nom du contenu sert à désigner le contenant : *ecclesia*, assemblée, devient *église*, lieu où se réunit l'assemblée des fidèles; le nom du contenant devient celui du contenu : *focus*, foyer, âtre, se transforme dans le mot *feu*.

Le nom latin du lieu sert à désigner la chose ou l'être qui s'y rencontre ou qui en provient : *Armenia* se transforme en *hermine*, ce petit animal s'appelant *Armeniæ mustella*, belette d'Arménie; ou dans le sens inverse, le nom de la chose s'étend au lieu où la chose se fait; ainsi la formule : *Jube, Domine, benedicere* se prononçant dans l'église du haut d'une galerie qui séparait la nef du chœur, le nom de *jubé* est resté à cette galerie.

Le mot qui représente le signe d'une chose a servi à représenter la chose elle-même. Ainsi, la formule

Missa est met fin au sacrifice religieux et sert à congédier les fidèles (*Ite, missa est* : Allez, c'est permis); cette formule est devenue le mot *messe*, qui désigne le sacrifice tout entier. Le contraire se produit également : *cara* est un mot de la basse latinité qui signifiait visage; il a formé le mot *chère*, qui désigna d'abord, en général, le visage, l'accueil qu'on faisait à un hôte; puis, par extension, les mets, la nourriture qu'on lui offrait comme marque et signe de l'accueil qu'on voulait lui faire.

Le nom d'une espèce se transporte à une espèce voisine : *vervex*, mouton, devient *brebis; nepos*, petit-fils, produit *nepveu; volumen*, rouleau manuscrit des anciens, se change en *volume; sponsus*, fiancé, devient *époux*, etc.

5. Enfin, le nom de l'antécédent peut être pris pour celui du conséquent, ou réciproquement; ce trope, qu'on nomme métalepse, n'est bien qu'une espèce de métonymie : *juxta* signifie près, côte à côte; il a donné le verbe *joûter*, lutter de près, corps à corps : on applique ainsi au conséquent le nom de l'antécédent. Au contraire, le nom du conséquent sert à désigner l'antécédent, lorsqu'on dit *payer*, de *pacare*, apaiser, l'apaisement du créancier étant la conséquence du payement. De même, *azardus*, en basse latinité, signifiait *dé; de ce mot s'est formé *hasard*, qui désigna d'abord le jeu de dés, puis le point de six à ce jeu, et enfin la destinée, la chance, le dieu du jeu. Le mot *finance* vient de *finer, finir, finire*, l'argent étant l'antécédent nécessaire de tout compte que l'on veut finir.

6. La synecdoque est un trope qui étend ou resserre l'application d'un mot, qui y fait entrer tantôt plus, tantôt moins. Elle prend le nom du genre pour désigner une espèce : *mercator*, marchand en général, devient *mercier*, espèce de marchand qui vend des objets d'habillement ; *sella* désignait le genre siége, *selle* est l'espèce de siége que le cavalier met sur sa monture ; *articulus* signifie petit membre ou partie de membre, *orteil* ne désigne plus que les doigts du pied. *Peregrinus*, étranger, voyageur, se transforme en *pèlerin* qui voyage vers la terre sainte. *Pomum*, fruit en général, devient *pomme*, etc.

La synecdoque de l'espèce au genre est plus rare ; cependant on peut citer : *atrium*, cour, partie d'une maison, qui est devenue en français *les aîtres*, les êtres, c'est-à-dire l'ensemble des parties de l'habitation ; *parens*, le père ou la mère, s'est transformé en *parent*, dont l'application est beaucoup plus générale ; de *fœnum*, foin, herbe sèche, est venu *faner*, à savoir dessécher, dans un sens bien plus étendu ; *parabolare*, exprimer sa pensée par une image, s'est transformé dans le mot *parler*, exprimer sa pensée par quelque signe que ce soit ; *caballus* signifiait une rosse, *cheval* a un sens beaucoup plus général.

C'est encore par le même trope que le nom latin d'une partie sert à désigner le tout en français : *tabula*, planche, devient *table; camera*, voûte, devient *chambre*, pièce voûtée; *testa*, tesson de pot ou de coquille, se transforme en *tête*, qui désigne d'abord le crâne, puis toute la partie supérieure du corps de l'animal.

Enfin le nom de la matière dont une chose est faite devient le nom même de cette chose : *carta* signifiait papier, il se transforme en *charte*, écrit sur papier; *cœmentum* voulait dire moellon, il devient *ciment* pour désigner un mélange de chaux et de moellons broyés.

7. A cette liste sommaire des principaux tropes, on pourrait ajouter encore l'antiphrase qui remplace le nom d'une chose par le nom de son contraire. Peut-être en trouverait-on des exemples dans les deux mots *abri* et *rien : abri* vient d'*apricus* et signifie précisément ce qui n'est point exposé au soleil; *rien* vient de *rem*, qui signifie une chose, quelque chose.

8. Ces réflexions et ces exemples sont bien loin d'épuiser le sujet; mais ils suffisent pour montrer comment nos ancêtres ont appliqué à la transformation du latin les principes naturels de modification des mots dont l'emploi est la vie même de l'intelligence humaine; car, il y a longtemps qu'on l'a dit, et il est toujours bon de le redire, toutes ces altérations, si subtiles qu'elles paraissent quand on les étudie d'une manière abstraite, toutes ces altérations se produisent dans la vie intellectuelle des peuples avec une spontanéité et une fécondité admirables. Par une comparaison qu'on ne saurait trop répéter, ces lois de la vie morale peuvent être assimilées aux lois si délicates de la vie physique, qui sont toutes observées jusque dans les êtres les moins élevés du règne animal et du règne végétal, avec une exactitude que la science admire sans pouvoir toujours en pénétrer le secret.

CHAPITRE XII

Modifications grammaticales. — Des parties du discours.

1. Loi générale de l'abréviation.
2. Caractère latin de la grammaire du vieux français.
3. Classification des mots.
4. Suppression du genre neutre.
5. Déclinaisons à deux cas. Règle de l's.
6. Exception à cette règle.
7. Son extension illogique
8. Classification des adjectifs.
9. Origine de notre règle du participe présent.
10. Des comparatifs et des superlatifs.
11. Des adjectifs numéraux.
12. Création de l'article.
13. Des pronoms.
14. Création des pronoms indéfinis.
15. Des verbes. — Figurative des personnes.
16. Trois formes nouvelles du passé.
17. Formation du futur.
18. Création du conditionnel.
19. Suppression de la voix passive.
20. Grand nombre de verbes réfléchis.
21. De la distinction des conjugaisons.
22. Mots invariables. — Création des adverbes en *ment*.
23. Des négations.
24. Des prépositions et des conjonctions.
25. Résumé.

1. Le besoin de clarté et de brièveté dans l'expression des idées et des sentiments est la loi première qui préside à la constitution spontanée de la grammaire, comme aux modifications élémentaires des mots, dans le français du moyen âge. Pour ce travail d'abréviation, nos ancêtres avaient été précédés et dévancés par le peuple de Rome, auquel Quintilien reprochait déjà de manger une partie des mots, d'appuyer sur les syllabes initiales et de supprimer les finales. Rien de plus naturel que cette tendance du latin ait été encore exagérée par nos aïeux, ces Gaulois que les Romains nous peignent si pétulants et si mobiles.

L'âme de toutes les altérations révélées par l'étude des faits, ce fut donc bien encore la tendance à tout simplifier pour rendre tout plus facile et plus accessible à des intelligences qui manquaient de culture; car, tandis que le peuple se faisait ainsi sa langue nationale, les clercs continuaient à étudier et à pratiquer le latin littéraire.

2. Néanmoins, le caractère latin du vieux français se manifeste très-clairement par ce fait qu'à prendre la question d'un point de vue général, et sauf quelques exceptions de détail très-secondaires, la grammaire du vieux français répète et continue la grammaire latine. Les règles de la grammaire se rapportant d'abord à la classification des espèces de mots, puis à la syntaxe, ces deux parties doivent être étudiées successivement.

3. La classification des mots français est la même que celle des mots latins, et on trouve également dans les deux langues des mots variables destinés à exprimer les êtres, les choses, leurs qualités et leurs actes, et des mots invariables qui ont pour fonction de marquer les rapports entre les différents éléments du discours.

Les mots variables peuvent, dans les deux langues, se subdiviser en deux groupes : 1° les mots qui expriment les êtres et leurs qualités (substantifs, adjectifs et pronoms); 2° les mots qui représentent les états et les actes (verbes).

4. Dans les deux langues aussi se produisent pour la modification des mots variables les faits de déclinaison et de conjugaison; cependant, au-dessus de ces deux faits s'établit et domine en français un instinct très-remarquable de simplification. Par exemple, le latin avait, comme le grec, trois genres ; mais le neutre, dont le rôle doit être de désigner les choses dans lesquelles ne peut se produire la distinction des sexes, le neutre n'était réellement en latin que le genre des mots qui n'étaient ni masculins, ni féminins ; il n'avait d'autre mérite que d'ajouter à l'élégance du langage par la richesse et la variété. Le genre neutre disparaît dans le vieux français, sans grand préjudice littéraire et avec un grand avantage de précision et de simplicité pour la pratique.

D'autre part, le français du moyen âge n'est pas en progrès sur le latin pour la rigueur dans l'emploi des terminaisons destinées à caractériser les genres; il fait *arbre* du masculin, en dépit de sa terminaison féminine, et *couleur* du féminin. Il reste souvent fidèle aux traditions du latin, sauf pour quelques mots, qui, bien que tirés du latin, semblent avoir pris le genre du mot correspondant de la langue des Celtes ou de la langue des Germains; ainsi de *dens*, masculin, se forme *la dent*, de *flos* la *fleur*; d'*aquila*, qui est féminin, sort *aigle*, de *frons*, *front*, etc.

5. La déclinaison des noms et des adjectifs semble avoir été dès la plus haute antiquité un signe distinctif des langues aryas; sans doute cette déclinaison était, en latin et en grec, beaucoup moins compliquée qu'elle ne le semble au premier coup d'œil; cependant elle est encore simplifiée par les ignorants transformateurs de la langue de Cicéron. Le vieux français ne conserve que deux cas : l'un, qui correspond au nominatif, est le cas sujet; l'autre, qui remplit à lui seul les fonctions diverses de tous les cas obliques, est le cas régime. Jusque dans cette déclinaison simplifiée se retrouvent pourtant encore les traces des habitudes du latin. En effet, les substantifs latins terminés par *s* au nominatif singulier étaient beaucoup plus nombreux que les autres et se rencontraient dans toutes les déclinaisons : *Æneas*, *dominus*, *veritas*, *avis*, *flos*, *pectus*, *dies*, etc.; par suite la lettre *s* demeure dans la langue nouvelle la caractéristique du cas sujet. Au contraire, nul des cas obliques du singulier en latin ne portant d'*s* : *rosæ*, *rosam*, *domino*, *corpori*, *faciem*, *manum*, *die*, etc. ; le cas régime du singulier est caractérisé en français par l'absence d'*s*. Voici le modèle le plus simple de la déclinaison du singulier dans la langue d'oïl :

SINGULIER DES NOMS ET DES ADJECTIFS.

Cas sujet : *amis, chevals.*
Cas régime : *ami, cheval.*

Le pluriel présentait en latin des particularités tout opposées. Au moins dans la première et dans la seconde déclinaison, et pour les noms neutres de toutes les déclinaisons, le nominatif latin ne prend pas d'*s* : *rosæ, domini, corpora*, etc., tandis que les plus usités des cas obliques sont terminés par *s* : *rosis, rosas, dominos, virtutes, virtutibus, manus, dies, diebus,* etc. Il faut même ajouter que l'accusatif, sauf dans les noms neutres, prend toujours une *s* au pluriel. Or l'accusatif peut être considéré comme le cas régime par excellence ; car Chevallet a calculé que, dans un morceau de latin, sur trois cents substantifs environ, plus de la moitié sont à l'accusatif. Ces faits expliquent que la règle de l'*s* soit renversée pour le pluriel : le cas sujet ne prend pas d'*s*, et le cas régime en prend une.

PLURIEL DES NOMS ET DES ADJECTIFS.

Cas sujet : *ami, cheval.*
Cas régime : *amis, chevals.*

Procédé très-ingénieux qui simplifie autant que possible la déclinaison, puisque le pluriel n'est que le renversement du singulier.

6. Malgré l'ignorance de la population qui forme la langue nouvelle, la règle de la déclinaison à deux

cas est si régulièrement observée que, dans les plus
anciens textes du moyen âge, c'est à peine si la critique peut relever sur dix mots une infraction. D'ailleurs, ces exceptions mêmes peuvent s'expliquer en
admettant une seconde règle de déclinaison applicable à un petit nombre de substantifs et d'adjectifs.

La plupart des substantifs français dérivés des
substantifs latins de la troisième déclinaison donnent
lieu à une exception qui résulte de l'application de
cette règle qu'il faut respecter la syllabe accentuée.
En effet, certains noms et certains adjectifs latins
qui suivent la troisième déclinaison ayant une syllabe
de plus au génitif qu'au nominatif, l'accent se dé-
plaçait dans la prononciation ; on disait en appuyant
sur la voyelle accentuée : *imperator*, *imperatorem*,
senior, *seniorem*, *infans*, *infantem*, etc. Par suite
de cette altération primitive, le cas régime dans les
noms français dérivés se distingue du cas sujet, au
singulier par un changement de terminaison et par
l'allongement du mot : *emperere* (l'*e* final est muet
et ne sert qu'à faire prononcer l'*r* qui précède) a pour
cas régime *empereor*; *sire* au sujet donne *seigneur*
au régime ; *enfes*, *enfant*, etc. Au pluriel, la règle de
l'*s* continue de s'appliquer comme dans la première
déclinaison, et elle donne :

Cas sujet :   *empereor*, *seigneur*, *enfant*.
Cas régime : *empereors*, *seigneurs*, *enfants*.
Et même, cette règle générale étant étendue au

nombre singulier, on écrit souvent : *uns empereres, uns sires, uns enfes.*

7. Cette fonction de l'*s* modifiait jusqu'aux infinitifs pris substantivement, forme très-usitée dans la langue du moyen âge, où l'on dit volontiers : *li dormirs, li alers, li venirs,* etc. Enfin, par une application qui dégénère en abus, la lettre *s* vient s'ajouter même à des mots invariables qui n'en ont que faire : *certes, guères, encores, avecques,* etc.

C'est donc un trait de génie philologique que d'avoir deviné dans la grammaire du vieux français la règle de l'*s*; Raynouard, en retrouvant cette clef, longtemps perdue, nous a rendu l'intelligence de notre ancienne grammaire nationale.

8. Les adjectifs soumis aux règles de déclinaison des substantifs présentent pour l'indication des genres une particularité qui prouve une fois de plus l'origine latine du vieux français. A ce point de vue ils se répartissent en deux classes : 1° Les adjectifs français formés de primitifs latins, ayant une terminaison distincte pour le féminin, ont aussi deux terminaisons distinctes : *bons, bone; chers, chere,* etc. 2° Les adjectifs français dérivés d'adjectifs latins qui n'ont qu'une forme pour le masculin et pour le féminin n'ont aussi qu'une forme pour les deux genres : on tire de *legalis, uns homs loials, une fame loials*; de *regalis, des ordres royaulx, des lettres royaulx,* etc.

Ce n'est que plus tard et par la contagion de l'exemple que tous les adjectifs furent soumis à la règle qui domine aujourd'hui et qui impose deux formes aux adjectifs qui ne sont pas terminés par un *e* muet. En dépit de cette règle, nous disons encore, comme au XIIe siècle : *grand' messe, grand' mère, grand' route*, etc., qu'il vaudrait mieux écrire sans apostrophe.

9. Un souvenir de cette distinction entre deux classes d'adjectifs se rencontre encore dans la règle moderne qui condamne le participe présent à demeurer invariable ; nos aïeux disaient *une fame aimant* au même titre qu'*une fame loials*, puisque le participe présent latin n'avait aussi qu'une seule forme pour le masculin et pour le féminin.

10. Par suite de l'esprit d'analyse résultant du besoin de clarté et de brièveté, le comparatif et le superlatif des adjectifs français se forment en ajoutant au positif les adverbes *plus, très, fort, le plus*, etc. Cependant l'autorité de la tradition latine se manifeste encore par la formation de quelques comparatifs en *or* et de quelques superlatifs en *ime* : *granz, graignor, grandime* ; *mals, pejor, pire, pesme* ; *petit, meindre, minime* ; *alt* fait *altisme* ; *saint, saintime*, etc.

11. Les adjectifs numéraux ont été fixés de très-bonne heure, comme tous les mots d'un emploi journalier ; ils sont soumis aux mêmes règles que

les autres adjectifs. Les nombres cardinaux sont
déjà :

Cas sujet :   *uns, unes; — dui* ou *doi.*
Cas régime : *un,   une; — deux* ou *dous.*

Quant aux adjectifs ordinaux, ils sont calqués sur
les mots latins : — *primes, secondes, tiers, quars,
quins*, qui sont restés en usage dans le langage
technique de la musique, des armes, de la médecine,
et dans certains noms historiques : — *parer en prime,
intervalle de tierce, fièvre quarte, Charles-Quint.*

12. La création d'un article est une des plus heureuses innovations accomplies au moyen âge. En
effet, l'article contribue à la clarté et à la précision
du langage en déterminant le substantif ; aussi
l'absence de tout article est-elle une des causes d'infériorité du latin comparé avec le grec. Par conséquent, la création d'un article dans le vieux français
était loin d'être un signe de corruption et de plus,
comme cet article conservait mieux que le substantif la trace de la déclinaison latine, il suppléait
à la pauvreté de la déclinaison française.

L'article est formé par une modification du pronom démonstratif *ille,* et le besoin de cet instrument de précision était si bien ressenti par tout
l'empire romain que de ce même pronom le provençal et l'espagnol ont tiré leur article *el,* l'italien
son article *il.*

Voici à peu près le paradigme de l'article du vieux français qui a formé le nôtre :

SINGULIER.

Masculin.	*Féminin.*
Nom. *li*	*li, la, lai, le.*
Gén. *del, deu, du*	*de la, de lai.*
Dat. *al, au, el, eu*	*ala, alai.*
Acc. *lo, lou, le, lu*	*la, lai.*

PLURIEL.

Nom. *li*	*les, li.*
Gén. *des*	*des.*
Dat. *as, aus*	*as, es.*
Acc. *les, los*	*les.*

L'origine de cet article français formé par un pronom démonstratif explique son double rôle d'article et de pronom : c'est ce double rôle qui rend très-faciles à comprendre des phrases telles que celles-ci : — *Li borgois pour son forfait ou pour* le *sa fame paieroit...* C'est-à-dire pour *celui* de sa femme ou pour le forfait de sa femme. Ce rôle pronominal de l'article n'est pas tombé en désuétude, car c'est de la même façon que nous disons encore aujourd'hui *la saint Jean* pour la fête de saint Jean.

13. Les pronoms français sont calqués sur les pronoms latins ; de plus, ils ont été l'occasion d'une innovation qui ajoute encore à la clarté de l'expression, c'est que le pronom personnel accompagne presque toujours le verbe. Ce pronom personnel, dont le rôle est si important, jouit d'une déclinaison à deux cas semblable à celle du substantif :

SINGULIER.

Cas sujet :	*je,*	*tu,*	*il, elle.*
Cas régime :	*me, moi,*	*te, toi,*	*le, la, lui.*

PLURIEL.

Cas sujet :	*nous,*	*vous,*	*ils, elles.*
Cas régime :	*nous,*	*vous,*	*eux, elles, les.*

14. Une création non moins importante et sans nul précédent en latin, c'est la création d'un pronom indéfini. Du latin *homo* se forment *homs, hom, oms, om, on.* Peut-être bien est-ce à l'influence des habitudes germaniques qu'il faut rapporter cette innovation féconde ; ce pronom est l'équivalent de *man.* La même observation s'applique au pronom indéfini *autrui,* qui n'est qu'un cas oblique de l'adjectif *autre,* ou le produit d'une agglutination d'*alter huic.*

Quant aux pronoms et aux adjectifs démonstratifs, ils ne sont que des transformations du latin : *ço, ce,* de *hicce, hocce,* ou des produits d'une agglutination : *cil, celui,* de *hunc illum; chacun,* de *quisque unus.*

15. Les verbes ont subi beaucoup moins d'altérations, et leur système général de flexions a été

presque toujours respecté, à part quelques infrac-
tions secondaires et quelques innovations heureuses.

Pour distinguer les personnes, *s* demeure la figurative de la deuxième personne du singulier, comme
dans tous les idiomes romans, sauf en italien. Il n'y
a d'exception que pour l'impératif, où le latin ne
prenait pas d'*s* : *ama, aime*, etc. La consonne *t* reste
figurative de la troisième personne du singulier, et
l'on écrit sans modifier le son de l'*e* muet : *il aimet,
il donet.* A la première personne du pluriel, *umus*
reste dans *nous sommes*, et se contracte en *ons* dans
les autres verbes; à la deuxième, *ez* est aussi le résultat de la contraction de *atis, etis, itis*, qui ont
persisté dans *vous faites, vous êtes, vous dites*, etc.
Enfin, la terminaison *nt* à la troisième personne du
pluriel est la terminaison même du latin, et cette
terminaison modifiait sans doute le son de l'*e*, puisqu'on trouve que les poëtes du xiiie siècle faisaient
rimer *ils s'écrient* avec *il convient*, alors qu'on ri-
mait pour l'oreille et nullement pour les yeux.

16. Si de l'étude des personnes, dont l'analyse a
été poussée aussi loin que possible par l'ingénieuse
critique d'Ampère, on passe aux temps et aux modes
des verbes, voici les remarques les plus importantes
à faire : le passé de l'indicatif a cinq formes en français au lieu de trois; le parfait latin est remplacé
par un passé défini, un passé indéfini, un passé an-
térieur. A la formation de quatre de ces temps

concourt l'auxiliaire *avoir*, transformation de *habere*, dont la première traduction française a été *aveir*.

17. L'emploi le plus curieux de cet auxiliaire, c'est de servir à former le futur; ce temps n'est pas tiré du futur latin; c'est une contraction de l'auxiliaire joint à l'infinitif du verbe à conjuguer. Déjà les latins disaient : *habeo pollicendum*, puis *habeo polliceri*; de là s'est formée la locution *j'ai à promettre*, et par une inversion très-familière aux temps anciens, *je promettr-ai;* de même, *j'ai à dire, je dirai*, etc. Ce mode de formation, quelque détourné qu'il paraisse, est d'autant moins discutable qu'il ne semble qu'une répétition de ce que les latins avaient fait eux-mêmes en créant leur futur *ama-bo* de *amare habeo; mone-bo* de *monere habeo*. Enfin, comme dernier argument, notons que dans toutes les langues romanes les désinences du futur sont identiques à celles de l'indicatif présent du verbe qui représente *avoir*.

18. Le conditionnel est un mode nouveau qui a pour fonction de décharger l'imparfait du subjonctif du double emploi qu'il avait en latin. C'est un mode qui exprime une nuance délicate de la pensée; il désigne un fait qui se trouve à venir au double point de vue du moment présent et d'une action passée qui forme la condition : *je parlerais, si je savais.* La constitution étymologique du mot français répond donc aux exigences les plus sévères de la logique :

il est formé d'un infinitif *parler* qui représente le futur, et d'une finale d'imparfait *ais* qui indique le passé.

Les modes secondaires de l'infinitif latin, le gérondif et le supin, disparaissent et sont remplacés par l'infinitif ou le participe présent, précédés d'une préposition.

19. La suppression de la voix passive est une simplification considérable : l'emploi de l'auxiliaire *être* représentant un état avec le participe passé, qui joue le rôle d'adjectif, est une création ingénieuse qui remplace le passif et donne satisfaction aux tendances de l'esprit nouveau vers l'analyse. L'auxiliaire *être* est la traduction du verbe *sum*, dont il reflète toutes les irrégularités, y ajoutant même encore par des emprunts au verbe *stare*; ce sont *estant, esté* pour les participes.

20. Par cette suppression du passif s'explique le fréquent emploi des verbes français sous la forme pronominale. On disait : *se dîner, se déjeûner, se dormir*, etc. De là encore la tendance persévérante de la langue française à employer indifféremment, dans un grand nombre de cas, la forme passive ou la forme réfléchie.

Ces deux formes persistant dans le français moderne, lui donnent presque la richesse du grec et rendent plus facile qu'en latin l'expression de bien des nuances délicates de la pensée et du sentiment.

Par exemple, elles ont permis à Bossuet de trouver l'éloquente exclamation : « Madame se meurt ! Madame est morte ! »

21. Tous les infinitifs latins se terminant en *re*, la distinction des conjugaisons ne put se faire que bien tard et par un travail des grammairiens qui n'a pas été toujours heureux. La plupart des verbes ont dans le vieux français la terminaison *er* à l'infinitif ; et même dans le français moderne, M. Jullien a calculé que, sur six mille verbes environ, il s'en trouve quatre mille sept cents de la première conjugaison, c'est-à-dire plus des huit dixièmes. Au moyen âge, un grand nombre des verbes ont une double forme : *faner* et *fanir*, *quérir* et *querre*, *finier* et *finir*, etc.; comme nous avons tiré d'un même primitif latin : *calmer* et *calmir*, *gémir* et *geindre*, etc.

C'est peu à peu, par l'action simultanée de la loi de la syncope et de la loi de l'euphonie, que sont sorties les finales diverses : *aimer*, *finir*, *mouvoir*, *vendre*, qui ont provoqué la distinction entre nos quatre conjugaisons.

22. Dans le renouvellement des mots invariables, le fait le plus digne de remarque c'est la création des adverbes en *ment*. Les Français du moyen âge conservent l'usage latin de faire jouer le rôle d'adverbes aux adjectifs : *bref*, *fort*, *tard*, *lourd*, etc.; ils y étaient encouragés par l'exemple des idiomes germaniques, où cet usage est constant. Mais ces adverbes ont l'inconvénient de se confondre avec les adjectifs ; il fallut donc trouver une forme plus significative ; alors, joignant le mot *mens* à l'adjectif, on dit : *cara mente, vera mente,* expressions qui, par l'agglutination, ont produit, en italien et en espagnol comme en français, des adverbes nouveaux.

Quand on écrivait *vraiement, chèrement,* le féminin de l'adjectif était très-correct, puisque *mens* est un substantif féminin. C'est avec une aussi parfaite correction qu'on écrivait *loyalment, fortment, grantment,* ces adjectifs étant de ceux qui n'avaient qu'une forme pour le masculin et pour le féminin.

23. La valeur négative des adverbes latins *non, ne* tendait à s'affaiblir ; les Romains eux-mêmes avaient cherché à la raviver par l'addition d'autres adverbes, comme *quidem, certe,* etc. ; nos ancêtres y ajoutaient, pour la renforcer, des noms tels que *pas, point, rien, mie, brin, goutte, ombre,* etc. Par une ingénieuse métaphore, ces mots, qui désignent les plus petits objets possibles, perdaient leur sens et n'avaient plus alors qu'une valeur logique.

24. Quant aux prépositions et aux conjonctions, elles ne sont pour la plupart que des traductions du latin : *ad, à ; per, par ; quare, car ; cum, comme,* etc.

Il faut seulement remarquer que le besoin de clarté, après la suppression des cas, a conduit à l'emploi plus fréquent des prépositions. Dès longtemps, l'empereur Auguste, pour assurer à ses paroles la plus grande précision, marquait par des prépositions le régime indirect des verbes; il disait : *Dare ad aliquem*, etc. La simplification de la déclinaison en français contribua tout naturellement à répandre et à généraliser cet usage.

C'est au même désir naturel de clarté, joint au besoin de l'énergie dans l'expression, qu'il faut rapporter certaines accumulations : *ad proxime*, qui nous a donné *après; ab ante, avant; de sub, dessous; de retro, derrière*, etc.

25. On peut résumer ces observations élémentaires sur notre ancienne grammaire et les ramener aux quelques points suivants, qui sont bien loin d'épuiser cette riche matière : la grammaire du vieux français répète et continue la grammaire latine pour la classification des mots et pour la syntaxe. La déclinaison persiste; mais le genre neutre est supprimé, et il ne reste plus que deux cas; par une extrême simplification, la lettre *s* est signe du sujet au singulier et du régime au pluriel; cette règle ne souffre d'exception que pour quelques substantifs et adjectifs dérivés de substantifs latins de la troisième déclinaison. Certains adjectifs, fidèles à leurs modèles latins, n'ont qu'une même forme pour le masculin et pour le féminin. Quelques comparatifs et superlatifs sont copiés sur le latin. Un article est formé du pronom démonstratif. Les pronoms sont calqués sur les pronoms latins. Dans les verbes, les figuratives des personnes sont les figuratives latines à peine altérées; le temps passé est enrichi de trois formes nouvelles avec emploi de l'auxiliaire *avoir;* le conditionnel est une création très-utile et très-logique; la complication d'une voix passive est remplacée par l'emploi de l'auxiliaire *être.* Les adverbes en *ment* sont créés par une agglutination très-ingénieuse; les négations sont fortifiées; enfin, les prépositions et les conjonctions ne sont guère que des traductions du latin.

CHAPITRE XIII

Modifications grammaticales. — Syntaxe et construction.

1. De la syntaxe et de la construction.

2. Caractère synthétique de la syntaxe latine.

3. Causes de modification de cette syntaxe.

4. La plupart des règles latines persistent.

5. Règle d'accord entre les mots variables.

6. Règle d'accord du verbe.

7. Emploi de *vous* pour le singulier.

8. Usage du pronom personnel.

9. Innovations accessoires dans la syntaxe de régime.

10. Règle de position pour les substantifs.

11. Emploi des prépositions.

12. Régime des comparatifs et des superlatifs.

13. Régime des verbes actifs et des verbes neutres.

14. Régime des verbes passifs.

15. Régime des verbes réfléchis.

16. Règle de subordination des propositions.

17. Facilité des inversions.

18. Résumé.

1. Si l'homme n'avait besoin d'exprimer que des idées ou des émotions simples, les cris et les mots suffiraient, même prononcés isolément et sans liaison entre eux ; mais il conçoit des pensées, c'est-à-dire des idées complexes, il éprouve des sentiments composés : il a donc besoin, pour exprimer ces faits moraux, d'unir et de grouper les mots de la langue.

Cette union des mots est soumise à deux sortes de règles : 1° des règles grammaticales, qui résultent du génie même de la langue et des conditions dans lesquelles cette langue se développe ; l'ensemble de ces règles forme la syntaxe ; 2° des règles logiques procédant à la fois des exigences de la grammaire et des inspirations de l'intelligence ; ces règles, beaucoup moins rigoureuses et plus mobiles, sont les règles de construction.

Par exemple, Bossuet commence son admirable portrait de Cromwell par ces mots : *Un homme s'est rencontré*. Faites l'analyse de ces quelques mots, voici ce qu'elle donne : c'est en vertu d'une règle de syntaxe que *un* et *rencontré*, qui se rapportent au substantif *homme*, sont au masculin singulier ; c'est en vertu d'une règle de construction que le sujet *un homme* est le premier mot de la proposition. L'ordre grammatical de notre construction se trouve ici dans un parfait accord avec le sentiment de l'orateur : Bossuet, en jetant, au début de sa période, ce mot si simple, *un homme*, veut éveiller une curiosité plus vive qu'il n'aurait fait en disant : *Il s'est rencontré un homme*. Toute langue a donc sa syntaxe et sa construction qui sont dans un rapport étroit avec la constitution de son vocabulaire et avec les modifications que les mots peuvent subir.

2. Le procédé essentiel de la syntaxe latine consistait à faire servir les diverses terminaisons des mots variables pour indiquer les rapports entre ces mots. Ainsi, l'emploi d'un même cas pour deux substantifs indiquait l'apposition : *Urbem Romam*; pour un adjectif et un substantif c'était le signe du rapport de la qualité à l'être : *Deus sanctus, virgo sancta*; le génitif avait pour fonction d'indiquer le rapport de possession ou de dépendance entre deux objets : *Liber Petri*; le datif marquait le rapport de régime entre un verbe neutre et un nom : *Studeo grammaticæ*; l'accusatif, le rapport de régime entre un verbe actif et un substantif : *Amo Deum*, etc.

3. En renonçant à la plus grande partie de ces flexions, le français se condamnait à chercher des procédés nouveaux pour l'accord et pour le régime, c'est-à-dire pour la syntaxe des mots. Telle est la première cause et la plus féconde des changements opérés dans ce passage de la syntaxe latine à la syntaxe française.

Il faut cependant signaler avant tout deux faits historiques importants : d'abord l'altération constante et naturelle de la syntaxe latine par le peuple romain, dont les comiques latins nous ont transmis bon nombre de solécismes très-anciens; puis la corruption introduite par les barbares à partir du v⁰ siècle. La plupart des solécismes commis par irréflexion ou ignorance étaient, après tout, des procédés de simplification, ils ont été les germes des règles de la syntaxe française. Ainsi les irrégularités comme : *Mulieres de nostro seculo,* — *Corona de spinis* nous ont donné les expressions françaises : *Les femmes de notre siècle,* — *Une couronne d'épines.*

4. D'ailleurs, ces altérations toutes secondaires n'ont jamais eu tant d'importance qu'on ne doive poser en principe, que la syntaxe du vieux français est latine comme son vocabulaire dans son esprit et ses règles essentielles. C'est ce qu'établit clairement l'examen rapide et sommaire des faits.

Les règles de la syntaxe se rapportent toutes, ou bien à l'accord qu'il faut établir entre les mots pour marquer l'accord entre les idées, ou bien à la manière d'indiquer la subordination entre les idées par les relations entre les mots. De là suit la distinction entre les règles de syntaxe d'accord et les règles de syntaxe de régime ou de subordination.

5. RÈGLES DE LA SYNTAXE D'ACCORD.— Le substantif, l'article, le pronom, l'adjectif et le participe s'accordent avec le substantif auquel ils se rapportent, en genre, en nombre et en cas. — SUBSTANTIF : *Il est al siége* à Cordres *la* citet. — C'est ici l'application de la règle d'apposition connue des écoliers par l'exemple *Urbs Roma.* — ARTICLE : Li *crieur ne crient pas* le *jour que* le *roi ou* la *roine ou leurs enfanz meurent.* — ADJECTIF et PARTICIPE : Tutes voz *anmes ait Deus* li glorius — *En pareis les metet en seintes fleurs.* — Ma *âme magnefie le Seignor.* —

J'ai ci m'amie conneue. — Par un de ses barons i envoia s'espée. — Un soir, a la mie nuit. — Lascent les renes a lor cevals curanz.

Cependant certains adjectifs très-courts, qui se placent d'ordinaire devant les substantifs, font corps avec lui et forment déjà un nom composé : *nu-tête, mi-jambe, demi-heure, feu-tante,* etc.

6. Le verbe, comme en latin, s'accorde avec son sujet en nombre et en personne. Si le substantif est collectif, le verbe se met au pluriel; c'est là une règle de la syntaxe latine et de la syntaxe grecque, à laquelle le français s'est conformé jusqu'à la fin du XVIe siècle : *Grant partie de sa maison murrunt quant a age vendrunt.* — Le roi Henri IV écrivait encore en 1582, qu'il voudrait voir *le peuple* soulagé de la misère qu'*ils souffrent.* Peut-être même faut-il rapporter à la persistance de cet ancien usage jusqu'en 1691 la célèbre syllepse de Racine dans *Athalie :*

> Entre *le pauvre* et vous vous prendrez Dieu pour juge,
> Vous souvenant, mon fils, que caché sous ce lin
> Comme *eux* vous fûtes pauvre et comme *eux,* orphelin.

7. L'emploi du pluriel au lieu du singulier, à la seconde personne, comme témoignage de politesse, s'est généralisé de très-bonne heure. Cet usage a son origine dans les formules des courtisans romains qui, pour flatter la vanité de l'empereur, lui adres-

saient les mêmes paroles qu'à un nombreux auditoire. Ainsi Julius Capitolin rapprochant de Marc-
Aurèle l'empereur Dioclétien lui dit : *Sæpe* dicitis
vos tales *esse cupere qualis fuit.* Plus tard, Grégoire
de Tours mêle les deux formes : *Nolui sine consilio*
vestro; tu autem dixisti..... On disait de même au
xiie siècle par un singulier rapprochement : Vos
estes *s'oncles e il* tes *nies*, — *Vous* êtes son oncle et
il est *ton* neveu.

8. A mesure que les désinences personnelles des
verbes s'effaçaient, on sentit le besoin d'indiquer la
personne en joignant au verbe un pronom personnel
dont le français s'abstenait d'abord, à l'exemple du
latin. Dans le *Livre des Rois,* qui est du xiie siècle,
David racontant sa vie passée, dit : —*Pasturel* ai *esté* ;
— puis à propos de sa victoire sur les lions : — *Par la*
joue les pris *e* retinc *e* ocis. — Et même dans le Serment de Louis le Germanique, qui est bien plus ancien, nous lisons : — *Salvarei eo,* — Je sauverai. Cette
construction primitive est l'origine de notre tournure interrogative si vive et si commode : *viendrez-*
vous ?

Enfin, la troisième personne du singulier étant
prise souvent dans un sens impersonnel, comme en
latin *pluit,* il pleut, le pronom *il* était tantôt exprimé, tantôt sous-entendu. — Il convient *que li sei-*
gnor aient poer en lor sers ; mes as seignors appartient *qu'il ne lor facent cruauté.*

10.

9. RÈGLES DE LA SYNTAXE DE RÉGIME. — Pour indiquer les rapports de dépendance et de subordination entre les mots, les latins employaient les cas obliques avec ou sans préposition. La nouvelle langue se privant de la ressource des cas, il lui restait pour y suppléer ou la position réciproque des mots, ou l'usage plus fréquent des prépositions déjà fort employées en latin ; ces deux moyens furent également mis en œuvre. La disparition presque complète des cas obliques eut pour résultat de forcer la langue française à s'écarter beaucoup de la langue latine dans la syntaxe de régime. Voici quelques points importants à noter à ce sujet :

10. Le rapport de possession fut, au début, indiqué par la simple juxtaposition, le nom du possesseur précédant le nom de l'objet possédé ; et de même que les Latins disaient : *Dei amor*, on lit dans le Serment de 843 : *Pro Deo amur.* — *Sancti Dionysii monasterium* devint *li sainct Denis moustier.* — Il nous reste comme souvenir de cette construction les mots composés : *chien-dent, chèvre-feuille, Dieu-merci, Dieu-donné*, etc. De là nous sont venus aussi les noms de la semaine : *Lundi, Lunæ dies*, etc.

Plus tard, cet ordre inversif, qui s'est conservé en anglais, fut abandonné, et par une construction plus conforme à l'esprit des langues analytiques, le déterminant fut placé après le déterminé ; l'on dit alors : *l'amour Dieu, le moustier Sainct-Denis.* Le français moderne a conservé la trace de cette distinction dans les noms composés : *fête-Dieu, hôtel-Dieu* ; et dans certains noms propres : *Cours-la-Reine, Bois-le-Comte, Château-Thierry,* qui signifient *Cours* (promenade, *cursus*) *de la Reine, Bois du Comte, Château de Thierry.* C'est par suite du même usage que nous disons *rue Richelieu, place Louvois,* pour *rue de Richelieu, place de Louvois.* Enfin, un reste encore assez curieux du passé, c'est la locution *malgré vous,* qui est une abréviation de l'expression : *au mal gré de vous.*

11. Le même rapport de propriété s'est aussi marqué très-souvent par la préposition *à* : — *L'empereris qui feme estoit* au *père et marastre* au *fil,* dit Villehardouin. La trace de cet ancien usage se retrouve dans un grand nombre de locutions populaires tout à fait analogues.

Mais les Latins remplaçant parfois le génitif par *de* avec l'ablatif, l'usage de la préposition *de* en français se répandit et se généralisa; ainsi, dès le Xe siècle, on rencontre les expressions *figure* de *colomb,* — *puple* de *Engleterre.* C'est de la même façon que les adjectifs qui gouvernaient en latin le génitif prennent en français le complément avec la préposition *de.*

Les adjectifs qui gouvernaient le datif se construisaient parfois aussi avec la préposition *ad,* et cette confusion s'accrut tout naturellement par la corruption; aussi les dérivés français de ces adjectifs ont-ils employé la préposition *à*.

12. Le rapport entre le comparatif et son régime est marqué par la préposition *de*, qui représente ici l'ablatif latin. Roland dit à ses héroïques compagnons : *Meillors vassals de vos unkes ne vi*. Outre cette traduction de l'ablatif latin que le vieux français a faite comme l'italien et l'espagnol, notre langue du moyen âge accepte aussi pour le comparatif l'autre tournure latine, la seule qui soit restée dans le francais moderne : — *Salomun plus fud saige* que *huem ki vesquit*.

Le superlatif latin pouvait donner trois formes à son complément; c'est la plus usitée, la forme du génitif, qui prévalut seule : — De *ses serjans lo meillor*. Cette forme nous est restée.

13. Le verbe actif, qui gouvernait l'accusatif en latin, gouverne le cas régime en français : — *Cil ki prendra* larun, — *Salomon cumencha* le temple. Ce même cas sert également de régime à certains verbes neutres : — *Li borgois le présentèrent* le roi, — *Li emperere ne respunt* son nevuld. — C'est par suite de cette confusion que beaucoup de verbes qui étaient neutres en latin ont pris le rôle et le nom de verbes actifs en français, comme *servir, étudier, favoriser, épargner*, etc.

14. Les verbes latins qui gouvernaient l'accusatif avec *ad* donnèrent naissance aux verbes qui veulent leur régime avec la préposition *à* : *venire ad*, venir à; *tendere ad*, tendre à. La même préposition *à* dérivée de *ab* marque parfois le régime du verbe passif : — *Se fuisse pris à païens*; — mais de très-bonne heure les verbes passifs furent assimilés aux verbes exprimant un mouvement d'un lieu vers un autre et le régime qui désigne la cause de l'action fut marqué comme le régime désignant le point de départ, c'est-à-dire par la préposition *de*. On lit dans les lois de Guillaume le Conquérant : — *Et fuist atteint de la justice*. — Enfin, la préposition *per* en latin remplaçant souvent la préposition *ab* : *Per me ista trahantur* (Cicéron); le régime du verbe passif fut indiqué à l'aide de la préposition *par* :

Par *moi ne serez remuée,*

dit le Coq à la Perle dans la fable de Marie de France.

15. Le retour de l'action vers le sujet, soit qu'il la subisse, soit qu'il se possède pour agir, était exprimé chez les Grecs par la voix moyenne, il est rendu dans le vieux français par l'ingénieuse conjugaison des verbes pronominaux, qui étaient beaucoup plus nombreux au moyen âge que de nos jours : — *se penser, se partir, se dormir, se combattre, se mourir,* etc. Nous en avons conservé : *s'en aller, s'endormir, se battre, je me meurs,* etc. Le verbe pronominal porte avec lui son pronom régime, dont il est toujours précédé ; de plus, il est souvent accompagné d'un régime indirect : — *Se combat* al lepart, — *Samuel se dormit* el temple.

Les mots invariables ne peuvent donner matière à aucune règle d'accord ni de régime, sauf pour les prépositions dont le rôle a été indiqué à l'occasion des rapports qui unissent les substantifs aux verbes et aux adjectifs.

16. Les rapports de subordination peuvent s'étendre des mots aux propositions ; c'est l'enchaînement des propositions qui produit les phrases et les périodes. Tant qu'il n'y a que juxtaposition ou succession des propositions, la grammaire ne peut donner aucune règle à cet égard ; c'est ce qui arrive pour ces lignes de Villehardouin : — *Li quens Looys de Blois et de Chartain s'en issi premierement a tout sa bataille et commenca les commains à porsivre et manda à l'empereour.....*

Quant à la subordination des propositions, elle se marquait en latin par des moyens qui ont presque tous passé en français :

1° Le pronom conjonctif, suivi de l'indicatif quand le fait n'est pas douteux : — *Tout le peuple* qui *avoit à faire pardevant li.* — Le pronom suivi du subjonctif pour indiquer une dépendance moins directe, un fait plus douteux : — *A'yl ici nullui* (y a-t-il ici quelqu'un) qui *ait partie?*

2° Le participe, qui dans la première partie du

passage suivant se trouve employé de façon à former la tournure elliptique appelée participe absolu. Joinville dit de son maître : — *Il venoit au jardin de Paris, une cote de chamelot vestue.... moult bien pigne et sans coife.*

3° L'infinitif : — *Il envoia corre devant lor ost.* — Mais faute des gérondifs latins, l'infinitif est traité comme un substantif qui peut être régi par des prépositions : — *Si se commencierent* à effreer *et* à desconfire. — *Au passer que le soudan fist* pour aler *vers le flum,* etc.

4° La conjonction, qui marque la subordination d'une proposition à l'égard d'une autre, même avec le mode indicatif : — *Maintes fois avint que en este il aloit seoir au boiz de Vinciennes* ; — souvent aussi avec le subjonctif : — *Et lors dit que si feroit il ; mes que ils s'asseurassent.*

17. Quant à la construction, les usages du vieux français sont si divers et si contradictoires, qu'il est difficile de faire mieux que d'en esquisser les traits principaux.

L'avantage d'avoir conservé un reste de la déclinaison et d'être demeuré fidèle aux conjugaisons latines, ce fut que les écrivains français des premiers temps jouirent d'une assez grande liberté dans la construction. Ainsi le sujet et le régime des verbes purent être indifféremment placés avant ou après le verbe. On lit dans le Serment de 843 : — *Qui... cist meon fradre in damno sit;* — et dans la Cantilène de sainte Eulalie : — *Voldrent la faire diable servir.* — Ainsi, une heureuse liberté de construction est le caractère général de notre langue primitive, et cette liberté s'explique par le caractère synthétique dont le vieux français reste encore revêtu.

Cependant, pour plus de clarté et faute d'une grande variété de cas, on rapproche du verbe son régime ; mais pendant longtemps on le place indifféremment soit avant, soit après le verbe. Ainsi, au ixe siècle, Louis le Germanique dit comme un Romain : — *Per dreit son fradra salvar dift;* — mais il ajoute, comme on dirait suivant la construction moderne : — *Salvarai eo cist meon fradre Karlo.*

La fidélité à la construction latine persista longtemps, et l'on trouve des phrases où le verbe est précédé de son régime et suivi de son sujet : — *Mil oueilles offrid li reis sur l'autel.* — C'est de même que nous disons encore aujourd'hui : — *La charité que pratique une âme chrétienne.*

18. En résumé, la syntaxe du vieux français reproduit celle du latin. La syntaxe latine s'était modifiée en Gaule, d'abord par la loi naturelle de la décomposition que le latin devait subir, puis par suite de la suppression d'une partie des cas. Sauf des altérations sans grande importance, la syntaxe d'accord suit les mêmes règles. Les substantifs et tous les mots variables qui peuvent s'unir entre eux s'accor-

dent en genre, en nombre et en cas. Le verbe s'accorde avec son sujet en nombre et en personne. Le
pluriel accompagne les noms collectifs et devient un
signe de politesse. Les personnes du verbe sont
indiquées par l'adjonction de pronoms personnels.
La syntaxe de régime est moins fidèle aux habitudes
latines; elle indique la dépendance par la position
même des mots, puis par l'emploi des préposition *à*
et *de*. Cette dernière préposition marque le régime
des comparatifs et des superlatifs. Le cas régime
sert également pour tous les régimes des verbes actifs et des verbes neutres; le régime des verbes
passifs est précédé des prépositions *de* ou *par*. La
subordination des propositions entre elles se marque
par le pronom relatif, le participe, l'infinitif, ou par
l'emploi des conjonctions. Dans la construction,
l'inversion est rendue facile par un reste de déclinaison et par la persistance de la conjugaison.

En un mot, la syntaxe du vieux français participe
au caractère même de la langue; elle est mixte, et
réunit avec bonheur les avantages oratoires et poétiques d'une langue synthétique comme le latin à la
clarté logique dont les langues analytiques peuvent
seules jouir et qui fait un des mérites du français
moderne.

CHAPITRE XIV

Modifications littéraires. — De la métrique. Qualités et défauts du vieux français

1. Des modifications littéraires.
2. Valeur de la métrique du moyen âge.
3. Passage du vers métrique au vers syllabique.
4. Du vers de dix pieds.
5. Création de la rime.
6. Formes variées des vers.
7. Liberté laissée aux poëtes.
8. Le vieux français n'a plus la sonorité du latin.
9. Il a sur le latin l'avantage de la simplicité et de la brièveté.
10. Caractère à la fois synthétique et analytique.
11. Simplification dans la conjugaison des verbes.
12. Heureuse création des verbes réfléchis.
13. Vivacité des formes interrogatives.
14. Du conditionnel et des adverbes.
15. Liberté des constructions.
16. Recherche de l'euphonie.
17. Comparaison avec le français moderne. Supériorité de l'orthographe du moyen âge.
18. Prononciation plus logique.
19. Ressources offertes par les substantifs.
20. Variété des comparatifs et des superlatifs.
21. Accord entre les adjectifs pronominaux et les substantifs.
22. Régularité dans les pronoms et dans les verbes.
23. Richesse en adverbes et en locutions elliptiques.
24. Résumé.

1. Examiner quelles modifications littéraires ont été la conséquence de la révolution qu'a subie la langue de nos pères en cessant d'être le latin pour devenir le français du moyen âge, c'est apprécier la valeur littéraire de cette langue nouvelle, c'est en faire l'analyse critique.

Avant tout, il est bon de remarquer que les modifications grammaticales relatives à la syntaxe et à la construction, sont déjà en réalité des modification littéraires, tant elles ont d'importance pour l'expression de la pensée.

2. Sur la limite entre les règles de la grammaire et les principes de goût, la littérature offre à l'étude une question intermédiaire qui n'est pas sans intérêt, c'est la question de la métrique ou de la mesure des vers. Sur ce point, le vieux français a fait des innovations qui valent la peine d'être signalées. Les trouvères du xiiie siècle ont suivi une métrique fort régulière et fort simple, et lorsque Boileau a écrit les deux vers trop célèbres :

> Villon sut le premier, dans ces siècles grossiers,
> Débrouiller l'art confus de nos vieux romanciers.

Boileau a commis deux erreurs très-graves : faute d'y regarder, il n'a pas vu que la prosodie du moyen âge, loin d'être un *art confus*, est tout à la fois une transformation très-ingénieuse de la métrique latine, puis le germe même et le principe de cette métrique du xviie siècle, dont sans doute Boileau était très-fier.

3. Les Romains avaient apporté en Gaule une poésie dont le rhythme était fondé sur la quantité prosodique, c'est-à-dire sur la succession régulière d'un nombre déterminé de longues et de brèves. Mais ce rhythme, auquel les Romains eux-mêmes devenaient chaque jour moins sensibles, était trop délicat pour ne pas échapper à des oreilles barbares. Ce fut donc sur de nouveaux effets qu'il fallut fonder la mélodie et le charme de l'expression poétique. Alors l'accent, qui jouait déjà un si grand rôle dans la prose, vint offrir un premier moyen de cadence : il marquait les temps forts. La succession régulière des temps forts et des temps faibles remplaça donc l'harmonie des longues et des brèves. De plus, pour obtenir un effet de symétrie, un nombre fixe de syllabes admises entre deux temps forts se substitua au nombre des pieds. En un mot, un double principe : retour périodique des accents, nombre déterminé des syllabes du vers, telle est l'âme de notre métrique au moyen âge ; c'est encore le fond même de notre métrique moderne.

4. La forme de vers la plus répandue, parce qu'elle était la plus simple et la plus naturelle, ce fut le vers de dix syllabes, dont la mesure est marquée par deux accents, l'un à la quatrième ou à la sixième syllabe, l'autre à la dixième :

> Rois de France   — porte couronne d'or,
> Ainsi porte la tête — en haut levée.

Telle est l'heureuse harmonie de cette coupe que toutes les langues romanes l'adoptèrent, que toutes les langues modernes l'ont conservée, et qu'aujourd'hui même l'Italie n'éprouve pas le besoin

de marquer l'accent final de ce vers par une rime;
elle use toujours du vers blanc de dix pieds, dont la
cadence suffit à son oreille délicate.

5. Cependant, de très-bonne heure, l'accent final
fut distingué de l'accent du milieu du vers par une
sorte d'assonance qui servit à mieux marquer le
temps fort de la mesure poétique. Rien de plus libre
d'abord, rien de plus arbitraire que cette assonance,
qui satisfait l'oreille sans se préoccuper de satisfaire
les yeux. Assez vite pourtant, la rime vint s'imposer
avec une rigueur telle qu'à partir du xiie siècle,
pour mettre au goût des lecteurs les vieux romans
français, on dut en remanier la versification.

Il est à remarquer que jusqu'au xive siècle le
vers de dix pieds a été le vers du récit et du dialogue; il est si bien notre vers national, que c'est
encore le vers où excelle le plus national des écrivains du xviiie siècle, c'est le triomphe de Voltaire.

6. A côté de ce vers sont venues se ranger toutes
les autres formes, depuis l'alexandrin, qui a détrôné
le vers héroïque du moyen âge, jusqu'au vers de
deux syllabes. Les arrangements eux-mêmes sont si
variés que les tentatives les plus audacieuses des
novateurs du xixe siècle n'ont guère fait que renou-
veler ce qu'avaient imaginé les troubadours et les
trouvères du xiie et du xiiie siècle, chez lesquels l'art
de la versification est poussé à ses dernières limites.

A ce sujet, la prosodie moderne n'a rien inventé; les poëtes du moyen âge avaient tout découvert.

7. La règle du croisement des rimes, celle de l'hiatus, celle de l'élision obligatoire de l'*e* muet final sont autant d'entraves que nos ancêtres n'ont pas connues; on ne doit jamais l'oublier, quand on lit et qu'on veut scander les vers d'autrefois. Enfin, il faut songer que l'oreille, le goût, les traditions vagues étaient alors les seuls régulateurs de la prosodie. La situation de nos trouvères rappelle, à bien des égards, celle des aèdes de la Grèce aux temps héroïques; ils ont usé avec la même liberté d'une langue où tout se trouvait encore indécis et flottant; aussi les fautes de quantité abondent dans les poëmes secondaires du moyen âge, comme dans ceux d'Homère où elles ne manquent pas. Elles sont fort rares chez les bons écrivains, et, de plus; il faut prendre en considération que leurs vers nous ont été conservés par des copistes qui leur sont postérieurs de plus d'un siècle, et dont l'ignorance ou les habitudes expliquent la plupart des fautes.

8. Pour apprécier avec quelque exactitude la valeur du vieux français, pour se rendre compte du bien et du mal qu'a produit cette révolution dans le monde littéraire, il n'est pas sans intérêt de rapprocher le vieux français et du latin qu'il a remplacé, et du français moderne auquel il a cédé la place.

Sans nul doute, le vieux français avait perdu en

grande partie la sonorité méridionale du latin par l'assourdissement de la plupart des voyelles. Il n'a plus la diversité agréable des terminaisons propres aux mots variables en latin. Enfin, le grand nombre des syllabes affaiblies par l'emploi de l'*e* muet ajoute encore à l'infériorité musicale et poétique du vieux français. C'est là, d'ailleurs, une dégradation qui semble avoir été inévitable, parce qu'elle est la conséquence d'une loi physique : le climat exerce sur les organes de la voix une influence considérable, et c'est un fait expérimental que le froid, enlevant aux muscles l'élasticité nécessaire à la prononciation ouverte des voyelles les plus sonores, dispose à étouffer tous les sons.

9. Mais s'il y a déchéance sur ce point, quel progrès pour la rapidité de l'expression, grâce à la brièveté des mots auxquels est enlevé le commencement, la fin ou plus souvent le milieu! La simplification et la clarté résultent encore de la suppression du neutre, embarras et difficulté stériles, puisque les Romains avaient depuis longtemps perdu le sens de cette distinction. Les mêmes avantages sont aussi produits par la réduction des déclinaisons pour les noms et les adjectifs; car on a calculé que les cinq déclinaisons latines présentaient une somme de cent quatre-vingts désinences différentes, entre lesquelles l'usage journalier et populaire commettait les plus étranges confusions.

10. En même temps qu'il supprime le neutre, le vieux français semble tendre à faire de l'*e* muet la terminaison caractéristique du féminin dans les noms et dans les adjectifs : *hom, fame; bon, bone*, etc. Par la simple distinction d'un cas sujet et d'un cas régime, lequel peut être employé seul ou avec une préposition, le français conserve tous les avantages d'une langue synthétique et se trouve en état d'indiquer tous les rapports des mots et des idées.

Il abrége et simplifie encore, lorsqu'il fait, avec une extrême facilité, passer les mots du rôle d'adjectif à celui de substantif, obéissant ainsi à la loi de l'analogie, puisque la plupart des substantifs ne sont à l'origine que l'indication de la qualité essentielle des choses ou des êtres. Ainsi de *porcus singularis* le vieux français fait *sanglier*, de *scutum bucculatum*, *bouclier*, etc.

Cependant, il accuse bien son caractère analytique par la formation de composés qui ne sont en réalité que des mots juxtaposés : — *orfévre, verjus, minuit, portefaix*, etc.

La création de l'article permet d'employer les mots avec plus de précision et de délicatesse que ne pouvaient le faire les Latins : toutes les nuances de la détermination des substantifs sont représentées par les deux formes de l'article, indéfini dans *un homme*, défini dans *l'homme*. Grâce à ces articles, le français se trouve aussi riche, aussi expressif que le grec lui-même.

11. Pour les verbes, la supériorité de la langue nouvelle sur le latin n'est pas moins sensible : la diversité des conjugaisons est moins grande ; la conjugaison du passif est simplifiée par l'emploi de l'auxiliaire *être*. Le français se débarrasse des verbes déponents et des verbes semi-déponents, qui créaient dans la conjugaison latine une difficulté stérile.

12. C'est encore un progrès que cette création d'un grand nombre de verbes réfléchis qui assurent au français le moyen d'exprimer la nuance de la pensée et du sentiment que la langue grecque rendait par la voix moyenne ; le français a même la supériorité, parce qu'en grec les formes du moyen se confondaient trop aisément avec les formes du passif.

Le seul inconvénient que présente le caractère analytique de la langue, c'est l'abus des auxiliaires dans les différents modes du temps passé : ici la richesse va jusqu'à l'encombrement. Par suite, la répétition des pronoms, comme celle des articles, nuit à la concision du langage ; elles le rendent impropre à l'expression laconique de la pensée, à ce style d'une brièveté saisissante qui fait le mérite et le charme des inscriptions grecques et latines. Mais cet avantage de la vivacité, le français le reconquiert grâce à la création de nouvelles formes interrogatives.

13. A cet effet, l'inversion du pronom, admise

comme signe d'interrogation, remplace avec grand profit les adverbes latins *an*, *ne*, *num*, etc., qui, servant au double usage de conjonction et d'interrogation, donnent lieu à bien des obscurités, à bien des équivoques.

14. La création du conditionnel fournit un nouveau moyen d'expression qui se substitue heureusement à l'imparfait du subjonctif, chargé en latin de remplir une double fontion.

Enfin les adverbes en *ment* sont, dans la formation du vocabulaire, un dernier progrès très-précieux, les désinences latines offrant trop d'occasions d'amphibologie.

15. Quant à la construction et à l'arrangement des mots dans la proposition et dans la phrase, grâce à sa déclinaison, la langue du moyen âge conserve toute la liberté des constructions inversives. Mais, en même temps, par besoin de précision, les conjonctions sont moins employées et les propositions incidentes sont évitées le plus souvent. Ces suppressions sont même poussées à un point tel que les propositions coupées et sans lien logique entre elles laissent parfois trop à deviner à l'intelligence du lecteur : ici la précision nuit à la clarté.

16. Un caractère assez remarquable du français primitif, c'est une préoccupation de l'euphonie qui fuit certains hiatus et semble en rechercher d'autres. On a cru même y voir comme l'application d'une règle générale qui réclamerait au milieu des mots l'hiatus comme un moyen de détacher les voyelles, de les isoler, pour donner plus de netteté à la prononciation. Quoi qu'il en soit, et en tolérant certains hiatus, et en prenant soin d'ajouter certaines consonnes intercalaires, nos poëtes du moyen âge semblent avoir pressenti et appliqué d'instinct la règle d'euphonie la plus sage que puissent donner et l'oreille et le goût :

> Fuyez des mauvais sons le concours odieux.

Ils n'ont pas porté dans l'exclusion des hiatus cet esprit étroit de sévérité mal raisonnée qui enchaîne encore la poésie française et contre laquelle Génin a justement épuisé tous les traits de sa verve satirique, toutes ses colères de littérateur et de musicien.

17. A bien d'autres titres encore, et quoi qu'en dise notre vanité, la comparaison du vieux français avec le français moderne assure à la langue du moyen âge une supériorité dont voici les témoignages les plus intéressants :

L'orthographe, d'ordinaire plus voisine de l'orthographe latine, rappelait mieux l'étymologie du mot : — *souspir* de *suspirium*, *advenir* d'*advenire*; *dolcement* de *dulci mente*; *altre* d'*alter*; *amer* d'*amare*; *glorie* de *gloria*, etc. L'infidélité étymologique de notre orthographe moderne a des conséquences plus graves qu'on ne croit, elle rend certaines expressions tout à fait inintelligibles : — *De par le roi* ne se comprend pas ; *de part le roi (de parte regis)* se comprend tout seul. De même, tirer de *fertilis, fertil,* comme de *vilis, vil,* c'était rester plus fidèle à la logique que nous ne le sommes aujourd'hui quand nous écrivons *fertile* et *vil.* La même observation peut s'appliquer à l'orthographe des adverbes : *vraiement* était plus correct que *vraiment,* puisque *mens* était du féminin ; et quand nous écrivons *loyalement,* tout en ayant l'air de rappeler la règle ancienne, nous violons encore la grammaire du moyen âge, car, l'adjectif *loyal* n'ayant pas alors de forme particulière pour le féminin, l'on écrivait fort bien *loyalment* ou *loyaument.* Ainsi cette singulière correction, sans nous rapprocher de l'ancienne orthographe, trouble l'analogie de nos propres habitudes, puisqu'il y a encore des adjectifs que dans cet adverbe composé nous mettons au masculin.

18. Même remarque pour certaines habitudes de prononciation. Par une contradiction que rien n'explique, nous prononçons l'*r* d'*amer* et non celui d'*aimer ;* celui de *fier* adjectif, et non celui de *fier* verbe. Cet *r* final, étouffé à l'infinitif de la première conjugaison, se prononce aujourd'hui dans les autres : *finir, recevoir ;* mais dans le vieux français, il est probable que le plus souvent cette consonne finale était muette, sauf devant une voyelle.

19. La déclinaison des substantifs et des adjec-

tifs avait l'avantage d'une plus grande richesse de
formes et d'une plus grande liberté d'allure et de
construction. Ce qui nous reste aujourd'hui de cette
variété de formes nous sert encore à éviter certains
hiatus; tel est le privilége des formes doubles : *beau*
et *bel, mou* et *mol, fou* et *fol, cou* et *col,* etc.

Certains substantifs rappelaient mieux leur primitif latin : — *l'ierre* de *hedera, l'endemain* de *mane,*
l'uette de *uvetta,* etc. Plus tard, unissant d'un lien
indissoluble l'article au substantif, les Français du
XVe siècle, ignorants de l'étymologie, ont fait : — *le*
lierre, le lendemain, la luette, etc.

Enfin, la faculté à peu près illimitée d'employer
substantivement l'infinitif est une ressource dont
notre langue s'est privée. La Fontaine en sentait
tout le prix, lui qui écrivait, en dépit de la cour et
de l'Académie :

> N'eussent pas au marché fait vendre le *dormir,*
> Comme le *manger* et le *boire...*

Un Grec n'aurait pu mieux dire.

20. Il faut signaler encore l'heureuse et féconde
variété des comparatifs et des superlatifs formés ou
par le changement de désinence, ou par l'adjonction d'un adverbe : — *grand* fait à la fois *greignor* et
plus grand, grandime et *très-grand.* Villehardouin
écrit dans une même phrase : — *Une des* plus grand
merveilles et des greignor *aventures que vos on-*

ques vissiez. Et à propos des comparatifs, quelle heureuse richesse que les deux formes de régime : l'une par *de*, correspondant à l'ablatif latin ; l'autre par l'adverbe *que*, traduisant le *quam* des Romains !

21. L'accord des adjectifs pronominaux avec le substantif se faisait d'une façon logique : de même que *l'espée, l'amie*, on disait *m'espée, s'amie*, etc.; tandis que nous disons, par le rapprochement le plus bizarre : *mon épée, son amie*, etc.

22. La distinction des cas dans les pronoms nous est heureusement restée ; mais l'emploi en était fait au XIIIe siècle avec plus de scrupule qu'au XIXe. On disait pour le sujet *il même*, et non *lui-même*, qui était le cas régime ; de cette rigueur première nous n'avons conservé que la formule : *je soussigné;* partout ailleurs nous mettons *moi, toi, lui*, même pour indiquer un sujet.

Dans l'orthographe des verbes, admirons cette régularité avec laquelle *s* demeure la figurative de la deuxième personne du singulier, — *je prend, je reçoi, j'aimoie*, etc.; tandis qu'aujourd'hui, par une extension qui brouille tout dans notre grammaire, nous écrivons : *je prends, je reçois, j'aimais*, etc.

23. Pour les adverbes, à l'observation déjà faite sur les adverbes en *ment* peuvent s'ajouter plusieurs remarques intéressantes ; par exemple, à propos de deux mots très-usités : 1° *aujourd'hui* est un mot moderne ; c'est un pléonasme que le peuple répète et aggrave encore par la locution *au jour d'aujourd'hui;* nos ancêtres, plus raisonnables, avaient fait de *hodie* (hoc die) *hui;* 2° l'adverbe *très,* formé de *trans,* et indiquant l'excès, s'appliquait aux actions comme aux qualités; on le joignait aux verbes aussi bien qu'aux adjectifs; on disait : *trèsouir, trèsprendre, tressuer,* etc.; nous n'avons conservé que *trépasser* et *tressaillir.*

Que de regrets le poëte et l'orateur, aussi bien que l'érudit, doivent donner à mille expressions heureuses par leur concision, comme *pièça* (pièce a). *Il y a un bout de temps,* dirions-nous aujourd'hui dans le style familier. — *Il fit que sage* était bien plus vif que : *il fit ce qu'aurait fait un sage.* — *Non est conseils contre Dieu* valait mieux que : *Il n'y a pas de conseil contre Dieu.*

> Qui qu'es rappelt, ja n'en retourneront,

dit Théroulde à propos des vaincus de Roncevaux; un poëte du XIXe siècle ne saurait rendre la même idée avec cette concision expressive, notre grammaire l'obligeant à dire : *qui que ce soit qui les rappelle, ils ne reviendront plus.* Que devient la prosodie?

24. En résumé, quand nous comparons le français du moyen âge avec le latin, d'où il est sorti, loin de déplorer l'altération de la langue de Rome comme une corruption, il faut proclamer un progrès très-sensible à beaucoup d'égards : nul des principes de transformation des mots dans le vieux français qui n'ait son origine dans les habitudes essentielles du latin, et qui ne réponde à une loi logique de son évolution naturelle.

La comparaison du français du moyen âge avec le français qui atteint sa perfection au XVIIe siècle tourne peut-être encore plus à l'honneur de notre idiome du XIIIe siècle : simplicité, énergie, logique grammaticale et littéraire, tels sont les mérites de la langue du moyen âge. Ils font regretter que les efforts de l'esprit français au XVe siècle ne se soient pas appliqués à cette langue du XIIIe siècle, à cet instrument déjà si heureux, au lieu de se porter sur une langue bien dégénérée, la langue du XIVe siècle.

Si l'on condamne ces regrets d'un fait accompli comme vains et stériles, au moins ne peut-on manquer de reconnaître qu'il est digne d'une vive et durable sympathie, ce génie populaire de la vieille France qui, sans nulle culture et par son épanouissement spontané, sut créer un idiome admiré, envié de toute l'Europe, dont les œuvres poétiques servirent de modèles à toutes les littératures modernes et peuvent même, sans trop d'infériorité, soutenir le parallèle avec les créations immortelles de la Grèce héroïque.

TROISIÈME PARTIE

ESQUISSE

D'UNE HISTOIRE DU FRANÇAIS MODERNE

TROISIÈME PARTIE

ESQUISSE D'UNE HISTOIRE DU FRANÇAIS MODERNE

CHAPITRE XV

Formation du français moderne. — XVe siècle (Renaissance française).

1. Triomphe de la bourgeoisie au xve siècle.
2. Le goût de l'érudition se répand.
3. La transition marquée par Charles d'Orléans.
4. Caractère national des poésies de Villon.
5. Supériorité de la prose de Comines.
6. Avantages et inconvénients des nombreuses traductions.
7. Formation des mots sans tenir compte de l'accent.
8. Substitution des voyelles.
9. La suppression de la déclinaison entraîne une révolution dans la syntaxe
10. Exceptions nombreuses.
11. Préférence accordée au cas régime.
12. Modifications des adjectifs et des adverbes.
13. Simplification de l'orthographe.
14. Résumé des caractères de la langue nouvelle.
15. Supériorité de la prose sur la poésie.
16. Conclusion générale.

1. Comme en politique, le xve siècle est en littérature un âge de rénovation ; c'est l'aurore d'un jour qui commence, de même que le xive siècle était le crépuscule d'un jour finissant. L'expulsion des

Anglais, enfin chassés de la France, était le résultat d'un élan religieux et patriotique dont le peuple avait donné l'exemple. Jeanne d'Arc, la bergère de Domrémy, avait conquis au pauvre peuple ses titres de noblesse par le sang, par le triomphe, et par le martyre. Fier de son œuvre, l'esprit national affirme sa victoire sur l'esprit féodal; le bourgeois détrône le seigneur. Après avoir contraint le roi Charles VI à se coiffer du chaperon populaire, le vilain se couronne lui-même dans la personne de Louis XI, et ainsi la nation et la royauté se reprennent à vivre ensemble et l'une par l'autre. En même temps les droits de l'esprit sont revendiqués; sa supériorité sur le corps et sur la force éclate dans ce fait qu'une politique raisonnée l'emporte sur la violence et la brutalité des passions guerrières; car Louis XI, malgré la juste horreur que provoquent son hypocrisie et ses crimes, Louis XI est le représentant de l'intelligence aussi bien que celui de la bourgeoisie. Ses succès et sa popularité ont un sens plus grave encore, mais plus triste; ils prouvent une fois de plus le goût marqué de l'esprit français pour la discipline. Avec Louis XI, les principes d'ordre et de gouvernement qui conduisent au despotisme prennent l'avantage sur les instincts de mouvement et de liberté qui venaient d'aboutir à l'anarchie : c'est un nouveau triomphe du Gallo-Romain sur le Germain et le Franc.

Le caractère tout pratique de cette révolution populaire explique très-bien la stérilité relative du XVe siècle dans les œuvres de l'esprit, l'idéal chevaleresque et féodal a perdu tout son prestige. Sans doute, un nouveau type national est offert en littérature par le génie original de Villon; mais l'esprit français n'a pas la force de le comprendre et de l'accepter. Soit modestie, soit impuissance réelle, il croit avoir toujours besoin de modèles et de guides, il attend les leçons du dehors, l'érudition est son premier maître. Pour se former un idéal nouveau, il réclame, outre le concours de l'antiquité, celui de l'Italie et de l'Espagne; il emploie le travail assidu de plus d'un siècle pour se façonner et se polir un joug.

2. Déjà vers la fin de la période précédente, Pétrarque, le dernier des troubadours et le premier des érudits modernes, avait réveillé le goût de l'antiquité pure; il avait exhumé les anciens auteurs, les admirant pour eux-mêmes et non plus comme des interprètes ou des instruments de la scolastique. Mettant à profit un intervalle de calme et d'indépendance, le roi Charles V, à la fin du XIVe siècle, avait fondé et ouvert au public la bibliothèque du Louvre. Enfin, l'invention de l'imprimerie au milieu du XVe siècle eut comme effet immédiat la reproduction plus facile et plus prompte des œuvres des anciens. Dès lors, leur diffusion au sein de la population française éveille et entretient la curiosité des choses de l'esprit; elle sert à combler la distance entre les clercs et les laïques, ce qui signifiait jusqu'alors les doctes et les ignorants. C'est encore vers le milieu du xve siècle que tous les colléges de Paris, à l'exemple du collége de Navarre, ouvrent généreusement leurs portes à tous les écoliers; l'Université n'en comptait pas moins de vingt-cinq mille et cinq mille gradués. Ainsi toutes les barrières opposées au progrès s'abaissent et tombent, et c'est à bon droit que l'œuvre de Gutenberg, le nouveau moyen de propager les idées, est salué comme un don du ciel, un bienfait de la Providence.

3. Sur la limite entre les deux époques se place Charles d'Orléans, le dernier représentant du passé. Ouvrier habile et ingénieux, il emploie avec quelque esprit et quelque bonheur un instrument défectueux, une langue devenue mauvaise. Mais il a lui-même trop peu de caractère, son inspiration est trop légère et trop superficielle, ses sentiments sont trop peu sincères et sérieux pour réagir contre un mauvais goût auquel il n'échappe pas; il se plaît à la poésie, il n'a pas cette passion généreuse et puissante qui pourrait entraîner l'esprit et la langue dans une voie nouvelle. Charles d'Orléans est un gracieux trouvère de l'âge d'or égaré dans ce siècle de fer.

4. Le vrai représentant de l'esprit français au xve siècle, celui qui annonce et marque l'aurore

d'une renaissance nationale, c'est Villon : ses défauts
comme ses qualités sont bien le reflet et le symbole
de cette époque agitée, tumultueuse, où se mêlent
le bien et le mal, mais avec un penchant marqué vers
le mieux, tandis que le XIVe siècle inclinait au pire.
Rien n'est plus propre que la poésie de Villon à
peindre cette époque troublée, mais pleine d'espérances et de promesses : grossièreté et délicatesse,
rudesse et sensibilité, bestialité et aspiration vers
l'infini, matérialisme cynique et mélancolie presque
religieuse; voilà les sentiments qui se heurtent dans
l'âme singulière du poëte. Ils se reflètent tous dans
son langage; mâle, vigoureux, parfois sublime, toujours simple et naturel; Villon peut s'élever jusqu'à la plus haute majesté sans emphase et sans déclamation.

Avec la naïveté d'un poëte primitif et dont l'inspiration est sincère et profonde, Villon se fait à lui-
même sa langue, il la tire du cœur même de l'idiome
populaire. Il est, par tous les caractères du
talent et du style, l'image de cette bourgeoisie française qui va se faire une langue nouvelle en rapport
avec ses besoins et son esprit, langue moins savante
et plus facile que la langue néo-latine du moyen âge.
Ce qui manque à Villon, ce qui manque à ses contemporains, c'est une fermeté de principes moraux
capable d'assurer plus de constance et de fixité à la
pensée, à la doctrine, à l'aspiration vers l'infini,

capable de développer l'habitude de ces élans nobles et religieux qui alors ne sont plus qu'un accident. L'esclave, dégradé par la misère et l'ignorance, a besoin d'un long apprentissage du bien; avant de parvenir à l'intelligence constante des grands objets, il lui faut encore beaucoup de temps, la pratique des affaires importantes, le bien-être et la richesse qui, donnant le loisir, assurent le calme et la dignité morale.

5. Déjà quelques-uns de ces précieux avantages ont été donnés par la fortune au prosateur éminent de l'époque, Philippe de Comines. Aussi est-il plus élevé, sans cesser d'être simple et vrai; il dit de lui-même qu'il « parle naturellement, comme homme qui n'a aucune littérature, mais quelque peu d'expérience. »

La langue de Comines ne porte presque plus aucune trace des habitudes et des traditions de l'école; elle échappe aux obscurités et au désordre de la langue usitée au siècle précédent; elle est simple, flexible, affranchie dans ses constructions du joug de la basse latinité, moule commun des écrivains du xive sicle. C'est déjà presque la langue du règne de Henri IV, tant l'élévation des conceptions générales de l'historien s'est heureusement reflétée dans son style.

6. Mais le style des grands écrivains n'est pas la langue d'une époque, ce n'est pas même la langue littéraire, c'est l'expression la plus haute et la plus avancée de l'esprit du temps. Au-dessous du génie, l'érudition qui s'éveille au xve siècle mêle son influence à l'action spontanée de l'esprit national; les traductions des textes sacrés en langue vulgaire se multiplient. Ces travaux, très-profitables au développement et à la propagation de la doctrine chrétienne, ont souvent nui à la langue et suscité d'étranges occasions de barbarismes ou de solécismes français.

7. En effet, par scrupule de conscience, par crainte des accusations d'hérésie, les traducteurs s'arrêtent parfois devant des mots dont l'équivalent français leur semble une audace dangereuse. Alors, pour mettre à l'abri leur responsabilité, ils se contentent de franciser le mot du texte; mais, comme à cette époque le latin n'est plus qu'une langue savante, comme on le lit sans plus jamais le parler, le sentiment de l'accent latin est tout à fait perdu, et par suite, les mots de nouvelle création ne sont souvent qu'une seconde traduction d'un primitif déjà représenté dans la langue. Ils font double emploi et viennnent prendre place auprès des mots anciennement formés : *monastère* à côté de *moustier, scandale* auprès d'*esclandre; rigidus*, qui avait formé *raide*, donne *rigide; fragilis, frêle*, devient *fragile; sapidus, sade*, produit *sapide*, etc. Ainsi vient se plaquer sur la vieille langue vive et sonore une langue nouvelle dont les mots sont plus longs et plus sourds; c'est un calque grossier du mot latin qui parle aux yeux et ne satisfait plus l'oreille.

8. A la même époque, et par l'application du même principe de fidélité étroite, la voyelle *i*, qui naguère se changeait en *e*, persiste dans la plupart des mots : *in*, *inter*, *si*, *ingenium*, etc., avaient formé dans le vieux français *en*, *entre*, *se*, *engin;* ils donnent naissance à des mots tels que *inventer*, *introduire*, *si*, *ingénieux*, etc. C'est au xv⁰ siècle qu'on doit rapporter un grand nombre de mots nouveaux créés d'après le même principe de fidélité matérielle.

9. La déclinaison du substantif et de l'adjectif a presque disparu; aussi les rapports de dépendance et de subordination entre les mots sont indiqués par des moyens nouveaux : d'abord par la place que les mots occupent et gardent d'une façon rigoureuse, puis surtout par un emploi plus fréquent des prépositions. Ainsi, tandis qu'on disait au xiii⁰ siècle *s'entremettre d'autrui service*, Comines dit *s'entremettre au service d'autrui*. On dit : c'est *le greigneur trompeux*, au lieu de *greindre tromperes* au sujet; *le serf du roi*, au lieu de *li sers le roi*, etc.

Par l'extension du même procédé analytique, au xv⁰ siècle, sont créées les locutions qui décomposent la pensée, comme *mettre à la voile*, remplaçant *sigler*.

10. Il va sans dire que si l'on peut multiplier les exemples de ces modifications, l'on peut opposer beaucoup d'exemples, tirés des mêmes auteurs, où les règles de la déclinaison sont encore observées, ainsi que les règles de construction qui en découlaient. Mais cet ancien usage, qui ne peut être aboli d'un seul coup, s'efface de plus en plus, et ne se conserve guère que dans des locutions toutes faites, dans des formules traditionnelles et proverbiales ; tel est le mot de Villon : *Autant en emporte li vens.*

11. Chaque mot déclinable présentant deux formes, l'une pour le sujet, l'autre pour le régime, c'est en général le cas régime qui persiste comme étant le plus connu, parce qu'il est le plus employé. On a calculé, en effet, que sur cent substantifs ou adjectifs pris au hasard dans un texte ancien, il se rencontre à peine vingt-trois mots au sujet contre soixante-dix-sept au cas régime. Les deux formes persistent quelquefois, comme il est arrivé pour *sire* et *seignor*, qui restent tous deux dans le français moderne, mais avec une acception distincte et un emploi différent.

12. Par une autre simplification, les adjectifs de la deuxième classe sont assimilés à ceux de la première : ainsi, *tel* fait *telle* au féminin, *loyal* fait *loyale*, *grand*, *grande*, etc.

Quant à l'ingénieuse création des adverbes en *ment*, une singulière anomalie se produit au XVᵉ siècle et prépare l'orthographe moderne. Tout en continuant à écrire *vraiement*, *hardiement*, les poëtes ne font plus de ces mots que deux syllabes; ce sera pour mettre l'orthographe d'accord avec la prosodie qu'on écrira plus tard *vraiment*, *hardiment*, qui ne gardent aucune trace de l'origine étymologique des mots.

13. L'orthographe tend partout à se simplifier, et la clarté résulte de la plupart de ces simplifications. Parmi les érudits, qui commencent à se multiplier, quelques-uns ne dédaignent pas d'appliquer leurs soins et leurs études à la langue vulgaire; ils prennent le latin et son orthographe pour base de l'orthographe nouvelle, toutefois en abrégeant dans l'écriture et dans la prononciation. Ainsi, même en gardant l'orthographe ancienne, les mots *aage* et *reançon* s'acheminent vers notre orthographe en se contractant pour ne plus former que deux syllabes.

Un autre progrès, auquel les imprimeurs ne doivent pas être étrangers, c'est l'emploi de deux signes distincts pour l'*i* et pour le *j*, pour l'*u* et pour le *v*, jusqu'alors figurés comme en latin par les lettres ı et v, qui donnaient lieu à beaucoup d'amphibologies. On lit déjà dans Froissart : *Iehan les vist et les salua*.

14. En résumé, le xve siècle est remarquable par la naissance d'une langue nouvelle, plus simple, plus analytique, moins latine. Cette langue se distingue, pour l'étymologie, par l'emploi des mots latins dépouillés seulement de leur finale; pour la lexicographie, par la disparition à peu près complète de la déclinaison; pour la syntaxe, par l'indication des rapports de dépendance et de subordination entre les mots à l'aide des prépositions et d'une construction régulière et logique de la phrase.

15. Par suite de ces circonstances et sous l'influence des événements qui appellent à participer aux affaires publiques même de simples bourgeois, la prose se forme et se fixe avant la langue poétique. Villon, le seul poëte éminent de cette époque, Villon est un enfant perdu de la bourgeoisie parisienne; son insouciance folle, sa vie aventureuse le préserve du joug de l'érudition. Son inspiration est naïve, personnelle, sans étude; aussi son œuvre est individuelle, elle naît et meurt avec lui; comme il ne relève de personne, il n'a personne non plus à sa suite, il ne fait pas école; sa poésie est l'écho naturel de l'esprit populaire au xve siècle; elle est capricieuse et fugitive comme l'instinct, comme la passion.

La prose, au contraire, a déjà pris une physionomie; elle a des caractères littéraires et garde l'empreinte des différences morales qui séparent les quatre grands historiens du moyen âge. En effet, malgré la distance qui les sépare, malgré les dissemblances de leur vocabulaire, Villehardouin, Joinville, Froissart et Comines se continuent et se complètent.

12.

Villehardouin avait communiqué à la prose du xiiie siècle l'austère grandeur du soldat et du chevalier; Joinville offrait le modèle du style noblement familier d'un honnête homme dévoué à un grand roi; Froissart est un artiste dont le langage comme l'imagination est brillant de couleur et pétillant de vivacité; Comines a toute la gravité d'un politique et d'un penseur, il transporte dans son langage les qualités sérieuses de son esprit et donne à la prose française la dignité simple de l'histoire et de la philosophie.

16. Ainsi, des cendres de la langue qui s'éteint et semble mourir, le xve siècle fait sortir un idiome nouveau, mieux en rapport avec les besoins du temps et les tendances naturelles de l'esprit français. Déjà l'ordre succède au chaos du xive siècle; une renaissance indépendante de toute influence étrangère est l'œuvre propre du xve siècle, c'est vraiment une Renaissance française. A cette heure propice, avec un peu plus de résolution, de confiance en soi, le génie français pouvait conquérir et assurer son indépendance, il pouvait se faire une place dans le monde littéraire, en se frayant une voie originale; Villon lui donnait l'exemple et lui ouvrait la route. Le courage et la force lui manquent dès le premier pas; il incline vers l'érudition, il se cherche des modèles, et la marche indépendante et nationale de la littérature française est bientôt ralentie, entravée par une renaissance classique dont l'influence imprime à la langue et à la littérature une direction regrettable à certains égards, bien qu'elle soit conforme à quelques-unes des tendances modernes : instinct de vérité, de simplicité, de clarté, d'analyse. Non, la gloire même qui vint au xviiᵉ siècle couronner notre langue et notre littérature modernes, la gloire ne doit pas nous consoler de l'esprit d'indépendance perdu; Dieu a mis au-dessus de toute rançon ce bien suprême, la liberté.

CHAPITRE XVI

Formation et révolutions du français moderne. XVIe siècle (Renaissance gréco-latine).

1. Importance morale du xvie siècle.

2. Services rendus par François Ier.

3. Dangers de l'enthousiasme classique.

4. Division de l'histoire de la langue en deux périodes.

5. Période de révolution. Influence italienne. Modifications du sens et de l'orthographe.

6. Introduction de mots nouveaux.

7. Des diminutifs.

8. Circonstances qui ont secondé l'influence italienne.

9. Influence classique.

10. Ses inconvénients pour l'esprit français

11. Action fâcheuse des érudits sur la langue.

12. Mauvaise méthode des grammairiens du xvie siècle.

13. Principales révolutions accomplies par les grammairiens.

14. Influence de l'étude du grec : Ronsard et Du Bartas.

15. Dans cette première période le xvie siècle est inférieur au xve.

16. Période de réaction. Tentatives de Rabelais et d'Henri Estienne continuées par Montaigne, Amyot et Desportes.

17. Rôle important d'Henri Estienne.

18. Supériorité de la prose sur la poésie : Montluc.

19. Amyot et Montaigne.

20. Influence de la réforme et de Calvin.

21. Ordonnances de François Ier.

22. Caractères généraux du français moderne : oubli complet de l'accent latin.

23. Abolition des déclinaisons.

24. Singulières combinaisons de l'article et du substantif.

25. Des adjectifs et des pronoms.

26. Orthographe irrégulière des verbes.

27. Règles des participes.

28. Des mots invariables.

29. Orthographe très-compliquée.

30. Prononciation italianisée.

31. Horreur de l'hiatus.

32. Confusion et caractère tout personnel de la langue et de l'orthographe.

33. Résumé et conclusion.

1. L'époque connue sous le nom de Renaissance marque un moment décisif dans l'histoire de l'esprit humain en Europe et surtout en France. Malgré

l'éclat des faits militaires et politiques qui l'ont signalée et auxquels demeurent attachés les noms de
Charles VIII, de Louis XII et de François Iᵉʳ, les faits
intellectuels et moraux offrent une bien autre importance et pour le présent et pour l'avenir de la
civilisation européenne. Parmi ces faits d'ordre supérieur, les deux principaux sont la Renaissance
classique et la Réforme.

2. Quant à la langue française, ainsi que notre
nationalité, elle est toujours liée aux destinées de la
monarchie : c'est le même roi qui met la royauté
hors de page, et qui assure l'autorité universelle de
la langue française.

La dispersion en Europe des artistes, des savants
et des érudits expulsés de Constantinople par la
barbarie musulmane entretient, développe, anime
d'une impulsion nouvelle la curiosité littéraire éveil-
lée déjà au xvᵉ siècle. Grâce aux exemples, aux leçons et au concours de l'Italie, cette curiosité se
porte vers les écrivains classiques et devient un culte
ardent de l'antiquité grecque et latine.

Cette passion littéraire fut favorisée par deux
créations nationales de François Iᵉʳ : le Collège de
France, destiné à étendre le cercle de l'érudition et
de la science, en dépit des routines de la Sorbonne ;
l'Imprimerie du roi, qui travailla surtout à multiplier
les reproductions des classiques anciens.

3. Cependant, il faut le reconnaître, cet ardent

enthousiasme pour les chefs-d'œuvre de l'antiquité devint un engouement qui, absorbant tous les esprits, les détourna d'une œuvre présente et nationale, la formation et le progrès du français moderne; par là sa marche fut entravée et son avenir faillit être compromis. En effet, tandis que des architectes tels que Philibert Delorme et Pierre Lescot, des statuaires comme Germain Pilon et Jean Goujon substituaient au gothique maniéré de la décadence un art qui alliait avec bonheur l'imitation de la réalité à la grâce idéale des anciens, les érudits, par fanatisme pour l'antiquité classique, les courtisans par mode et par admiration de l'esprit et de la langue italienne, menèrent à mal la langue et la littérature françaises. Ils les firent dévier de la saine direction où semblaient les engager les travaux originaux de deux esprits tout français, Villon et Comines; ce sont à la fois les courtisans et les érudits qui entraînent le français aux tentatives dangereuses de la Pléiade. Sans doute la défaite de ces deux sortes de pédants assure la victoire à la langue de Comines et de Villon, qui sort de cette épreuve perfectionnée; mais dans la lutte notre idiome a reçu quelques blessures; il a souffert quelques pertes que le temps n'a pu encore réparer.

4. L'histoire de la langue française au XVIe siècle se divise en deux parties : 1° Une période d'essais, de remaniements, de révolution, de chaos où la langue subit les attaques de trois ennemis qui se succèdent : l'influence italienne, l'influence latine et l'influence grecque. Un contemporain caractérise ainsi les novateurs en matière de langage, ces pédants qu'il poursuit d'une raillerie qui n'est pas exempte non plus de pédantisme : « Grécaniseurs, latiniseurs ou italianiseurs en françois, lesquels à bon droict on a appelés pérégrineurs.» 2º Une époque de constitution de la langue française : la langue est modifiée dans quelques-uns de ses détails; mais elle se rattache toujours par son vocabulaire, sa syntaxe, sa construction à cet idiome dont la naissance date du siècle précédent.

5. L'influence italienne est subie d'abord, puis imposée à la nation par les courtisans qui ont pris part aux grandes guerres du xvᵉ et du xviᵉ siècle; leur empressement à se modeler sur les étrangers est un des fâcheux résultats de leur souplesse d'esprit. François Iᵉʳ donna le mauvais exemple, sous prétexte d'assurer à la prononciation française plus de grâce et plus de sonorité, à l'aide de sons composés qu'il transporta même dans l'écriture. Voici par exemple un passage d'une lettre du roi : « Le cerf nous a menés jusqu'au *tartre....* *J'avons* espérance qu'y fera beau temps.... Perot s'en est *feuy* qui ne s'est *ousé* trouver devant moi. » Ainsi, même le roi, qui servait de modèle à toute sa cour, le roi laisse gâter son style par toutes les innovations que plus

tard Henri Estienne a reprochées aux italianisants ;
il les apostrophe : Vous,

> Qui lourdement barbarisants
> Toujours *j'allions, je venions* dites ;
>
> . . . . .
>
> N'estes vous pas de bien grans fous
> De dire *chouse* au lieu de *chose,*
> De dire *j'ouse* au lieu de *j'ose !*
> En la fin vous direz la *guarre,*
> Place *Maubart* et frère *Piarre !*

Cette altération de notre langue, cette mode ridicule du XVIe siècle, il est assez piquant d'en suivre
et d'en retrouver la trace dans les patois des paysans
de diverses provinces et, par suite, dans le jargon que
les auteurs comiques font parler aux paysans sur le
théâtre : « Je *sommes* pour être mariés ensemble, »
dit Pierrot à Charlotte dans le Don Juan de Molière.

C'est encore dans la même intention d'adoucir
la prononciation française que l'*R* est remplacé
par un *Z* dans le langage des Parisiens, se nommant
eux-mêmes *Paziziens* et disant *Mazie* pour *Marie,*
chayze pour *chayre,* de *cathedra.* Ces deux derniers
mots nous sont restés pour désigner deux sortes de
siéges différentes : une chaise et une chaire.

6. En outre, le beau monde avait introduit dans
son langage bon nombre de mots italiens qui depuis
ont été rejetés. Il en est cependant resté quelques-

uns comme *accorte, attaquer, cavalier, casanier, fantassin, infanterie, embuscade,* etc. Ces derniers emprunts justifient la piquante boutade d'Henri Estienne, ce « vray françois natif du cœur de la France. » Jaloux de l'honneur militaire de son pays, il écrit avec indignation : « D'ici a peu d'ans qui sera celuy qui ne pensera que la France ait appris l'art de la guerre en l'escole de l'Italie, quand il verra qu'elle n'usera que de termes italiens ? »

7. Une autre mode italienne patronnée par Ronsard et par mademoiselle de Gournay, fille adoptive de Montaigne, c'est la manie des diminutifs : *hommelet, montagnette, blondelet, tendrelet,* etc. Par bonheur, la langue n'a point adopté ces expressions qui l'auraient affadie; elle a mieux aimé garder sa délicatesse pour les nuances de tour et de sentiment, au lieu de la placer dans les finales des mots. C'est bien assez qu'il nous reste encore plus de trois cents substantifs ou adjectifs avec cette terminaison diminutive.

8. Du reste, rien d'étonnant que cette action de la langue et de la littérature italienne ait été persistante en France et ait laissé des traces durables ; elle a été servie et favorisée par les circonstances politiques, depuis les expéditions militaires au début du xvie siècle, jusqu'à la régence trop longue de Catherine de Médicis, qui fournit à Henri Estienne l'occasion d'accuser d'italianisme les courtisans de

Henri III. L'œuvre est continuée par la régence italienne de Marie de Médicis, qui, en appelant en France le chevalier Marini, renouvelle au début du XVIIe siècle une autorité que le crédit de Mazarin doit prolonger jusqu'au milieu d'une autre mode étrangère, la mode de l'imitation espagnole. Ainsi, les événements venant favoriser la séduction naturelle et puissante de la langue et de la nation italienne le goût comme la politique de l'Italie règne presque sans interruption sur la France pendant un siècle tout entier.

9. L'influence des langues classiques a été plus sérieuse et plus profonde; aussi offre-t-elle le spectacle de faits plus intéressants pour l'histoire de la langue. Comme c'est par les érudits que cette action s'est exercée, le rôle de l'érudition et des grammairiens au XVIe siècle doit être l'objet d'une étude particulière.

10. Le culte passionné de l'antiquité fut embrassé en France avec un esprit très-prompt à la pratique. Il eut pour conséquence cette opinion que le grec et le latin étant la perfection même du langage, c'est à l'un ou à l'autre de ces modèles, et mieux encore à tous deux, qu'il convient de ramener la langue française. Aussi l'érudition conduisit d'abord à reprendre comme ornements littéraires les formules, les images de la mythologie grecque, les allégories traditionnelles du polythéisme de l'Olympe. Par suite, on vit se déflorer la naïveté, la simplicité, le naturel qui sont la vie des langues et des littératures. Enfin l'admiration exclusive, aveugle pour les chefs-d'œuvre du passé substitua bien vite l'imitation et la traduction des classiques au mouvement spontané et créateur de l'esprit français.

11. Les érudits qui jusqu'alors avaient dédaigné la langue vulgaire, voulurent bien s'en occuper pour l'ennoblir en la rapprochant des langues anciennes. C'était par un progrès naturel et spontané que Villon, Comines, et leur disciple Marot, avaient dégagé une langue plus simple du chaos du XIVᵉ siècle ; au XVIᵉ siècle, les principes de critique transportés du latin et du grec à la langue française font concevoir aux érudits un idéal de perfection copié sur l'antique. Alors, s'emparant de la langue moderne, ils prétendent la renfermer dans le moule de cet idéal ancien. C'est donc au XVIᵉ siècle qu'il faut faire remonter le commencement du travail des grammairiens sur notre langue, et ce travail lui a causé deux torts graves : 1º le tort de multiplier les difficultés avec les distinctions; 2º celui de mettre partout des règles, des explications logiques et arbitraires à la place des explications historiques qu'auraient pu fournir les faits. Ainsi les érudits, pleins d'enthousiasme pour l'antiquité, traitaient avec dédain cet idiome vulgaire qu'un savant de l'époque appelait, par une métaphore aussi incohérente que grossière,

« la franchise commune des ânes, » et par suite ces grammairiens se croyaient en droit de régenter et de redresser un tel langage. Au nom de l'autorité du latin et du grec, ils critiquent à tort et à travers l'usage commun, ils brisent la chaîne des traditions et appellent cela perfectionner la langue; exemple funeste que les grammairiens du xvii⁰ et du xviiiᵉ siècle n'ont que trop suivi, prenant aussi pour prétexte le droit imaginaire d'une logique abstraite et d'un raisonnement tout personnel.

12. Il ne s'agit pas pour ces doctes grammairiens de suivre et d'expliquer les modifications accomplies par le temps et les événements, qui de la langue latine ont fait la langue française; non, il s'agit de faire rentrer sous le joug une esclave rebelle. Pour eux, le français est une sorte de patois néo-latin qui ne peut s'épurer qu'en remontant à sa source, en revenant à son point de départ. Il n'y a pas lieu d'interpréter ou d'enseigner; il faut, avec un grand étalage d'érudition et des efforts inouïs de subtilité, latiniser la langue nouvelle. Les grammairiens entrent donc en lutte avec les écrivains de l'époque, ils appliquent la grammaire et la syntaxe latines à l'idiome parlé autour d'eux, ou même, à défaut d'autre autorité, imposent leurs explications et leurs raisons comme des lois de l'usage et de la raison humaine. Cette façon peu intelligente de comprendre le travail de la linguistique a laissé une trace

naïve et curieuse dans le titre même d'une des premières grammaires publiées en France : *Tractatus
Latino-Gallicus*, c'est-à-dire essai de concordance
entre le latin et le français, lequel doit, bon gré mal
gré, rentrer dans le moule même du latin.

13. Tout cependant ne fut pas absurde dans
l'œuvre des grammairiens. Une de leurs tentatives
les plus raisonnables fut de ramener au genre masculin les noms en *eur* et en *our*, que l'usage avait
fait du féminin; cette réforme a réussi pour quelques mots, tels que *labeur, honneur, amour;* ce
dernier mot a conservé de l'ancien usage le féminin
au pluriel.

Le fondateur érudit d'une sorte d'Académie française, premier essai d'une société libre d'amis des
lettres, Baïf, propose un alphabet nouveau, multiplie
les néologismes grecs et latins; et son goût pour les
comparatifs et les superlatifs à forme latine lui vaut,
de la part d'un contemporain, Joachim du Bellay,
les titres de :

Docte, doctieur et doctisme Baïf.

Du reste, il ne fait guère que sanctionner les habitudes reçues par la cour, qui, trouvant bizarre
l'emploi de *très* pour marquer le superlatif, affectait de dire *sanctissime, prudentissime*, etc.

14. La langue grecque fut l'objet d'un culte non
moins fanatique et tout aussi dangereux. Érasme

écrivait « qu'adonné de toute son âme à l'étude du grec, dès qu'il aurait quelque argent, il achèterait des livres grecs d'abord, et ensuite des vêtements. » Passion touchante, sans doute ; mais ce n'est point une raison pour mettre du grec partout et quand même. Cet engouement classique se trouve avoir eu plus de retentissement à cause du rôle important qu'ont joué en littérature les hommes qui en furent possédés. Les grandes qualités poétiques de Ronsard, la noblesse de ses sentiments, la dignité grave et sérieuse de son style, étendirent leur crédit à ses tentatives pour la réforme de la langue, et même jusqu'aux extravagances de ses disciples. C'est à l'abri de cette autorité que Du Bartas proposa cette nouvelle langue, servilement calquée sur le grec et qui invoquait dans ses élans lyriques.

> .... Apollon donne-honneurs
> Donne-âme, porte-jour !...
> .... Herme guide-navire,
> Mercure, eschelle-ciel, invent' art, ayme-lire !

Et qu'on n'aille pas prendre cet essai pour un accident individuel, une exception burlesque ; le succès européen du poëme de Du Bartas, qui eut en moins de six ans trente éditions, est une preuve que le mal était fort répandu. Il faut cependant rendre justice à Ronsard, trop maltraité par l'ignorance et l'ingratitude du XVIIe siècle : sa première préoccupation

était celle d'une harmonie parfaite entre la parole
et la pensée; aussi recommandait-il, par-dessus
tout, au poëte de choisir et de s'approprier tous les
mots qui lui conviennent, « gascons, poitevins,
normands, manceaux, lionois ou d'autres pays,
pourveu qu'ils soyent bons. »

15. En résumé, le milieu du XVIe siècle, envahi
par une érudition intempérante ou par l'admiration
aveugle de l'Italie, marque un temps d'arrêt dans le
progrès de la langue nouvelle. Frappé de ce fait
singulier, La Bruyère l'a signalé à l'attention; il
remarquait que le français de la fin du XVe siècle
était plus près du français du XVIIe : « Marot, par
son tour et par son style, semble avoir écrit depuis
Ronsard; il n'y a guères entre le premier et nous
que la différence de quelques mots. » La Bruyère
s'étonnait qu'après cette corruption pédantesque, la
langue se fût si aisément réparée; l'histoire, dont
La Bruyère ignorait alors les détails, permet aujourd'hui d'expliquer tous les faits de cette révolution, le bien comme le mal.

Déjà, pendant le cours du siècle, quelques bons
esprits avaient fait une guerre acharnée à ces
excès. Henri Estienne demandait « qui nous meut à
dire *baster* et *bastance*, plus tôt que *suffire* et *suffi-
sance?* Pourquoi trouvons-nous plus beau *à l'impro-
viste* qu'*au despourvu*, *la première volte* que *la première fois*, *grosse intrade* que *gros revenu*, etc.? »

Cette critique d'un érudit même devait avoir sur les érudits plus de prise que les plaisanteries de Rabelais, dont la verve railleuse s'était vivement exercée contre les pédants qui latinisaient et grécisaient. À un écolier de Bourges, qui lui avait dit dans son jargon pédantesque : « L'origine primève de mes aves et ataves feut indigène des régions lémovicques, où requiesce le corps de l'agiotate sainct Martial. — J'entends bien, dist Pantagruel, tu es Limozin pour tout potaige, et tu veulx icy contrefaire le Parizien. »

Ces vives attaques avaient au moins ce premier avantage qu'elles mettaient la bourgeoisie des villes et des campagnes en garde contre son penchant à imiter la cour et Paris ; elles forçaient le peuple à rire des manies dont il se serait entiché si on n'avait pris soin de les lui faire tourner en ridicule.

16. C'est tout à la fin du XVIe siècle que se déclare et s'accuse un mouvement de réaction nationale contre les influences étrangères. D'excellents esprits prirent la défense de la langue renaissante contre les envahissements du dehors, et, en dépit du respect pour l'antiquité, tentèrent de ramener la France dans sa voie naturelle et légitime. Par-dessus les écoles des érudits, ils renouèrent la chaine des traditions naïves de Villon, de Comines et de Marot. Ces honorables champions de notre idiome national sont les auteurs d'un retour à la Renaissance française, en hostilité avec les excès et les abus de la Renaissance gréco-latine. Ils se sont proposé une œuvre de conciliation : approprier le goût et les traditions de l'antiquité aux instincts de l'esprit français, réclamer en faveur de notre génie original contre le despotisme du génie étranger. Ainsi se reprenait l'œuvre commencée au xve siècle et suspendue par l'enivrement passager de l'érudition. Il faut faire honneur de cette heureuse résistance d'abord aux Estienne, puis à quelques écrivains de mérite très-divers, comme Montaigne, Amyot et Desportes.

17. A ce titre, le nom d'Henri Estienne, déjà cher à l'érudition pour ses travaux sur la littérature grecque, doit être rangé parmi les noms des bienfaiteurs de notre pays ; H. Estienne a été le premier défenseur de la langue populaire. Ses études sur la conformité de la langue française avec la langue grecque le conduisent à cette conclusion que la langue française approchant « plus près de celle qui a acquis la perfection, doibt être estimée excellente par dessus les autres. » Ainsi H. Estienne essayait d'inspirer à notre idiome plus de confiance en lui-même ; ainsi ses éloges préparaient l'émancipation de la langue et faisaient prévoir son avénement à l'empire universel.

Dix ans après, comme il avait sonné la charge, il sonne la victoire et vient proclamer la *Précellence du langage françois* « pur et simple, n'ayant rien de fard ni d'affectation ; lequel Monsieur le courtisan n'a point encore changé à sa guise et qui ne tient rien d'emprunt des langues modernes... Pourquoi, dit-il encore, pourquoi ne pas feuilleter nos romans et desrouiller force beaux mots tant simples que composés, qui ont pris la rouille pour avoir esté si longtemps hors d'usage ? » « Ce que j'en dis, ajoute-t-il avec un patriotisme touchant, est en qualité de vray françois, natif du cœur de la France et d'autant plus jaloux de l'honneur de sa patrie. » Puis joignant l'exemple au précepte, pour prouver la richesse de notre idiome et la variété de formes dont il dispose, il tourne une même pensée de vingt-sept manières différentes. Ainsi, par cette leçon mieux encore que par un conseil, il contribue à donner à la langue cette souplesse qui se prête à toutes les nuances, à toutes les finesses du sentiment et de la pensée. L'histoire de la langue française doit donc un souvenir reconnaissant à cet éminent érudit, qui se représente lui-même « ayant une grande table chargée de vieux livres francés, romans et autres, dont la plus grande partie estet escrit à la main. »

H. Estienne associait lui-même à cette œuvre de rénovation Desportes, ingénieux poëte, auteur d'un sonnet sur Icare dont le dernier tercet a le mérite d'une correction et d'une noblesse qui déjà en 1575

font pressentir les meilleurs vers de Malherbe et de
Corneille :

> Il mourut poursuivant une haute aventure :
> Le ciel fut son désir; la mer, sa sépulture;
> Est-il plus beau dessein ou plus riche tombeau !

18. Mais en général la poésie de cette époque
semble manquer d'une inspiration naïve et qui
vienne de l'âme ; elle est le plus souvent un délas-
sement d'érudit, un exercice agréable du goût.
L'esprit, l'âme, la passion sincère sont du coté des
prosateurs, interprètes des sentiments et des émotions du temps. Aussi c'est dans ce camp qu'il faut
chercher les défenseurs ou les restaurateurs nationaux de la langue.

Au premier rang dans l'ordre des temps, on doit
citer Montluc, soldat sans nulle érudition, qui, libre
de tout préjugé, de tout calcul, de toute convention,
de toute imitation ou tradition, écrit comme il parle,
d'un style rude, écho naïf de la passion militaire,
tout ardent du feu de l'action. Son bréviaire du soldat, c'est ainsi qu'Henri IV appelait les Mémoires de
Montluc, a donné à la langue française certaines
preuves toutes nouvelles des ressources qu'elle ren-
ferme. Quelle noble rudesse dans ces quelques lignes
de conclusion ! « Cecy n'est pas pour les courtisans
ou gens qui ont les mains polies, ni pour ceux qui
ayment le repos ; c'est pour ceux qui, par le chemin

de la vertu, aux despens de leur vie, veulent éterniser leur nom, comme, en despit de l'envie, j'espère que j'auray fait celuy de Montluc. »

19. Amyot a fourni une longue et studieuse carrière ; sa naïve traduction de Plutarque est venue fournir au goût français d'excellents exemples de style tempéré et soutenu, noble sans emphase, familier sans bassesse et sans trivialité, deux excès auxquels les Français ne sont que trop naturellement enclins. Et qu'on ne dise pas qu'Amyot agissait ainsi par instinct, sans se rendre compte de ce qu'il faisait. Il le dit lui-même avec une charmante bonne grâce, son langage était « élu, » formé des mots « les plus doux, les plus propres, qui sonneront le mieux à l'oreille, plus coutumièrement en la bouche des bien parlants » des mots, dit-il, « bons françois et non étrangers. » Montaigne a rendu pleine justice à son maître en l'art d'écrire, quand il a dit : « Nous autres ignorants étions perdus, si ce livre ne nous eût relevés du bourbier ; sa merci, nous osons à cette heure et parler et écrire ; les dames en régentent les maîtres d'école. »

De même que Montluc par sa vie d'aventures, de même qu'Amyot par la pureté modeste de ses goûts, Montaigne, par sa vie retirée, loin de la cour et des coteries, a échappé à l'influence de la mode et de l'imitation étrangère. La finesse pénétrante de ses observations morales, son aimable épicuréisme exempt de sécheresse, son érudition libre et capricieuse donnent au style de Montaigne une vivacité d'images et d'allures tout à fait originale. Son indépendance de caractère et d'esprit introduit dans la langue qui se forme un incroyable luxe d'expressions neuves, de tournures inattendues, d'alliances de mots qui peuvent être encore aujourd'hui une mine riche et précieuse pour rajeunir notre langue appauvrie par la logique inexpérimentée des grammairiens et des philosophes.

20. Mais pour ne négliger aucune des influences exercées sur la constitution de la prose française, il faut signaler l'action de Calvin et de ses adhérents. En 1535, par haine contre la langue traditionnelle de Rome, par désir de répandre et de populariser ses doctrines, Calvin traduit son livre du latin en français et ainsi applique pour la première fois le langage du peuple à l'exposition des croyances religieuses. Il dédie son *Institution de la religion chrétienne* au roi François Iᵉʳ, lui faisant la leçon avec une hauteur presque menaçante : «C'est votre office, Sire, de ne détourner vos oreilles ni votre courage d'une si juste défense, principalement quand il est question d'une si grande chose, c'est à savoir comment la gloire de Dieu sera maintenue sur la terre, comment sa vérité retiendra son honneur et dignité, comment le règne de Christ demeurera en son entier. » Voilà par quels exemples Calvin donne à l'idiome populaire une fermeté de style philosophique, une exactitude de construction qui sont loin d'être un garant assuré de la sincérité et de la constance dans les doctrines. Calvin montre que notre langue peut allier la force à la pureté, la souplesse et l'aisance à la dignité des périodes. Aussi le président de Thou admire son éloquence; Estienne Pasquier dit de lui : « Il estoit homme bien écrivant; » Bossuet enfin lui a rendu ce témoignage « d'avoir excellé dans sa langue maternelle, et aussi bien écrit qu'homme de son siècle. » En effet, Calvin ajoutait à l'idiome naissant le nerf et la force, comme Montaigne lui assurait la grâce et la vivacité.

Après Calvin les champions de la langue nationale sont presque tous atteints ou soupçonnés de protestantisme : Marot, qui traduit les Psaumes en français, Marguerite de Navarre, qui les fait chanter à sa cour, Théodore de Bèze, Étienne Dolet, qui publie en en 1543 un « *Brief discours de la république françoise désirant la lecture de la sainte Escriture lui estre loysible en sa langue vulgaire, etc.* » Cette préférence toute naturelle des protestants pour la langue française fut favorable à la diffusion de l'idiome populaire; les prêches et les pamphlets provoquèrent des réponses et par suite des luttes et des controverses qui contribuèrent à donner à la langue plus de vigueur et de souplesse, à lui communiquer cette netteté, cette logique, cette flexibilité qui conviennent à la discussion et se plient aux exigences du raisonnement et de l'argumentation ; ils servirent aussi à répandre et à propager le français dans l'ouest de la France par La Rochelle, dans le midi par Lyon, Nimes et Genève, dont Calvin voulait faire la Rome de son triste christianisme.

Avec toute l'ardeur d'un faux zèle, un autre protestant, Henri VIII, proclama le français la langue de sa cour et en imposa l'étude à tout Anglais aspirant aux emplois publics ; c'est sous son inspiration que fut imprimée la première grammaire française ; elle fut publiée à Londres en 1532, par l'Anglais Palsgrave, sous le titre d'*Éclaircissement de la langue françoise*, et dédiée au roi Henri VIII, son protecteur.

Mais cet emploi de l'idiome populaire ne dut servir qu'à en dégoûter le clergé et les érudits, qui presque tous appartenaient à l'Église ; ils pouvaient considérer comme profanée, par l'emploi qu'en avaient fait les hérétiques, une langue qu'ils étaient déjà disposés à mépriser comme vulgaire.

21. Au XVIᵉ siècle, un autre patronage releva la langue française, patronage tout-puissant dans nos mœurs et dans nos traditions, ce fut celui du roi, qui tout à la fois assurait à la langue un crédit singulier et lui faisait une loi de la précision, de l'exactitude et de la rigueur.

Par trois ordonnances particulières datées de

1522, de 1529 et de 1539, le roi François Ier prescrivit l'usage exclusif du français dans tous les actes publics et privés. Ces ordonnances sont en quelque sorte des lettres de noblesse octroyées par le souverain à la langue des bourgeois, qui devient par ce fait même la langue de la cour, des parlements, des hommes d'affaires, c'est-à-dire à peu près de tout le monde, hormis les savants et le clergé.

C'est donc cette langue consacrée par les chefs-d'œuvre d'Amyot, de Rabelais et de Montaigne qu'il convient d'étudier, dont il faut maintenant recueillir les traits essentiels et noter les caractères principaux, en l'opposant à ce chaos érudit qui fait comme la transition du xve au xvie siècle.

22. Les principes d'après lesquels se forment les mots nouveaux dans cette renaissance du français sont tout différents de ceux qui ont guidé les créateurs de l'ancienne langue du moyen âge. Dans les temps modernes, le latin, source commune du vieux français et du français nouveau, le latin n'est plus qu'une langue morte. Ce n'est plus l'expression vivante des sentiments et des pensées d'un peuple ; c'est un idiome savant qu'on lit et qu'on ne parle plus. Personne n'en connaît plus l'accent ; on lit le latin à la façon dont se prononce le français, c'est-à-dire en accentuant la dernière syllabe. Par suite, les mots ne se forment plus en conservant de préférence la syllabe accentuée par les

Romains et en effaçant les autres; le mot latin est reproduit tout entier, sauf la syllabe finale, qui le plus souvent est inutile, puisqu'il n'y a plus de cas.

Pour adoucir la prononciation de deux consonnes consécutives, les anciens avaient dit : *esponge, espée, esprit, escripture, espèce,* etc.; les modernes, moins délicats à cet égard, copient sur le latin : *spongieux, spadassin, spirituel, scribe, spécial,* etc.

Ainsi se marque nettement la différence entre les deux âges de notre langue, ou plutôt entre nos deux langues. Le français du moyen âge avait été élaboré par le peuple : il parlait à l'oreille, il a été l'œuvre de six siècles d'un travail lent et original. Le français moderne est une improvisation des érudits qui, la plume à la main, fabriquent en quelques années de réflexion, de comparaison, d'imitation, sous l'empire des caprices de la mode ou d'après l'inspiration de leur pédantisme, une langue qui parle aux yeux.

23. La déclinaison romane a complétement disparu dans la langue du xviᵉ siècle. La valeur grammaticale de l's finale est tout à fait oubliée ; un grammairien du temps raille et accuse d'ignorance et de barbarie ceux qui écrivent encore *homs* pour *homme, Dex* pour *Dieu,* « comme on lit, ajoute-t-il, en les vieux livres écrits à la main. » L'emploi de la lettre *s* comme figurative du pluriel se généralise et devient l'objet d'une règle adoptée par les grammairiens.

Cette règle s'explique sans peine par le fréquent emploi des substantifs au cas régime; or, ce cas n'avait pas d's au singulier, et se distinguait par une *s* au pluriel; c'est donc lui qui a fait loi de préférence au cas sujet. Sur ce point, l'orthographe est déjà toute fixée.

24. Malgré l'autorité dominante des grammairiens, le crédit de l'usage vulgaire se trahit encore dans l'écriture par l'agglutination en un seul mot de mots ordinairement unis par la prononciation : de *hedera* le vieux français avait fait *hierre*, Ronsard écrit encore l'*hierre*; mais c'est à la fin du XVIe siècle que, fondant l'article avec le substantif, on écrit *lierre*, le *lierre*; de même d'*uveta*, *uette*, *l'uette* se forme le mot moderne *la luette*; ainsi de *Brutium*, l'*Abruzze*. Une agglutination semblable explique l'addition euphonique de l'*n* et du *t* dans les transformations suivantes : *umbilicus*, d'abord *ombril*, puis *nombril*; *amita*, *ante*, puis *tante*. Par une confusion analogue dans son principe et toute différente dans ses résultats, la voyelle *a*, détachée du substantif, se rattache à l'article qui précède : l'*Anatolie* devient *la Natolie*, l'*Apulie* se transforme en *la Pouille*.

25. Les substantifs employés uniquement au pluriel sont encore très-nombreux. Certains d'entre eux ont une raison d'être très-logique, c'est qu'ils désignent des objets à la fois uns et multiples, ce qui justifie l'emploi habituel du pluriel *uns*, *unes*; ainsi l'on dit : *unes lunettes*, *unes balances*, *uns ciseaux*, etc.

L'oubli de toute distinction entre le sujet et le régime s'étend du substantif et de l'adjectif aux pronoms; par suite *je* et *moi* sont indifféremment employés comme sujets. Cette confusion a passé dans le français moderne, qui n'a gardé des usages du vieux français que la formule : *Je soussigné.*

26. Dans la conjugaison des verbes l'ancienne régularité logique est abandonnée; l'*s* reste encore à la deuxième personne du singulier, mais il n'est plus caractéristique parce qu'on l'étend à la première personne, et l'on écrit : *je finis, je reçois, je rends*, etc. Le *t* figuratif de la troisième personne du singulier est effacé de la première conjugaison; l'on écrit : *il donne, il parle*, et dans le cas où l'inversion devient nécessaire, l'orthographe est *donne-il, parle-il;* c'est plus tard seulement que le *t* reparaît dans l'expression inversive, mais à titre de lettre euphonique, ainsi que l'admet encore l'orthographe actuelle : *donne-t-il, parle-t-il,* etc.

La deuxième personne du pluriel, employée d'abord par la servilité des courtisans à la place de la deuxième personne du singulier, devient l'occasion d'un emploi analogue de la première personne du pluriel : les rois et les parlements, pour donner plus d'autorité à leurs actes et à leur langage, imaginèrent les formules : savoir *faisons, ordonnons,* etc. La vanité humaine s'appropriant ces tournures, les grands seigneurs ne tardèrent pas à dire : *j'avons, je faisons*, locutions bizarres qui, par un étrange retour des choses d'ici bas, sont passées aujourd'hui dans le jargon des paysans.

27. Dans la syntaxe d'accord, tandis que les adjectifs de la deuxième classe sont ramenés à la règle générale qui marque le féminin par l'addition d'un *e* muet : *grand, grande*, les participes présents restent encore fidèles à l'ancienne règle qui ne leur permet qu'une forme pour le masculin et pour le féminin ; ainsi se prépare cette anomalie embarrassante de l'orthographe moderne qui réclame une distinction subtile entre le participe présent et l'adjectif verbal.

Quant au participe passé, c'est un adjectif soumis à la règle ordinaire, sauf l'accord avec son régime direct, dont la règle commence à s'établir à l'encontre de bien des objections, comme en témoignent ces vers de Marot :

> Enfants, oyez une leçon :
> Notre langue a cette façon
> Que le terme qui va devant
> Volontiers régit le suivant.
>
> Et ne fault point dire en effaict :
> Dieu en ce monde les a *faict*,
> Ne nous a *faict* pareillement ;
> Mais nous ha *faicts* tout rondement.

Nos écoliers, dépités par les caprices de notre grammaire, ne trouvent pas que la chose aille aussi rondement que le prétend Marot.

Le nombre des verbes réfléchis est toujours considérable : *s'apparaître, se descendre, se combattre*, etc.

28. Quant aux mots invariables, ils sont les mêmes qu'aux siècles précédents, toutefois on tend à les simplifier par des syncopes et des agglutinations ; ainsi, *dores en avant, des ore mais, par mi*, etc., commencent à s'écrire en un seul mot : *dorénavant, désormais, parmi*, etc., et l'adverbe *très* fait corps avec le substantif, l'adjectif, le verbe ou l'adverbe devant lequel il est placé : *très-tous, très-jouir*, etc.

29. L'orthographe des écrivains du xviᵉ siècle offre ce caractère curieux qu'elle est beaucoup plus compliquée que celle du siècle précédent. La loi habituelle de la simplification des procédés par le développement et le progrès de l'esprit, cette loi est contredite ici par les faits, et l'observation de cette loi est suspendue par des circonstances faciles à constater, par des influences faciles à expliquer. L'érudition avec ses recherches, sa critique, ses hypothèses, ses préjugés, disons le mot, avec son pédantisme, a laissé sa trace dans l'orthographe de la Renaissance. L'esprit d'hellénisme fait multiplier hors de propos l'emploi de l'*y* ; on écrit sans raison à l'imparfait de l'indicatif : *j'estoys*, *j'aimoys ;* sans raison aussi l'on imprime *roy, royne, loy, foy,* etc. La curiosité et la prétention à la délicatesse multiplient les consonnes, tantôt pour indiquer l'étymologie, comme dans *aultre,* où la consonne rappelle *alter ;* tantôt par un luxe que rien n'explique et qui égarerait dans les interprétations étymologiques : *escholle* de *schola, bousche* de *bucca, esperit* de *spiritus, il peult, il sceust,* etc. Cet abus de lettres parasites a laissé sa trace dans notre orthographe moderne, qui a conservé *honneur,* d'*honor,* tout en faisant la correction *honorable; homme,* d'*homo,* en rétablissant *bonhomie.* Cette corruption singulière de l'orthographe au xvi⁰ siècle est très-sensible pour qui compare un texte de Froissart, par exemple, avec une page de Rabelais ou d'Amyot. C'est au xvi⁰ siècle que les curieux rapportent aussi le premier emploi dans les livres imprimés des accents à titre de signes orthographiques et d'indices de la prononciation.

30. Quant à la prononciation, le fait le plus intéressant et le plus caractéristique, c'est la mode que Henri Estienne a raillée sous le nom d'*italianisme.* L'altération la plus considérable est celle qui substitue le son *è* au son *oi ;* les gens à la mode, renouvelant à leur insu une incorrection des Normands du xi⁰ siècle, prononcent comme si l'on écrivait *francès, dret, rédir, parêtre, harnès,* etc. Cette altération des sons a survécu à la mode, et, soutenue, consacrée par la réforme de l'orthographe au xviiie siècle, l'innovation des italianisants nous a donné *français, raidir, paraître, harnais*, etc. Par un caprice inexplicable, nous avons conservé l'ancienne prononciation et l'ancienne orthographe des mots *droit, étroit, endroit*, etc. Ces incohérences de l'usage vulgaire sont plus choquantes encore lorsqu'elles se trouvent rapprochées, comme il arrive pour les deux mots *gaulois* et *français*, qui, au xvie et au xviie siècle, étaient écrits *gaulois* et *françois* et se prononçaient néanmoins comme nous faisons aujourd'hui. L'articulation plus nette des mots étant une condition de clarté, les doubles consonnes se multiplient, surtout dans les mots de création nouvelle.

31. La crainte de l'hiatus, ou une singulière délicatesse d'oreille qui fait trouver dures les élisions *m'estable, m'estime, m'âme, m'espée*, etc., généralise ces expressions illogiques, *mon âme, mon épée*, dont la première apparition est de la fin du xive siècle, et qui forment encore aujourd'hui l'une des plus étranges anomalies du français moderne à côté de *l'âme, l'épée*, formes plus logiques qui sont des restes de l'usage ancien.

32. L'impression commune et générale que laissent tant d'observations, si incomplètes qu'elles soient, tant de formes diverses et contradictoires, c'est que le xvie siècle est encore pour la langue française une époque de formation et de travail

confus. Insister sur quelques remarques particulières et les transformer en règles précises et générales, ce serait prêter une autorité usurpée à des
faits tout individuels.

Au xvi⁰ siècle ne règne encore aucune de ces
puissances auxquelles il est donné de fixer une langue. Ni l'usage commun, ni l'exemple des grands
écrivains, ni la puissance reconnue d'une assemblée
souveraine n'imposent à l'idiome son unité. Ainsi,
sans trop d'exagération, l'on peut attribuer à chaque
grand écrivain un langage presque personnel; chacun a son français. L'épicuréisme de Rabelais ne
parle pas la même langue que le scepticisme de
Montaigne; la grâce légère, l'aimable familiarité
de Marot n'emploie pas du tout le même idiome
que le lyrisme emphatique de Ronsard. Spectacle
plein de vie et d'intérêt pour l'artiste et l'historien
de la littérature; grand embarras pour le critique
et le grammairien!

CHAPITRE XVII

Apogée de la langue et de la littérature modernes XVIIᵉ siècle (siècle de Louis XIV).

1. L'histoire de la langue se confond avec celle de la littérature.
2. Unité monarchique et nationale de la France.
3. C'est l'œuvre de Henri IV, de Richelieu et de Louis XIV.
4. Influence littéraire du goût espagnol.
5. Le français gagne en dignité.
6. Influence de l'esprit d'autorité propre au clergé.
7. Rivalité entre les jésuites et Port-Royal.
8. Action exercée par le patriotisme de Henri IV.
9. Rôle de Malherbe, tyran des mots et des syllabes.
10. Influence de l'hôtel de Rambouillet.
11. Ses réformes en orthographe.
12. Balzac donne le premier modèle du style savant et noble.
13. Travaux des grammairiens : Cotgrave et Vaugelas.
14. Rôle de l'Académie française, protectrice de la langue et du goût.
15. Classification des grammairiens en idéalistes et en empiriques : Vaugelas.
16. Dictionnaire de Richelet (1680). Dictionnaire de Furetière (1690).
17. Dictionnaire de l'Académie (1694).
18. Influence générale des grands écrivains.
19. Influence particulière de Molière, de Boileau, de Racine et de La Fontaine.
20. Du vocabulaire et de la grammaire au XVIIᵉ siècle.
21. Distinction entre I et J, entre U et V.
22. Syntaxe : règles du participe présent et du participe passé.
23. Versification : règle de l'hiatus ; la rime pour les yeux plus que pour l'oreille.
24. Dans la prononciation, articulation des consonnes.
25. Simplification de l'orthographe.
26. Rapport de la langue avec l'esprit du siècle.
27. Ses qualités : clarté, précision.
28. Ses défauts : constructions embarrassées.
29. Appauvrissement du vocabulaire.
30. Résumé.

1. Le XVIIᵉ siècle est à tous les points de vue une grande époque dans notre histoire. La France occupe alors le rang le plus élevé dans la guerre, dans la politique, dans les lettres et dans les beaux-arts. C'est l'heure où, favorisé par des circonstances uniques, l'esprit français développe avec le plus d'éclat toutes ses qualités, et dissimule, étouffe ou compense ses défauts par l'art le plus heureux et le plus séduisant.

La langue de cette époque a profité de nos succès et de notre gloire, parce qu'elle y a contribué à sa manière. Le français est accepté par toute l'Europe comme la langue commune des peuples civilisés, en même temps qu'il s'immortalise par des chefs-d'œuvre en presque tous les genres. Aussi, l'histoire de la langue française se confondant de plus en plus avec l'histoire même de la littérature, ce serait dans une analyse des compositions de Pascal et de Bossuet, de Corneille et de La Fontaine qu'il faudrait aller chercher les traits et les nuances d'un tableau complet. A la place de cette étude achevée, qui réclamerait tout un livre, ce chapitre ne peut offrir qu'une esquisse très-légère des principaux événements qui sont comme le fond de l'histoire de la langue au XVIIᵉ siècle.

2. Si l'on considère dans leur ensemble les événements politiques depuis la mort de Henri IV jusqu'à la mort de Louis XIV, la constitution de l'unité nationale et monarchique de la France par la politique et la force sous Richelieu, par l'ascendant du caractère, le prestige du nom et de la gloire des armes

sous Louis XIV, voilà le fait dominant de notre histoire. Jamais, à nulle autre époque de nos annales, l'accord de toutes les volontés et de tous les sentiments ne s'est produit plus unanime que sous le règne de celui que la France entière saluait, l'histoire dit presque adorait comme le représentant de Dieu, de l'honneur et de la patrie. En Louis XIV se résumaient avec éclat toutes les tendances de ce qui formait alors la nation : l'esprit chevaleresque et guerrier de la noblesse, que le roi groupait autour de lui pour des guerres auxquelles elle courait comme à de brillants tournois; l'esprit d'autorité, la dignité pompeuse que le clergé tenait de ses rapports avec l'Italie et de sa subordination au pontife romain; le bon sens lucide et pénétrant du tiers-état, qui pardonnait trop volontiers au roi de gouverner sans lui parce que le roi gouvernait aussi sans la noblesse et sans le clergé, et qu'après tout le ministre le plus important du monarque était un bourgeois éclairé du génie pratique de sa caste, Colbert, dont le père vendait du drap.

3. Mais si le règne de Louis XIV, ou plus exactement, si les quarante premières années de ce règne offrent bien l'unité d'esprit et de sentiment qui assure la grandeur et la puissance d'un homme et même d'une nation, ce n'est pas par une éclosion soudaine, ce n'est pas sans bien des transitions que cet état de choses s'est produit. Au début du siècle, les guerres de religion enfin terminées, l'autorité royale mise au-dessus de tout débat groupait autour de Henri IV une noblesse frémissante, mais dévouée, dont l'ardeur guerrière ou la fière indépendance se donna carrière contre les ministres, sans jamais oser porter ses attaques jusqu'au souverain. L'intelligence reprenait ses droits, et les beaux esprits réclamaient, pour une société qui aspirait à la perfection du goût et de la politesse, une langue digne de ces hautes ambitions. Cependant, tout se réglait et se disciplinait en France sous le niveau de la monarchie, tout, même l'insolence des grands seigneurs, même l'esprit indépendant du clergé. Il fallait donc aussi à la langue de la régularité, de la correction, une discipline; mais une discipline qui se fît comprendre et se fît aimer, comme le joug royal était compris et aimé des courtisans. La seule autorité reconnue dans le monde de la pensée, de la littérature et des arts, c'est le génie, et cette autorité ne manqua pas à la fortune de la France.

Le génie littéraire vint compléter et couronner les efforts successifs et concordants par lesquels Henri IV, Richelieu et Louis XIV ont fait du pays le plus divisé un pays homogène et compacte. Aussi, de ces règnes glorieux date l'unité de la langue comme de la patrie française, et c'est grâce à ces trois hommes éminents que ce peuple, composé de Provençaux et de Bourguignons, de

Normands et de Picards, de Bretons et d'Alsaciens, n'a plus aujourd'hui qu'un même nom, une même langue, un même cœur.

4. Ce qui gâtait la langue du XVIᵉ siècle et lui donnait parfois avec une nuance de pédantisme l'apparence d'une caducité prématurée, c'était l'imitation étroite de l'italien et du latin. Mais, bien que pendant l'époque nouvelle l'imitation joue encore le premier rôle dans le travail de notre langue, un esprit différent préside à ce travail : le XVIᵉ siècle prétendait que le français se transformât en latin ou en grec, le XVIIᵉ siècle veut transformer le grec et le latin en français; ce seul fait est toute une révolution.

L'amour du changement et l'esprit d'assimilation qui distinguent le peuple français débutent volontiers par railler et par tourner en caricature ce que nous viendrons bientôt copier avec engouement. Cette loi se vérifia une fois de plus dans le nouveau changement que subirent notre langue et notre littérature; il ne faut pas trop gourmander notre légèreté, car cette fois la France lui a dû le Cid. Mais avant le XVIIᵉ siècle, la satire Ménippée reproche déjà aux écrivains du temps d'*espagnoliser*.

Toute différente de l'italianisme, cette mode s'applique moins à la langue, déjà plus fixée, qu'à la littérature même à laquelle l'Espagne fournit ses héros, ses caractères et ses modèles. La mode italienne avait subtilisé l'esprit sans adoucir les mœurs, sans polir ni les manières, ni le langage ; la mode espagnole enrichit à l'excès la langue de formules de politesse et la pousse à l'exagération dans l'expression des sentiments. Regnier se moque des locutions affectées des courtisans : *En ma conscience, — Il en faudrait mourir.* A la même époque et à la même influence doivent être rapportés quelques mots nouveaux tels que : *barbon, bizarre, hacquenée, guenille, passionné, sarabande,* etc.

L'amour de l'indépendance, qui prend volontiers en France la forme de l'opposition contre le gouvernement, encouragea, répandit, fit durer, en dépit du goût national, cet engouement pour l'espagnol ; c'était une manière de résister à Richelieu ou d'inquiéter Mazarin, conspiration moins dangereuse que celles qui devaient coûter la vie à Cinq-Mars et l'honneur au grand Condé. Ajoutons que l'influence espagnole subit même plus d'une fois cet échec que les mots empruntés furent pris en France dans un sens défavorable ; ainsi de l'espagnol *hablador* (parleur) les français font le mot *hableur*, prenant leur revanche des Espagnols qui formaient du français *parler, parlador*, pris dans un sens non moins injurieux.

5. Le meilleur fruit de l'influence espagnole, son œuvre sérieuse et durable, ce fut de concourir à doter la langue de ce qui manque trop à l'esprit et au caractère français : l'élévation, la noblesse, la dignité. Avant tout, ces mérites nouveaux et précieux furent dus au commerce intelligent avec les Grecs et les Romains ; le culte et l'étude assidus des chefs-d'œuvre de l'antiquité classique eurent pour premier effet et tout naturel d'assurer le goût, d'élever le langage et le style. Pour être tout à fait exact, l'historien doit même reconnaître que la grandeur un peu lourde et laborieuse des formes romaines frappa et entraîna de préférence le gros de la nation ; la dignité sans apprêt, la majesté naturelle des Grecs ne fut goûtée que des plus délicats. Balzac et le grand Corneille n'allaient pas au delà des Romains, et encore en les *espagnolisant* ; il fallait, pour s'élever jusqu'à l'atticisme, la finesse d'un La Fontaine ou la délicatesse exquise d'un Fénelon et d'un Racine. Ce fut donc une des merveilles du siècle que la facilité d'assimilation avec laquelle la cour et la ville donnèrent à leur costume, à leur ton, à leurs manières, à leur langage une dignité qui permit aux écrivains d'aborder et de faire goûter sans nul effort les sujets de la plus haute littérature.

6. Ils trouvèrent un secours efficace et puissant dans l'esprit de l'Église, dont les principes d'autorité indiscutable s'accordaient avec la monarchie absolue de Louis XIV. Le clergé remplit une fois de plus ce rôle de modérateur qui a été sa gloire la plus pure et la plus nationale aux grandes époques de notre histoire. Il sut se montrer vraiment français, agissant à la fois et comme auxiliaire et comme frein. Sans crainte puérile et sans esprit mesquin de rivalité, le clergé français associait l'inspiration religieuse à l'inspiration classique, et unissait comme éléments d'une grandeur nouvelle les Pères de l'Église avec les écrivains de Rome et d'Athènes, l'antiquité chrétienne avec l'antiquité polythéiste. Animée de cet esprit heureux et fécond, l'Église de France arrêta la littérature et la langue sur la pente dangereuse où les avait engagées le XVIᵉ siècle, et qui conduisait par une imitation passionnée des modèles antiques au pédantisme, à la servilité, à la perte de toute originalité, de toute vie propre et nationale.

7. Mais pour tenir compte au moins des grands courants qu'on peut distinguer dans ce mouvement général, il faut reconnaître dans le clergé du XVIIᵉ siècle deux écoles de goût en littérature comme en morale. Une école est mondaine, élégante, persuasive ; de l'antiquité religieuse ou artistique elle ne retient que la forme et les grâces accommodées aux mœurs brillantes et faciles de la cour ; c'est l'école qui domine pendant presque tout le règne du grand roi et dont les concessions habiles aux faiblesses du monde ont fait et perpétué le succès. A cette brillante armée s'opposait avec plus de conscience que de bonheur un groupe d'esprits honnêtes, mais impérieux comme la logique et la raison. Ils rompent

brusquement avec les vanités de la forme et les séductions de l'image; la vérité est leur passion unique,
le succès est la dernière de leurs ambitions ; il s'agit
pour eux non de triompher, mais de bien faire.

Les solitaires de Port-Royal, immortalisés par la
persécution, transportaient dans la dignité d'un
catholicisme pur les traditions austères de l'école
protestante; leurs qualités non moins que leurs défauts ont été causes de leurs échecs et de leur ruine.
Ce sont les jansénistes qui ont encouragé la langue
française dans la voie de la précision et de la force
logiques, tandis que leurs heureux adversaires or-
naient l'enseignement moral d'attraits et de couleurs
qui en faisaient aimer tout, jusqu'aux austérités. La
défaite des jansénistes de Port-Royal a produit dans
le monde de la pensée presque les mêmes résultats qu'en 1685 la révocation de l'édit de Nantes;
elle a tué par l'exil le goût et le culte des études
fortes et sérieuses. Dans ces grands jours de lutte
morale, en dépit d'Arnault et de ses amis, il a été
décidé que la France serait avant tout une nation
de gens d'esprit plus agréables que réfléchis, plus
brillants que solides et profonds.

8. Après les influences générales dont l'action
sur la langue et la littérature de notre pays est apparente et incontestable, il faut admettre quelques
influences individuelles considérables dont l'action peut être constatée et suivie avec intérêt à

travers les événements politiques de cette grande époque.

Malgré le peu de loisir que lui laissèrent et la guerre et la politique, bien qu'il ne pût tourner vers les choses de l'esprit son activité généreuse, le roi Henri IV a marqué son empreinte dans l'histoire littéraire de la France ; il a manifesté hautement ses goûts et il n'a pas tenu à lui que son sentiment ne prévalût sur la mode et les prétentions de l'époque. Le premier des Bourbons vint mettre un terme à l'autorité morale comme au pouvoir politique des Valois ; trop grand pour craindre de s'abaisser par la familiarité, trop spirituel pour donner dans le pédantisme, trop éclairé pour n'être pas naturel, Henri IV aurait voulu bannir de sa cour l'affectation des manières et du langage commune à tous ses prédécesseurs. Français par le cœur et par l'esprit, ce sont les qualités françaises de l'intelligence et du langage qu'il fait régner au Louvre, assez longtemps pour en inspirer l'amour à quelques bons esprits, trop peu pour prévenir l'influence énervante de la mode italienne restaurée par Marie de Médicis, Concini et leur professeur en belles manières, le cavalier Marini, dont l'installation à la cour fit le désespoir des gens de goût.

9. Au premier rang parmi ces ennemis de l'influence étrangère il faut placer Malherbe, qui, mûri par la réflexion, osa maudire tous les faux ornements

qu'avait adorés sa jeunesse. Il déteste le mauvais
goût de toute l'ardeur d'un prosélyte désabusé. C'est
sur ses croyances personnelles qu'il exerce ses premières rigueurs, et à force de sévérité contre lui-
même il acquiert le droit d'être sévère contre les
autres. Élevé par un père huguenot, c'est-à-dire à
une école austère, longtemps mêlé aux rudes soldats
qui entouraient son roi, Malherbe a le jugement
droit et rigoureux; son horreur contre le jargon des
courtisans va jusqu'à donner pour la bonne langue
celle des portefaix de la place Saint-Jean. C'est
surtout un génie négatif, qui n'a guère d'enthousiasme que contre les méchants vers; aussi ne s'a-
perçoit-il pas qu'à force d'élaguer, il ne laisse à la
poésie qu'une langue bien maigre, bien sèche et
bien appauvrie.

10. Cependant Malherbe vivait au milieu même du
camp ennemi; admis dans le salon de madame de
Rambouillet, qui était italienne et de naissance et de
goût, il fonde avec Vaugelas, Racan et Balzac ce tri-
bunal de beaux esprits qui se donne pour mission
de régler le goût et d'épurer la langue, singulier
aréopage qui pendant plus d'un demi-siècle soumit
à son autorité privée tous les gens de lettres, depuis
Corneille jusqu'à Scarron, depuis Voiture jusqu'à
Bossuet. Une des preuves les plus éloquentes de
la toute-puissance exercée par les Précieuses de
l'hôtel de Rambouillet, ce sont les précautions, les

ménagements infinis dont Molière se crut obligé
d'envelopper ses critiques. Peut-être même faut-il
croire que Molière a été de bonne foi quand il distingue les vraies et les fausses Précieuses; peut-être
ses deux comédies ne sont-elles point une critique
de l'hôtel de Rambouillet. Dans ce cas la déférence
silencieuse du poëte, ennemi déclaré du pédantisme
et de la grimace, serait une preuve tout-à-fait irréfu-
table du crédit dont jouissait cette compagnie. Il
aut reconnaître, d'ailleurs, qu'en dépit des ridicules
qui ont discrédité le titre de Précieuses, l'influence
de cette société fut heureuse et féconde à plusieurs
égards. Sans doute elle patronna bien des écrivains
médiocres; mais elle salua aussi les génies les plus
éminents de la France : Corneille et Bossuet; elle
admira et fit admirer après elle le chef-d'œuvre de
Descartes, ce Discours sur la Méthode, notre premier modèle de prose philosophique, qui associe à
la rigueur logique de la science la finesse et le
piquant du langage du monde, écrit d'un style
achevé, dont le poli est à peine altéré par un reste
de rouille scolastique et latine.

Le français du XVIe siècle avait gardé de sa première origine populaire plus d'une trace regrettable :
la préférence pour les termes bas, pour les locutions
crues, brutales, grossières. La pruderie des Précieuses fit sentir l'odieux de cette licence, et, en
jetant le français du XVIIe siècle dans l'excès opposé,

elle prépara le règne d'un juste milieu qui ne fût ni le jargon des ruelles ni l'argot des halles et des portefaix. Cette délicatesse parfois outrée eut pour résultat définitif d'indiquer par un premier exemple l'œuvre qui convenait au siècle nouveau, à savoir : fixer les règles mêmes de la langue, faire un triage entre les mots d'origine diverse, substituer un usage commun au caprice individuel. Ainsi le style tout à la fois s'épura et s'enrichit de mots et de locutions destinés à exprimer toutes les nuances du sentiment et de la pensée. Saint-Évremond, avec sa gracieuse raillerie, a dit de la réunion des Précieuses :

Là se font distinguer les fiertés des rigueurs,
Les dédains des mépris, les tourments des langueurs;
On y sait démêler la crainte et les alarmes,
Discerner les attraits, les appas et les charmes.

En commentant le curieux dictionnaire des Précieuses, M. Livet a fait reconnaître qu'un assez bon nombre des métaphores heureuses de notre langue actuelle sont nées à l'hôtel de Rambouillet.

11. L'orthographe eut à se féliciter autant que la langue de l'intérêt passionné qu'on portait alors aux choses de l'esprit. Le xve et le xvie siècle avaient comme à plaisir multiplié les consonnes parasites; l'hôtel de Rambouillet simplifia beaucoup l'orthographe, généralisa l'emploi des accents comme moyens de clarté, de simplification et d'unité dans la prononciation des mots; enfin donna le conseil et l'exemple d'une révolution que sanctionna en partie la deuxième édition du Dictionnaire de l'Académie. Mais là encore, le mal est à côté du bien; par horreur des consonnes, les Précieuses supprimèrent même celles qui, restant comme signes étymologiques, devaient être respectées.

12. Le plus bel ouvrage de l'hôtel de Rambouillet dans la ferveur de ses débuts, c'est la langue de Balzac, langue tout à fait nouvelle et qui réunit, sauf le naturel, toutes les qualités les plus hautes du style oratoire. Balzac est un élève de Malherbe, et il le proclame avec orgueil : « Il m'avait fait jurer sur ses dogmes et ses maximes; vous entendez bien par là notre M. de Malherbe, et savez bien qu'en qualité de premier grammairien de France, il prétend que tout ce qui parle soit sous sa juridiction, comme il est cause en effet qu'on parle plus régulièrement qu'on ne faisait et moins au hasard et à l'aventure. » Raffiné dans le choix et la nuance de ses expressions comme une Précieuse ; prenant, il en convient lui-même, autant de peine à écrire une lettre « que les sculpteurs grecs à faire les dieux » ; souple, varié, riche dans ses tours comme un Italien ; élégant et digne, plein de style, de nombre et d'harmonie comme un Romain du siècle d'Auguste, Balzac reste français par la rectitude du sens et du jugement. Si son style était moins savant, moins compassé, moins périodique ;

surtout si son éloquence était animée d'une passion réelle, et non des émotions factices de l'école, au lieu de laisser quelques belles amplifications de rhétorique, Balzac aurait été le premier prosateur français. Il lui reste la gloire d'avoir vengé notre langue de l'injure que lui faisaient ses emprunts à l'étranger, de l'avoir débarrassée de la fausse richesse qui encombrait le vocabulaire, de cet entassement de mots, de cet enchevêtrement de propositions qui traînait la pensée à travers mille sinuosités où le sens se perdait comme à plaisir ; enfin d'avoir prouvé que le français est capable, comme l'italien, comme l'espagnol, de noblesse et de majesté, de pompe et d'harmonie. En un mot, la prose est disciplinée par Balzac, comme la poésie l'avait été par Malherbe ; après eux, le vocabulaire de la langue noble est complet ; les règles de la construction sont déjà fixées ; l'instrument est tout préparé pour les génies poétiques ou oratoires que l'avenir tient en réserve. Malherbe avait travaillé pour Corneille et pour Racine, Balzac est le précepteur de Pascal, de La Bruyère et de Bossuet ; ses réformes ont eu le privilége d'être consacrées par le génie ; grâce à ses efforts, la prose française est constituée.

13. L'heure semble donc venue pour les ouvriers de la deuxième heure, pour les grammairiens et les critiques. C'est à eux de fixer la langue par une législation rigoureuse et d'établir, dans ces règlements officiels que réclame le goût français, le catalogue des mots et les principes de la syntaxe. Les travaux des grammairiens commencent à prendre au XVIIe siècle leur développement et leur importance. A l'Anglais Cotgrave, qui en 1632 avait publié un savant vocabulaire anglo-français, succède Vaugelas ; après l'hôtel de Rambouillet vient l'Académie française.

14. Le but assigné aux travaux de l'Académie était en parfaite harmonie avec le caractère et la politique de Richelieu ; il aimait trop la règle, l'esprit de suite, pour ne pas l'imposer même à l'imagination ; il avait trop l'instinct du gouvernement pour ne pas régenter la langue et la littérature. D'ailleurs, enlever aux marquis italiens de l'hôtel de Rambouillet la direction souveraine du goût, c'était encore une victoire sur la noblesse indépendante et un triomphe sur l'étranger. A ce point de vue, l'œuvre imposée à l'Académie est une œuvre vraiment nationale, elle couronne le travail de réaction française inauguré au XVIe siècle par Henri Estienne. D'une part elle met la nation en possession de sa langue propre, d'autre part elle fixe les règles du goût et inaugure avec autorité la critique littéraire. Les lettres patentes qui établissent la docte compagnie font foi de l'esprit de discipline qui inspirait son fondateur ; elles assignent pour mission à l'Académie de nettoyer la langue des ordures qu'elle avait contractées ou dans la bouche du peuple, ou dans la chicane du palais, ou par les mauvais usages des courtisans ignorants, ou par l'abus de ceux qui la corrompent en écrivant, ou par les mauvais prédicateurs; son œuvre propre doit être d'établir des règles certaines qui rendront la langue française la plus parfaite des langues modernes. Les premiers académiciens s'appelaient eux-mêmes « des ouvriers en paroles, travaillant à l'exaltation de la France.» Enfin, dans ses arrêts, le Parlement est encore l'interprète des intentions du grand ministre et des espérances du goût public quand il établit, en 1637, que « ceux de la dite Académie ne connoîtront que de l'ornement, embellissement et augmentation de la langue françoise. » Cela suffirait pour justifier l'opinion de Bossuet, qui voyait dans l'Académie « un Conseil souverain et perpétuel dont le crédit, établi sur l'approbation publique, peut réprimer les bizarreries de l'usage et tempérer les déréglements de cet empire trop populaire. » Ainsi s'affirmait une fois de plus cet esprit d'ordre, de réglementation et de gouvernement que nous a légué la domination romaine; la discipline prévalait une fois de plus sur la liberté.

De nos jours encore, la durée de cette institution nationale, sa persistance à travers mille bouleversements politiques et sociaux, atteste peut-être par une preuve éloquente l'impuissance radicale de l'esprit français pour le régime de la liberté, même dans la république des lettres.

15. Le rôle philologique de l'Académie encourage et relève les travaux des grammairiens, qui se partagent dès lors en deux écoles : les idéalistes, partant de principes *a priori*, veulent soumettre la langue à des règles abstraites et ramener les faits à des explications philosophiques; les empiriques prennent pour seul guide l'usage, et s'appliquent à enregistrer les faits et les arrêts du public plutôt qu'à les expliquer ou à les critiquer au nom d'une théorie préconçue.

Le chef de cette dernière école est Vaugelas, un des oracles de l'hôtel de Rambouillet et le rédacteur principal du Dictionnaire de l'Académie française. Animé d'un goût sévère et d'un respect scrupuleux pour l'usage, Vaugelas se considère lui-même comme un simple témoin du sentiment commun et de la censure générale ; il écrit sous la dictée du public. Arbitre consciencieux et impartial, il essaye une conciliation entre les néologismes des Précieuses et les habitudes du langage vulgaire. Comme il observe et note pour le consacrer le bon usage de la ville et de la cour, il constate que le vocabulaire français est complet, que les règles essentielles sont fixées et que la discussion ne peut plus porter désormais que sur les détails. Sa modestie et son désintéressement personnel autorisent Vaugelas à dire de lui-même et de son œuvre : « Je pose des principes qui n'auront pas moins de durée que notre langue et notre empire. »

A Vaugelas, à ses annotateurs et correcteurs, parmi lesquels se place Thomas Corneille, puis Mézeray, Bouhours, d'Ollivet, etc., revient le mérite d'avoir assuré au français ses qualités logiques, l'exactitude, la rigueur, l'horreur de l'équivoque, de l'obscurité, des à-peu-près. Mais nul d'entre eux ne songe à étudier le passé de notre idiome pour en éclairer le présent; tous traitent la langue comme si elle était née d'hier; pour eux, le français est comme une formation spontanée dont il n'y a lieu ni de rechercher les origines, ni de suivre les révolutions en vue d'expliquer l'état auquel la langue est parvenue.

16. On ne peut pas étudier l'histoire de notre langue au XVIIe siècle sans donner au moins un souvenir à deux dictionnaires dont la publication a précédé l'apparition de l'œuvre de l'Académie. En 1680, Richelet publie son Dictionnaire, le premier qui, au lieu d'être une simple liste alphabétique, ait été composé sur un plan raisonné. Ce dictionnaire, suivant les termes mêmes de l'auteur, contient les mots et les choses, indique la valeur propre et figurée des expressions, et justifie ses remarques par l'usage et l'exemple des bons auteurs. Il continue l'œuvre orthographique commencée par les Précieuses , et, supprimant les consonnes étymologiques, il propose et fait adopter *apôtre*, *avocat*, *dédain*, *jeûner*, *tempête*, etc. Moins heureux dans une tentative plus sage et plus logique, Richelet essaye vainement de supprimer certaines consonnes parasites et d'écrire : *afaire*, *ataquer*, *dificulté*, *home*, *honeur*, etc.

Dix ans après parut, malgré l'opposition de l'Académie, le Dictionnaire universel de Furetière, « contenant les mots français tant vieux que modernes. » L'auteur, qui était mort à la peine, en avait fait une sorte d'encyclopédie dont l'utilité principale fut de fixer et de répandre à l'étranger la langue française.

17. Enfin fut livré au public, en 1694, le Dictionnaire de l'Académie française. C'est une liste alphabétique des mots consacrés par l'usage des écrivains dans les compositions d'imagination. Un goût sévère a présidé au choix de ces mots, le but de l'ouvrage étant, suivant un contemporain, de « fixer les écrivains, lorsqu'ils ne savent pas bien si un mot est du bel usage, s'il est assez noble dans une telle circonstance, ou si une certaine expression n'a rien de défectueux. » Le défaut capital de ce vocabulaire est le défaut même du temps : dans l'explication du sens des mots ou dans la critique des locutions, l'Académie ne tient aucun compte des faits anciens ; elle traite la langue comme si vraiment elle n'avait pas d'histoire, pas de passé et par suite pas d'avenir; on dirait une chose morte et inerte, incapable désormais d'aucun changement. D'une manière absolue et avec une étrange prétention, l'Académie condamne d'avance tout néologisme, tout changement, soit par retour vers le passé, soit par création nouvelle; sous l'empire d'une monarchie absolue que personne 'alors ne songeait à discuter, l'apparition du Dictionnaire de l'Académie est comme la promulgation d'un code de la langue littéraire. La seule œuvre que l'Académie prétende laisser aux grammairiens, c'est de commenter et de répandre dans le public les principes votés et décrétés par l'assemblée souveraine.

18. Cependant cette assemblée subit elle-même, bon gré mal gré, une pression toute-puissante, c'est l'autorité des écrivains de génie qui ont illustré la langue du xviiᵉ siècle, et dont les œuvres achevées ont consacré cette langue comme un des éléments de leur gloire et de leur immortalité. Pleins d'une admiration légitime pour ces grands écrivains, les Français du xviiᵉ siècle se sont fait, à cet égard, une illusion bien excusable. Comment ne pas croire que la langue de Pascal et de Corneille, de Bossuet et de Racine, de Fénelon et de La Fontaine eût en propre toutes les qualités qui brillent dans les écrits de ces grands hommes? Ce serait donc l'objet d'une étude très-délicate et pleine d'intérêt, que de chercher quels caractères particuliers le génie individuel de chaque écrivain a communiqués à notre idiome. Tous ont parlé la même langue, mais en l'appropriant aux inspirations et au tempérament de leur esprit. Toutefois cette analyse ressort plutôt de l'histoire de la littérature qu'elle n'appartient à l'histoire même de la langue.

19. Sur le fond brillant de la scène littéraire, deux écrivains se détachent et attirent les yeux de l'érudit : Molière et Boileau ont exercé sur la vie de la langue française une influence directe et avouée qui mérite d'être exposée en quelques mots. Tous deux se sont proposé d'épurer et de discipliner la langue des Précieuses. En même temps que leur vive satire élaguait les expressions trop maniérées ou d'origine étrangère, leur jugement donnait droit de cité à toutes les locutions qui leur paraissaient plus conformes à la logique et au génie français.

Ce mérite appartient surtout à Boileau, que son sens critique, son goût instinctif pour ce qui est clair et raisonnable, a presque toujours préservé de tout galimatias. Despréaux n'avait pas eu la bonne fortune d'être goûté des Précieuses, quand il s'était fait entendre à l'hôtel de Rambouillet ; ainsi les rancunes du poëte concordaient avec le jugement du critique en faveur du bon français. Molière avait une imagination plus vive et plus mobile, par suite moins d'étude des détails, moins de préoccupation des mots; aussi a-t-il subi, presque à son insu, toutes les modes dont le ridicule le blessait sans doute, mais dont la nouveauté le séduisait en même temps. Avec la sensibilité facile, avec l'irritabilité féconde d'un vrai poëte, Molière a été l'écho vif et piquant de toutes les préférences, de toutes les passions de l'esprit public. C'est ainsi qu'accusant par un relief plus saillant tous les ridicules qu'il traduisait sur la scène, il a tantôt fait justice d'une sottise, tantôt frappé ce que l'usage et le goût public devaient respecter et conserver. Il est bien rare que les contemporains jugent sainement d'un tableau trop rapproché de leurs yeux pour être à son point de vue; d'ailleurs, l'opinion et l'usage ont leurs caprices; aussi, quand Molière se moquait du *fauteuil qui vous tend les bras*, il avait bien le droit de ne pas deviner qu'une métaphore répétée d'abord à titre de plaisanterie finirait par passer dans le langage de la conversation comme une locution banale jusqu'à la vulgarité.

De tous les autres grands esprits qui ont honoré cette époque, il en est deux encore dont l'influence sur les progrès de la langue elle-même ne saurait être méconnue sans ingratitude. Incomparable artiste, et qui n'a d'égaux que Sophocle et Virgile, Racine a enrichi la langue littéraire d'une foule de locutions et d'alliances de mots que l'admiration de ses lecteurs a consacrés. Avec un mérite unique de naturel, La Fontaine a rendu le même service à notre langage familier, et frappé pour la postérité une merveilleuse monnaie courante de mots et de tours vifs, spirituels, expressifs.

20. Quand il s'agit de caractériser le vocabulaire et la grammaire du XVIIe siècle, ils offrent si peu de différence par comparaison avec notre propre usage, qu'à peine peut-on faire mieux que de renvoyer aux règles de la pratique et de la grammaire du XIXe siècle. Cette persistance des principes acceptés au XVIIe siècle est la suite naturelle et le juste salaire de la perfection même de cette langue. A bon titre, elle est restée classique, c'est-à-dire, elle est estimée digne d'être proposée comme modèle et comme règle au respect et au culte de la jeunesse française.

21. Il se rencontre pourtant quelques faits particuliers qui peuvent et doivent être signalés comme marquant le caractère de la langue propre à cette époque mémorable. Ce n'est qu'au XVIIe siècle que l'on commence à distinguer communément par deux signes I et J, U et V. Cette réforme n'avait pas encore bien pénétré en Savoie à la fin du siècle dernier, puisque pour décrire la position en V qu'il prenait, les talons sur le marbre de la cheminée, afin de préparer un lit à sa petite chienne, Xavier de Maistre disait dans le *Voyage autour de ma chambre :* « Viens, ma Rosine, viens. *V consonne* et séjour. » Cette addition prouve qu'on était encore exposé à prendre la lettre V pour une voyelle.

22. Dans la syntaxe, un des faits les plus curieux est celui-ci : les grammairiens essayent d'assimiler le participe présent aux adjectifs ordinaires ; l'usage résiste et veut maintenir la distinction entre le mot qui exprime une manière d'être et le mot qui représente une manière d'agir ; enfin l'Académie française, usant de son autorité souveraine, décide en 1679 que le participe présent restera invariable.

Les règles compliquées relatives à l'accord du participe passé avec son régime remontent aussi à cette époque, où la règle très-simple et très-logique du vieux français est méconnue et abandonnée sans retour, faute d'être comprise.

23. C'est encore au XVIIe siècle et c'est surtout à l'influence rigoureuse de Malherbe qu'il faut rapporter cette règle de l'hiatus justement attaquée par les bons et par les mauvais poëtes, qui tous restent ce qu'ils sont, avec ou sans hiatus. Par une sévérité peu intelligente, et sans tenir compte des effets différents produits sur l'oreille, toute rencontre de deux voyelles est bannie et proscrite de la poésie française. Avec aussi peu de réflexion, toutes les règles de notre versification semblent plutôt faites pour la satisfaction des yeux que pour le plaisir de l'oreille. Le temps a rectifié le principe qui faisait rimer *je reçois* avec le peuple *françois*, l'adjectif *amer* avec le verbe *aimer;* il n'a pas encore permis au poëte de choisir à ses risques et périls les hiatus qui lui sembleraient harmonieux ; car on peut rencontrer des hiatus mille fois plus doux à l'oreille que le vers régulier des *Plaideurs :*

Sur votre prisonnier, huissier, ayez les yeux !

24. La prononciation est l'objet d'une révolution qui a changé la physionomie de notre langue et lui a fait perdre beaucoup de sa douceur et de sa mélodie. C'est au XVIIe siècle que prédomine de plus en plus la tendance à faire sentir en les articulant toutes les consonnes finales. Molière fixe en quelque sorte la date et l'origine de cette mode dangereuse par ce passage de l'*Impromptu de Versailles :* « Vous faites le poëte, vous, et vous devez vous remplir de ce personnage, marquer cet air pédant qui se conserve parmi le commerce du beau monde, ce ton de voix sententieux et *cette exactitude de prononciation qui appuie sur toutes les syllabes et ne laisse échapper aucune lettre de la plus sévère orthographe.* » Cette prononciation, qui s'est répandue et popularisée surtout à Paris et dans le nord de la France, introduit dans les mots une foule d'*e* muets qui assourdissent encore notre langue en détruisant et la rime et le rhythme de nos vers. Que devient la rime entre *obtenus* et *Vénus,* entre *prix* et *Páris?* Où sont pour l'oreille les douze syllabes de l'Alexandrin qu'on prononce ainsi :

Nous suivions malegré nous les vainqueures de Lessebosse.

Ce vers, d'après Molière et les bonnes traditions de la Comédie française, aurait été prononcé :

Nous suivions mágré nous les vainqueu de Lébó.

Sans doute, cette manière de dire nous paraît singulière et ridicule ; mais c'est grâce à notre bonne habitude de trouver absurde tout ce qui sort de nos usages ; en réalité, elle est plus mélodieuse et mieux rhythmée que notre prononciation moderne.

25 L'orthographe est au xviiᵉ siècle à peu près la même qu'au xviᵉ. Cependant, depuis les Précieuses, un travail lent de simplification se continue ; les lettres étymologiques s'effacent pour ne plus guère laisser que les lettres qui se prononcent, et déjà se prépare de loin la réforme qu'on a mise sous le nom de Voltaire et dont il a été l'heureux promoteur.

L'usage du xviiᵉ siècle mêle les concessions et les rigueurs, accorde parfois trop à l'oreille et à l'innovation ; mais parfois il se montre trop fidèle à la tradition et au passé, que son ancienneté seule ne suffit pas pour rendre respectable.

26. Tels sont donc les caractères les plus frappants qui distinguent la langue du xviiᵉ siècle. Par un privilége unique, elle est la perfection même du français, parce qu'elle est l'expression la plus parfaite des qualités générales du génie français, en même temps que le reflet des caractères de la nation à cette époque. Dans les belles productions du XVIIᵉ siècle, la partie vivace et durable l'emporte de beaucoup sur la partie accidentelle et passagère; le fond de la langue est solidement arrêté, son caractère national est marqué en traits ineffaçables.

La gloire pure, incontestable, immortelle du XVIIᵉ siècle, c'est que l'activité puissante de la nation s'y est développée largement; elle a rencontré tous les aliments qui lui conviennent le mieux et qui servent les deux aspirations les plus nobles de l'humanité : l'amour de la gloire a été comblé par les victoires de Rocroy, de Nerwinde et de Denain; le goût des travaux de l'esprit a trouvé pleine satisfaction dans les œuvres achevées de Pascal, de Corneille, de Bossuet, de Racine, de Molière et de La Fontaine.

27. La clarté, la limpidité, l'exactitude et la précision logique, telles sont les qualités que la langue d'alors met au service d'un peuple dont l'intelligence a surtout l'instinct de la clarté, l'amour de la lumière, parce qu'elle est pratique et non spéculative, plus capable d'emprunter à l'expérience des notions générales que de s'élever par un élan spontané aux conceptions absolues et universelles. Le caractère essentiel du français de Louis XIV, c'est un désir sincère et constant de s'entendre soi-même et de se faire entendre. Il se rapproche par là de cet idéal d'une langue algébrique rêvé par certains philosophes pour relier entre elles toutes les intelligences cultivées de tous les pays ; ce fut dès lors l'opinion unanime de l'Europe, qui adopta et cultiva notre idiome avec enthousiasme.

28. Sous la discipline sévère mais sensée de Louis XIV cette langue, comme l'esprit public qu'elle représente, est correcte, digne, oratoire, pleine de force et de gravité. Sa précision grammaticale et logique va jusqu'à la rigueur ; elle se pique d'une noblesse presque compassée et géométrique, qui ne laisse guère de champ libre aux caprices de l'imagination et de la poésie. Sans doute, le génie de nos grands écrivains s'est accommodé de ces entraves ; mais qui oserait dire que la France n'eût rien gagné à ce que ces grands hommes fussent affranchis d'un tel joug? Que celui-là relise La Fontaine et La Bruyère, Molière et Fénelon; il les verra contraints de recourir à la langue du xvie et du xve siècle, pour en exhumer l'expression dont ils ont besoin, et que la discipline rigoureuse de Malherbe et de Vaugelas leur refusent. Par bonheur, leur génie nous a conservé dans des écrits immortels ces mots « de leur connaissance » qui ont repris une vie et une verdeur nouvelle.

29. De l'aveu même de nos premiers écrivains, les grammairiens qui se sont érigés en arbitres du goût pour fixer le vocabulaire et la syntaxe ont poussé le scrupule à l'excès. La langue s'est appauvrie par des retranchements que les grands maîtres ont regrettés et déplorés. Chapelle va jusqu'à dire que les grammairiens «ont tant décharné la langue qu'ils en ont fait une momie. » Sans pousser jusqu'à cette hyperbole, la critique moderne s'associe aux réclamations de Fénelon, aux regrets de La Bruyère ou tout au moins aux aveux de Racine, qui, au lieu de traduire, rapporte les paroles mêmes d'Amyot : «Car, dit-il, elles ont une grâce dans le vieux style de ce traducteur que je ne crois point pouvoir égaler dans notre langue. » Ainsi, par la noblesse qu'il conquiert, le langage aliène sa liberté, il perd cette franchise qui permettait de tout aborder et de tout dire ; le français de Louis XIV est, comme le grand roi de Boileau, enchaîné par sa grandeur, et comme lui il a bien le droit de s'en plaindre un peu.

Tout compte fait, la langue du XVIIe siècle a été ce qu'était l'esprit du temps, parole expressive qui convenait à la fois à la chaire et au théâtre, aux entretiens d'une société polie comme aux savantes méditations du penseur. Elle a été à la hauteur de ses destinées ; et toutes les récriminations ou légitimes ou paradoxales ne prévaudront pas contre ce jugement, que l'expérience et la comparaison viennent confirmer tous les jours : le xviiᵉ siècle est à tous égards le plus beau, le plus grand, le plus complet de l'histoire littéraire de la France.

30. En résumé, tel est l'éclat littéraire dont rayonne l'esprit français sous Louis XIV que l'histoire de la langue se confond alors avec l'histoire de la littérature. Les efforts successifs de trois hommes éminents : Henri IV, Richelieu, Louis le Grand, avaient assuré l'unité monarchique et nationale de la France ; cette forte discipline s'étendit jusqu'à la langue et fut consolidée par l'autorité souveraine du génie.

Cependant l'amour de la nouveauté et l'esprit d'imitation substituant à l'influence italienne l'influence espagnole, celle-ci s'exerce surtout sur le caractère et sur le goût ; elle inspire au français une préférence pour la dignité du ton, la noblesse des images, de sorte que les leçons de la mode espagnole se trouvent d'accord avec les enseignements de la littérature grecque et de la littérature latine. A ce même but concourt l'esprit d'autorité et de discipline répandu dans le clergé ; mais le clergé même comprend deux écoles opposées de sentiments et de méthode : l'école mondaine et conciliante des Jésuites, l'école austère et rigoureuse de Port-Royal.

Quelques influences individuelles d'un grand poids méritent une mention particulière : au premier rang se place Henri IV, dont l'esprit et le cœur tout français mettent fin à l'ère des Valois et cherchent à faire prévaloir dans la langue les qualités françaises. Il trouve un précieux auxiliaire dans Malherbe, ennemi de toute affectation et fier du titre de tyran des mots et des syllabes.

Le besoin de réforme et de régularité littéraire était si fort dans l'esprit du temps qu'une société se fonde et se continue pendant soixante ans à l'hôtel de Rambouillet, se donnant pour mission d'épurer, d'ennoblir la langue et de simplifier l'orthographe. Des modèles du style noble, nombreux, élevé sans obscurité et sans emphase sont fournis par Balzac, auquel il n'a manqué pour être un grand écrivain qu'un sujet à traiter, à la hauteur de son imagination et de son style.

Par la fixation naturelle de la langue sont provoqués les travaux logiques des grammairiens; en 1632 Cotgrave publie un vocabulaire anglo-français; en 1635 le cardinal de Richelieu fonde l'Académie française avec la mission de fixer le lexique, la grammaire, et de juger les œuvres de l'esprit que le grand ministre veut soustraire aux caprices de la mode et aux engouements pour l'étranger.

Le plus scrupuleux observateur de ce programme est Vaugelas : c'est un partisan de l'expérience qui concilie le néologisme avec la tradition, prouve par le fait même que l'idiome est déjà fixé dans son vocabulaire et dans sa syntaxe, mais par malheur ne prend nul souci du passé.

Du travail libre et actif des autres grammairiens sortent en 1680 le dictionnaire de Richelet et en 1690 le dictionnaire de Furetière, suivi, en 1694, du dictionnaire de l'Académie, nomenclature exacte de la langue littéraire sévèrement épurée, où, sans nul souci du caractère organique des langues, le français est considéré comme fixé d'une manière immuable, et la part de l'avenir n'est pas plus faite que la part du passé.

Cette illusion s'explique d'ailleurs par l'excellence des œuvres en prose et en vers qui ont immortalisé la langue du XVIIe siècle. L'étude de l'influence exercée par chacun des grands écrivains se rattache à l'histoire même de la littérature; il faut seulement signaler Molière et Boileau, à cause de l'action toute directe qu'ils ont exercée par leur vive critique de la langue des Précieuses.

Quand nous rencontrons un vocabulaire complet et une grammaire détaillée qui se retrouvent à peu près dans le vocabulaire et dans la grammaire du XIXe siècle, il suffit de signaler quelques faits comme l'emploi orthographique dans l'alphabet de deux signes distincts pour *i* et *j*, pour *u* et *v*; la fixation des règles du participe présent et de celles du participe passé, telles à peu près que nous les avons conservées, avec leurs anomalies inexplicables. En versification la règle de l'hiatus est établie avec une rigueur extrême par Malherbe, qui en cela comme pour la rime cherche à satisfaire plutôt les yeux que l'oreille. L'usage commence à se répandre de faire sentir toutes les consonnes et de les articuler aux dépens de l'harmonie du langage et du rhythme des vers. Enfin l'orthographe tend de plus en plus à se simplifier.

La langue du XVIIe siècle est la parfaite image des caractères mêmes de l'esprit français à cette époque. Elle a pour qualités saillantes la clarté, l'exactitude, la précision, la noblesse ; ces tendances vont parfois jusqu'aux défauts vers lesquels elles inclinent : la sécheresse, la froideur et l'emphase. Aussi les grands écrivains ont-ils déploré l'œuvre des grammairiens qui ont appauvri la langue de Villon et de Marot, diminué les ressources du vocabulaire, « trop ébranché le vieux chêne gaulois. »

Même avec ces imperfections, la langue du XVIIe siècle, immortalisée par tant de chefs-d'œuvre, est restée notre plus beau titre de gloire nationale et le moins contesté. Cette langue, harmonieux mélange de force et de justesse, est comme un type idéal dont l'esprit français doit toujours craindre de s'écarter dans ses innovations. N'a-t-elle pas suffi à la peinture de tous les sentiments humains ; n'a-t-elle pas été l'instrument de Bossuet comme celui de Molière, de La Fontaine aussi bien que de Pascal ?

CHAPITRE XVIII

Apogée de la langue et de la littérature modernes. XVIIIᵉ siècle (siècle de la Révolution).

1. De l'autorité de la raison humaine.
2. Origines de l'esprit de liberté sous Louis XIV.
3. Ses premiers écarts sous le Régent.
4. Culte de l'esprit et de la science.
5. Influence des mœurs anglaises.
6. Scepticisme discret de Montesquieu et de Voltaire.
7. Attaques contre la religion et la philosophie spiritualiste.
8. Triomphe de la philosophie des sens.
9. Elle aboutit à l'athéisme.
10. Dernières conséquences de ses excès.
11. Réaction apparente de Jean-Jacques Rousseau.
12. Continuation de la lutte contre l'autorité.
13. Style de Montesquieu.
14. Style de Voltaire et des Encyclopédistes.
15. Style de Jean-Jacques Rousseau.
16. Rôle de Bernardin de Saint-Pierre.
17. Esprit et influence de la Révolution.
18. Caractère général et complexe de la langue.
19. Travaux stériles des grammairiens.
20. Réforme orthographique.
21. Résultats généraux.
22. Résumé.

1. Le principe de l'indépendance et de la souveraineté de la raison humaine avait été, au XVIᵉ siècle, l'âme d'une révolte contre l'Église catholique, dont l'Allemagne subit encore aujourd'hui la sanglante expiation. Au XVIIᵉ siècle, avec une mesure qui fait le plus grand honneur à l'esprit français, Descartes avait revendiqué les droits de la raison dans la recherche scientifique de la vérité. Ainsi, la raison humaine étendait ses conquêtes et son domaine dans le monde de la pensée; mais l'autorité de la tradition, de l'usage et des mœurs était restée souveraine dans le monde social et politique, où la protégeaient de leur puissance et de leur éclat le génie de Richelieu et la gloire de Louis XIV.

2. Cependant, même sous l'empire de la discipline majestueuse propre au grand siècle, déjà vers la fin du règne du grand roi, fermentaient un amour de l'indépendance, un besoin de la liberté dont la France ne s'est jamais tout à fait désintéressée. Des deux esprits qui se sont toujours disputé le gouvernement des choses humaines, l'esprit de conservation dominait depuis longtemps; il semblait avoir enivré et assoupi la société. L'heure du réveil avait sonné, l'esprit de progrès allait être dorénavant l'âme de la France; ce fut un élan général vers un but plus élevé, une aspiration universelle vers le mieux. Cet instinct nouveau agitait à la fois et les cœurs généreux qui espèrent bien de l'humanité, et les esprits malades qui trouvent commode de rejeter sur la société le mal moral dont ils souffrent et dont la cause est en eux. Enfin, comme il arrive toujours dans ces rébellions contre le passé, ce n'était pas seulement la raison de l'homme, c'était aussi l'appétit de la brute qui voulait secouer le joug; ainsi toute inondation répand autant de limon malsain que d'eau fécondante. A côté de la cour du duc de Bourgogne, où se propageaient et s'élevaient par la discussion les théories généreuses de Fénelon, florissait la cour de Ninon de Lenclos, tout entière à l'épicuréisme raffiné de La Fare et de Chaulieu. Par malheur, ce fut la bannière de l'épicuréisme que l'esprit nouveau arbora, et le nom de libertins donné à ses défenseurs déconsidéra la liberté, au début même du xviiiᵉ siècle.

3. Avec Louis XIV prenait fin la société noble, régulière, disciplinée; avec le Régent commença le caprice, le désordre; la vie fut livrée aux passions honteuses, l'esprit courbé sous le joug des sens, et les plus vives qualités de l'imagination servirent à jeter un vernis séduisant sur les plus grossières brutalités. La débauche est partout dans les esprits comme dans les mœurs; ce qu'on cherche ce n'est plus le grand et le vrai, c'est le brillant, le neuf, l'imprévu. Des idées, le désordre passe jusqu'aux mots et au langage : le début du xviiiᵉ siècle a aussi ses Précieuses, et Lamotte est le Voiture de la duchesse du Maine. Les périphrases du château de Sceaux valent bien celles de l'hôtel de Rambouillet : une haie se nomme *le suisse du jardin;* étudier la géographie c'est entreprendre un *voyage sédentaire*, etc. Toutes ces fadeurs et ces platitudes furent vite emportées dans le grand courant de l'esprit et de la langue, et les bureaux d'esprit se virent bientôt balayés sans laisser de traces. Cependant le danger de la contagion était réel et sérieux, parce que ces niaiseries étaient liées à une heureuse vivacité dans le tour de la phrase et à des nouveautés durables; ainsi le mauvais pouvait passer à l'ombre et à la faveur du bon.

4. Sans doute, la réaction sensualiste de la Régence a toute l'ardeur d'une revanche prise par les plus tristes penchants de notre nature; cependant, au-dessus de ses excès déplorables il faut voir l'esprit qui anime le travail de transition; il doit être l'esprit du siècle tout entier. Un appel est adressé à la raison humaine, elle règne par l'opinion, elle est l'autorité suprême qui détrône toute autre autorité. L'homme, qui se croit apte à se gouverner lui-même, ne veut plus subir aucun joug, il proclame son indépendance et ne reconnaît que la raison pour juge des limites qui doivent être assignées à son pouvoir et à son activité. Aussi, dès le début du XVIIIe siècle, le culte de l'intelligence sous toutes ses formes est poussé jusqu'à l'idolâtrie; les sociétés littéraires se multiplient, les salons ouvrent leurs portes aux gens de lettres sur la réputation seule de leur instruction et de leur intelligence; l'opinion leur sait gré de n'avoir ni fortune ni naissance, parce qu'ils lui fournissent ainsi l'occasion de marquer sa déférence nouvelle pour l'aristocratie de la pensée et de la parole, seul avantage qu'elle honore en eux. Comme le courage et la force guerrière au moyen âge, comme la faveur du monarque au xvii* siècle, c'est la valeur de l'esprit qui fait la véritable puissance; la supériorité intellectuelle assure toutes les autres supériorités.

5. La connaissance et l'imitation des mœurs et des idées anglaises contribua d'une manière très-efficace à cette révolution dans notre pays. Car, au début du xviii* siècle, lord Chesterfield avait remarqué qu'un Français de son temps n'entendait point le mot de patrie, mais qu'on obtenait tout de lui au seul nom de son prince. Peu d'années après, quelle différence! La distinction entre le prince et la patrie est comprise de tous, et l'écolier instruit par Montesquieu et par Voltaire, les deux propaga·teurs des doctrines anglaises, l'écolier a bientôt égalé et dépassé son maître.

Ainsi la révolution qui doit immortaliser ce siècle, avant de se produire dans les faits, éclate dans les idées par le soulèvement de l'opinion contre les traditions reçues; la France se sent enfin lasse de porter un joug et elle le dit.

6. Au moment même où la Raison proclame son autorité, elle se trouve en présence d'un ordre de choses qui la révolte si fort que sa première œuvre est une œuvre négative et de destruction. Les procédés d'examen et de libre discussion sont appliqués à toute chose et à toute institution; le contrôle du sens commun est partout réclamé, imposé comme l'épreuve suprême et décisive. Mais au début de ce règne nouveau, le choc de mille opinions individuelles, la licence des attaques, l'énergie des ripostes, le spectacle des mille contradictions insolubles, tout entraîne les âmes vers le scepticisme. Ce scepticisme commence par être discret et mesuré, il s'impose des limites, il admet des réserves et des exceptions dans la philosophie de Montesquieu et de Voltaire. Ces penseurs empruntent à l'Angleterre, avec sa foi dans la valeur native de la raison individuelle, les principes de son gouvernement, sa méthode expérimentale pour l'étude de la nature, son culte de la réalité, de la vie, du mouvement dans les lettres et dans les arts. Cependant la critique, la négation, la ruine de toute autorité, telle est au fond l'âme de Voltaire, et de cette première période du xviiie siècle dont Voltaire est le représentant et le guide.

7. L'irréligion se produit bien vite comme une conséquence spontanée de cette passion d'indépendance, la cause de la religion se trouvant confondue avec celle du clergé, et la cause du clergé confondue avec celle de la noblesse. En effet, la discipline traditionnelle de l'Église, sa puissance fondée sur une autorité indiscutable, le mélange des intérêts du clergé avec ceux de la féodalité et de la monarchie, auxquelles étaient dus la richesse et le pouvoir séculier des évêques, tels sont les faits qui associent

le catholicisme au sort des institutions du passé et qui font porter sur l'Église les coups adressés d'abord à la constitution générale de la société française; bien qu'au fond nulle des doctrines catholiques ne fût liée à ces abus sociaux.

Le spiritualisme lui-même est entraîné dans la ruine commune, parce que l'ardeur de la révolte contre le crédit du clergé inspire une prédilection pour tout ce qui est fondé sur l'expérience et les données des sens. En haine de l'idéalisme catholique, une réaction en faveur des sens se produit dans la philosophie, les lettres, les sciences et les arts. C'est l'œuvre de ce bon sens français que nous connaissons tous, bon sens armé d'esprit et de malice, mais sans nulle élévation morale, sans nulle intelligence du monde supérieur; c'est l'œuvre de Voltaire, philosophe toujours plein de vivacité, mais toujours dépourvu de profondeur, de Voltaire déjà vieux à vingt ans, encore jeune à quatre-vingt-trois ans.

8. Aussi l'œuvre dépasse de beaucoup les plans et les espérances de l'ouvrier. Longtemps comprimés sous la discipline religieuse, le corps et ses appétits se redressent à l'appel des philosophes; ils secouent le joug politique de l'État, le joug moral de l'Église. Cette première révolution accomplie est le point de départ d'une révolution nouvelle contre laquelle le crédit même de Voltaire est impuissant.

16.

Il ne peut réussir à imposer à la foule les limites qu'ont fixées son bon sens et son intérêt; Voltaire veut bien laisser brûler les prêtres qui l'excommunient, mais il ne consent pas à fermer les salons des grands seigneurs qui l'accueillent, l'applaudissent et le portent en triomphe; il veut respecter un ordre social où s'exerce avec tant d'éclat l'autocratie de son génie et de sa fortune. Vains efforts, le scepticisme suit sa pente, et, se jouant de tous les obstacles, il aboutit par la fatalité de sa nature au matérialisme absolu et déclaré.

9. En dépit des résistances et des colères du maître, les disciples s'acharnent à l'œuvre de destruction; l'*Encyclopédie* de Diderot et de d'Alembert est comme la transition de la philosophie de Voltaire au livre *de l'Esprit*, où Helvétius assimile l'homme à la brute, et au *Système de la nature*, dans lequel d'Holbach nie tous les sentiments généreux, tous les principes supérieurs de l'âme humaine, les taxe de puériles rêveries, et soumet le monde entier à la loi d'un développement fatal. La liberté sans règle, tous les droits sans un seul devoir, l'homme sans Dieu, voilà le fond de cette école sans nom, voilà le dernier fruit du scepticisme libertin du Régent, du scepticisme antichrétien de Voltaire.

10. Oui, quand le frein et la règle ne sont plus dans l'État, il faut qu'ils soient dans l'âme de chaque citoyen. Avec la liberté civile doit commencer le règne moral de la religion ; sans cette discipline sacrée, toutes les révoltes, tous les excès sont les conséquences naturelles de la liberté humaine.

La pudeur même était comme une contrainte et une chaîne imposées par le despotisme de l'ancien régime ; le XVIIIe siècle, jaloux de briser toutes les entraves, se plaît à une licence d'images et de pensées qui a été l'une de nos fautes les plus tristes et les plus funestes. A ses tentatives de réforme, même modérée, Voltaire avait eu le tort d'associer l'obscénité du langage, et l'esprit public, entraîné par l'exemple, avait déshonoré lui-même son autel et son dieu nouveau. C'est aujourd'hui le châtiment de la France que la licence dans les images et dans les mots, l'affectation de libertinage et d'impiété passent encore trop volontiers dans notre pays pour les compagnes inséparables de l'esprit d'indépendance. Cette ignoble alliance a compromis le parti libéral ; elle se retourne contre lui en fournissant à bien des âmes nobles et délicates l'arme la plus redoutable de toutes : le dégoût et le mépris.

11. Cependant l'excès du matérialisme et de l'impiété provoquent, en faveur de l'âme et de Dieu, une réaction dont l'auteur principal fut J.-J. Rousseau ; mais cette réaction même reste encore fidèle aux inspirations générales du temps. Toujours animée de ses passions, elle continue sous une autre forme la

guerre contre les traditions et les autorités du passé.
Et cette guerre est peut-être plus terrible encore,
parce qu'elle attaque l'État et l'Église non plus par
la raillerie et l'impudeur, mais au nom du cœur et
par le raisonnement. La rhétorique ardente de Rousseau, malgré ses hostilités contre Voltaire, est encore bien plus destructive que ne l'avaient été les
sarcasmes de Voltaire et les déclamations de l'Encyclopédie. Ainsi se continue et s'accuse sous les
formes les plus diverses le caractère du xviiie siècle,
son esprit tout critique et tout négatif : l'imagination
comme le jugement, le sentiment comme l'esprit,
la verve piquante aussi bien que l'éloquence la plus
étudiée, tout prend part à cette vaste conjuration, à
cette lutte à mort contre toute autorité humaine ou
divine ; le présent renie le passé.

12. En effet, si les hypothèses des matérialistes,
dont plus tard Gœthe était épouvanté comme de
l'aspect d'un cadavre, si ces hypothèses finissent par
révolter le sentiment moral dont Jean-Jacques est
l'éloquent avocat, si la réaction rouvrant à l'esprit
français le monde religieux le ramène à Dieu et à la
croyance dans l'immortalité de l'âme, c'est au nom
seul de la raison et de l'instinct religieux que s'accomplit cette révolution ; car l'école de Rousseau
associe l'esprit religieux, les plus tendres émotions
de la piété, les élans mêmes du mysticisme à une
négation obstinée des dogmes de la religion révélée,

à une invincible antipathie contre l'Église catholique.

La raison émancipée se croyait infaillible ; comment son orgueil exalté aurait-il pu subir une religion fondée sur l'humilité, c'est-à-dire sur la défiance de soi-même, sur la conscience de la faiblesse et du néant de l'homme? Aussi le même orgueil humain soulevait contre la discipline chrétienne Rousseau comme Voltaire, comme les Encyclopédistes. Mais, tandis que Voltaire, circonspect jusque dans la colère, prêt à bien des accommodements, à bien des transactions, glissait toujours à la surface et n'appuyait sur rien par peur de prêter au ridicule en choquant le sens commun, Rousseau, plus sincère, plus profond, plus étroit, ne recule jamais devant le paradoxe même le plus extravagant, et, comme fait la passion, il se réserve naïvement le droit de se contredire lui-même par de continuelles palinodies. Le succès immense, universel de Rousseau, le fanatisme passionné dont il fut l'objet, s'expliquent d'ailleurs, en dépit de ses utopies et de ses vices, par la sincérité de son amour pour la nature, la raison et la liberté, et par l'incomparable éloquence dont il sut revêtir une argumentation spécieuse et serrée. Quant à la durée éphémère de cette vogue, quant à la réaction violente qu'elle a provoquée, elles se justifient parce que, dans son inquiétude maladive, Rousseau a souvent adoré ce qu'il croyait brûler : l'emphase, le caprice et le despotisme.

L'apogée du crédit moral de Rousseau coïncide à peu près avec cette année 1778 qui vit sa mort après celle de Voltaire ; c'est aussi la fin de la période spéculative et théorique du XVIIIe siècle. Dans les années qui suivent, les doctrines vont se traduire en faits. Ce n'est plus de philosophie, c'est de politique qu'il s'agit ; ce n'est plus par de petits vers et de longs discours que la France affirme sa force et l'exerce au dehors ; sa tribune retentissante et ses armes victorieuses viennent à l'appui de ses principes.

L'œuvre littéraire et morale étant achevée, c'est le moment d'examiner de quelles formes nouvelles Montesquieu, Voltaire et Rousseau ont pu doter la belle langue que le XVIIe siècle leur avait transmise.

13. La langue de Montesquieu est revêtue des qualités moyennes de cet esprit tout français, c'est-à-dire fin, mesuré, délicat, piquant, mais parfois méthodique jusqu'à la sécheresse. Dans les *Lettres persanes*, Montesquieu retrouve la vivacité pénétrante de Pascal ; il a le trait acéré de La Bruyère, avec plus de netteté peut-être, mais avec moins d'éclat ; sa langue a déjà quelque chose de plus pratique ; elle est d'un publiciste plutôt que d'un philosophe. Cependant la mesure que s'impose l'esprit du réformateur se trahit jusque dans l'indécision

de son langage; le français de Montesquieu a parfois le goût de la précision plutôt que la précision
même; il est souvent indécis, tantôt terne et froid,
tantôt trop complaisant pour les habitudes et les
préférences d'une époque de débauche morale et
intellectuelle.

D'ailleurs les nouveautés de Montesquieu, comme
celles de son siècle, sont plutôt dans les idées que
dans les mots : le vocabulaire, la syntaxe, les constructions du style des Lettres persanes sont dignes
du grand siècle; même dans les passages les plus
légers, la gravité du magistrat se trahit par le ton et
le langage.

14. Voltaire a mis et laissé dans tout ce qu'il a
fait l'empreinte de son génie à la fois si personnel et
si national. Jaloux par-dessus toutes choses de la
raison, du bon sens et de la lumière, il a dépouillé
la langue française de son ampleur et de sa majesté
pompeuse pour lui donner des allures plus naturelle, plus simples et plus faciles. L'énumération
de ses heureuses innovations ne saurait jamais être
complète : suppression des conjonctions, des phrases incidentes, des épithètes de nature ou de rem-
plissage dans la prose; nul sacrifice au besoin d'une
période; une vivacité, une variété de constructions
qui se plie à tous les caprices de l'imagination; dans
la pensée et dans la phrase, un tour particulier qui
offre au lecteur l'occasion de deviner quelque chose

et lui procure une satisfaction de lui-même qui retombe en éloges sur l'écrivain ; c'est une des séductions les plus adroites de Voltaire que de charmer moins encore par l'esprit qu'il déploie que par celui qu'il prête à son lecteur. Jamais un écrivain n'eut mieux conscience de l'œuvre littéraire à laquelle il se vouait ; il disait lui-même : « Si mon ouvrage n'est pas aussi clair qu'une fable de La Fontaine, il faut le jeter au feu. » Être compris sans effort, voilà l'objet suprême de sa rhétorique ; il écrivait encore : « Les Français ne savent pas combien je prends de peine pour ne leur en point donner. »

Mais sous prétexte de rendre ses leçons accessibles et faciles, Voltaire mêle trop volontiers les genres les plus divers, les tons les plus discordants ; il a la prétention de prouver qu'on peut parler de tout, même de théologie, sans cesser d'être spirituel et amusant. Aussi, en même temps qu'il donne au style familier l'agrément dont il est susceptible, il y fait rentrer tous les genres et tous les sujets. Rien d'étonnant que l'écrivain perde en exactitude et en rigueur ce qu'il gagne en clarté ; sa langue correcte et facile a perdu le nerf et la physionomie de la langue de Pascal, et il peut se comparer lui-même aux « petits ruisseaux, transparents parce qu'ils sont peu profonds. »

Son principe, que la raison doit pouvoir se rendre

compte de tout, condamne encore Voltaire à pratiquer et à prôner des corrections orthographiques
dont les simplifications auraient fini par altérer gra-
vement le caractère étymologique des mots. Du
reste, toute la partie de cette réforme qui pouvait
être acceptée a passé dans notre usage ordinaire.

A la suite de Voltaire, il serait injuste de ne pas
faire une place au plus brillant, au plus passionné des
Encyclopédistes, à ce Diderot dont l'imagination s'est
gaspillée en mille œuvres éphémères. Diderot mérite une place dans l'histoire de notre langue pour
la justesse et la vivacité qu'il lui a données dans
l'analyse et la discussion des questions relatives aux
arts. Il a été le père et devrait rester à certains
égards le modèle de la critique quotidienne et mili-
tante.

15. L'influence de J.-J. Rousseau sur la langue a
été peut-être encore plus étendue et plus profonde
que celle de Voltaire, parce que même les ennemis
déclarés de ses doctrines ont subi le prestige de son
style.

Déjà Buffon, joignant la règle à l'exemple, avait
donné la théorie du style noble; il avait analysé,
pour les proposer à l'imitation, les procédés employés par les grands écrivains du xviiᵉ siècle; il les
avait ramenés à cette règle : nommer les choses par
les termes les plus généraux. Rien ne discrédite plus
une école que de condenser ses doctrines dans une

formule; d'ailleurs, cette froide rhétorique avait été
d'avance condamnée par les critiques de Pascal et
par la pratique journalière de Bossuet et de Fénelon; enfin, appliquée sans goût et sans mesure, cette
règle devait conduire à l'emphase, au vide, à l'obscurité. Le style oratoire et tendu de Buffon ne pouvait, à aucun titre, demeurer le modèle du langage
qui convient à la science de la nature; mieux vaudrait encore pour le naturaliste être poëte qu'orateur; en pareil sujet, la poésie est plus près de la
vérité que n'est la rhétorique.

C'est à titre d'artiste et de poëte que Rousseau
tient un rang très-élevé dans l'histoire de notre langue. Observateur intelligent et passionné à la fois,
Rousseau est poëte en prose; son admiration pour
la simplicité naïve de la nature va jusqu'à une sorte
de culte; il ne trouve rien de bas, rien d'infime dans
ce que les champs offrent à ses yeux; les moindres
détails appellent son regard, captivent son attention, et il assouplit la langue pour l'approprier à la
peinture exacte et minutieuse des objets. En même
temps, ses exigences de musicien réclament, outre
la limpidité du terme propre et précis, la sonorité,
le nombre et le rhythme qui font la mélodie de la
phrase et de la période. Mais, dans une nature ardente et passionnée comme celle de Rousseau, le
mal est tout à côté du bien. Ce même amour de
la simple nature, étendu au monde moral, fait de

Rousseau l'avocat de l'instinct contre la loi, du cœur contre le bon sens, du sentiment contre l'autorité. Bientôt cette opinion exagérée, faussée par la résistance des obstacles et par l'excitation de la lutte, aboutit au paradoxe. Rousseau affecte une sorte de cynisme dans la peinture des faits et des sentiments; il les admet tous, même ceux qui n'ont d'autre mérite et d'autre recommandation que d'être vrais, pris et copiés d'après nature. L'exagération de la pensée et du sentiment se traduit dans le style par l'amour des contrastes, la recherche des antithèses les plus forcées, la poursuite des alliances de mots qui abaissent à plaisir l'idiome aristocratique du grand siècle. De là, en fin de compte, des incorrections, de la déclamation, de l'emphase, à la place de la logique, du mouvement et de l'émotion sincère.

Toutes les qualités et tous les défauts de l'esprit de Rousseau se reflètent vivement dans son style; et, comme son autorité s'est étendue sur toute la société française à la fin du XVIIIᵉ siècle, il a laissé son empreinte dans notre langue, ainsi que dans les théories de notre goût littéraire et moral. Rousseau est bien plus radical dans ses espérances et dans ses prétentions que ne l'était Voltaire, et son crédit se mesurant à son audace, à sa confiance en lui-même, il donne à l'esprit français, avec l'amour du naturel, le besoin de tout ramener à des principes abstraits et généraux d'où seront tirées avec rigueur les conséquences qu'ils contiennent. D'autre part, son affectation à en appeler au sentiment et son ton souvent déclamatoire préparent des exemples à cette éloquence boursouflée, chargée à la fois d'abstractions et d'épithètes emphatiques qui est propre aux tribuns de la Convention, à cette éloquence qui unit le ridicule à l'odieux et qui régna aux plus mauvais jours de notre histoire.

16. Une œuvre plus modeste et plus féconde dont il faut savoir gré à Jean-Jacques, c'est d'avoir fait sentir et goûter les charmes de la nature, la grâce vraie de la naïveté. Cette œuvre est continuée par un amant passionné de la vie champêtre, on dirait presque de la vie sauvage, Bernardin de Saint-Pierre. Écrivain moins ardent et coloriste moins puissant que son maître, Bernardin de Saint-Pierre mérite cependant une place à part dans l'histoire de la langue française ; ce fut un philologue érudit et ingénieux qui, échappant aux illusions vaniteuses de son siècle, comprit l'intérêt que peut avoir pour le français moderne l'étude de ses origines.

Bernardin n'est pas seulement un émule de Rousseau, il est aussi le disciple intelligent d'Amyot et de Montaigne. Il s'attache à joindre la souplesse du naturel à la dignité majestueuse des écrivains du grand siècle ; il innove surtout par la simplicité familière des mots, par la variété libre des tours.

L'abondance dans la naïveté, telle est la qualité que cet aimable esprit veut ajouter à l'idiome français; il l'enrichit d'expressions et d'images que la désuétude fait paraître nouvelles, et qu'un emploi judicieux rajeunit et met en honneur. Si le malheur des temps ne l'eût condamné à subir en imitateur la contagion de l'école sentimentale, Bernardin de Saint-Pierre tiendrait un rang très-distingué dans l'histoire des manifestations de l'esprit français. Ce charmant écrivain semblait même appelé à exercer une action très-puissante sur le progrès de la langue française; mais ce n'était plus de mots qu'il s'agissait à la fin du XVIIIe siècle : le chant du poëte devait être étouffé par le tonnerre de la tribune; après l'idylle voici venir la tragédie.

17. A partir de 1789, la théorie des philosophes se transforme en pratique et se traduit en actes ; appliquer les principes et pratiquer les doctrines, telle est l'œuvre de la Révolution française. Les leçons des Encyclopédistes sont l'inspiration des assemblées qui dirigent l'opinion ou qui lui servent d'interprètes. Mirabeau raisonne comme Voltaire; il se passionne comme Rousseau; et c'est grâce à cette alliance de logique et de sentiment que, malgré bien des déclamations, l'orateur entraîne son auditoire, plus souvent dompté que séduit. Au milieu de l'enivrement de son succès, l'esprit français étend son empire sur tout le monde civilisé; la vieille Europe, aussi bien que le nouveau monde, apprend de la France le culte de la justice et de la raison, le respect des droits de l'homme et l'amour de la liberté. Beccaria écrivait avec enthousiasme dans la préface de son bel ouvrage : « Je dois tout aux livres français ; ils ont développé dans mon âme les sentiments d'humanité. »

Mais on ne sait que trop comment cette ivresse de la raison conduisit en quelques pas aux excès et à la démence. Les mots raison et liberté servirent de passeport au despotisme le plus violent, le symbole de la charité chrétienne fut oublié, et le fanatisme de l'égalité y substitua le symbole de la fraternité ou la mort. Au nom de la foi, la tyrannie avait allumé des autodafés : au nom de la raison indépendante on dressa la guillotine. Que la réalité de 93 est loin des rêves de 89, loin des prédictions de Mirabeau : « La raison finira par dompter ou, ce qui vaut mieux, par modérer l'espèce humaine et gouverner tous les gouvernements de la terre ; Mars est le tyran, la raison est le souverain du monde ! »

Une apothéose insensée de la raison humaine et de ses égarements a comme effet naturel de mettre la loi morale, pour chaque homme, dans son sens individuel, pour la société humaine dans le sens commun, c'est-à-dire dans l'opinion de la majorité. Qui veut se soustraire aux caprices de ces deux tyrannies nouvelles doit opposer les principes aux principes, les opinions aux opinions ; de là des discussions sans fin ni mesure, la dispute partout à la place de la foi; toute chose mise en question, c'est-à-dire livrée en pâture aux sophismes de la passion et de l'intérêt. Une fois lancé dans cette voie périlleuse, sans guide, sans boussole, sans principes fixes, l'homme s'aigrit par la dispute, il en vient bien vite à mettre en doute la bonne foi de son adversaire. De ce soupçon injurieux aux coups et à la guerre civile il n'y a plus qu'un pas; il était impossible que ce pas ne fût point franchi.

18. Mais il faut reconnaître que la langue tira un véritable profit de cet état moral dont la conscience et le goût public subirent si cruellement les atteintes. La langue avait été déjà fixée par les grands écrivains de l'âge précédent. Ils avaient trouvé dans son vocabulaire et dans ses usages des mots et des formes pour toutes les pensées et tous les sentiments; ils en avaient fait approuver et applaudir les chefs-d'œuvre par le monde civilisé; mais cette langue avait plus de puissance et d'autorité que de mouvement et de souplesse. A l'époque même de la fondation de l'Académie, on se plaignait déjà que l'assemblée souveraine recueillît seulement la langue de l'imagination, sans songer à celle des sciences ; mais c'était le siècle de la poésie et de l'éloquence, sa langue était par excellence une langue poétique et oratoire.

Dès le début de l'âge révolutionnaire, la naissance et la diffusion de l'esprit d'examen forcent la langue à gagner la flexibilité nécessaire aux allures de la discussion. Ainsi, par la loi impérieuse des temps, le français voit se développer et grandir des qualités dont le xvᵉ et le xviᵉ siècle avaient dès longtemps jeté les germes, étouffés un moment par le respect de l'autorité sous Louis XIV. La langue française, au début du xviiiᵉ siècle, devient tout à fait semblable au portrait qu'en trace Voltaire; c'est bien la langue de la conversation; elle a la facilité, la familiarité, la grâce d'une causerie soutenue, sans perdre rien de sa fermeté ni de sa vigueur.

Cependant, de même qu'en morale les théories générales et abstraites de justice et d'humanité dispensent trop souvent certains philosophes de toute obligation particulière, de même la langue s'accommode trop volontiers d'une simplicité qui remplace la justesse et d'une limpidité qui tient lieu de profondeur. Voltaire lui-même en est convenu, et il a réfuté par avance les éloges outrés des fanatiques qui s'imaginent que la langue de Voltaire convient à tous les genres, parce que l'habile écrivain a fait entrer tous les genres dans le cadre du style familier. C'est là une qualité et une imperfection si bien en harmonie avec la nature même de l'esprit et du caractère français qu'elle persista en dépit de l'empire exercé par l'école déclamatoire de Rousseau.

A cette révolution littéraire contribua, presque à son insu, une école de poëtes qui cachent le plus souvent la stérilité du fond sous les charmes du langage; c'est l'école descriptive, dont les amplifications plièrent aussi la langue à l'expression de ce que la peinture seule semblait pouvoir exprimer. Delille, qui souvent paraît à la critique moderne froid, correct et compassé, Delille, cet apôtre puéril de la périphrase, a été de son temps un novateur hardi; ce fut le promoteur d'une sorte de révolution populaire ; car il eut le courage d'introduire dans la langue de la poésie beaucoup de mots exclus du beau langage par le pédantisme de la tradition.

Quant au néologisme, il a été sans doute pratiqué au xviiie siècle avec une indépendance qui touche à la folie, mais presque toujours par des écrivains du second ordre, dont les extravagances ont subi la condamnation du temps après celle de Laharpe et de J. de Maistre. Pour la tradition, battue en brèche partout ailleurs, elle est restée si puissante dans le monde littéraire, que des quinze ou vingt mots nouveaux proposés en soixante ans par Voltaire quatre ou cinq à peine lui ont survécu : *douteux, patauger, tragédien, vagissement*, etc. Bien plus, à la veille de sa mort, le 7 mai 1778, Voltaire propose un nouveau plan du Dictionnaire où il ferait « revivre toutes les expressions pittoresques et énergiques de Montaigne, d'Amyot, de Charron, qu'a perdues notre langue. »

Rousseau fut plus novateur par le style que par le vocabulaire. L'exaltation de son imagination maladive vint donner à la prose l'accent, l'énergie, la puissance qui semblent le privilége de la poésie. Par un élan naïf et irréfléchi, Rousseau est le premier auteur de cette fusion de la poésie avec la prose qui est un des vices de la langue française du XIXe siècle. Mais au lieu de tomber dans les excès d'une plate imitation des choses, la langue du maître a toute la grâce, la fraîcheur et la richesse de la nature elle-même. En effet, la gloire la plus pure de Jean-Jacques Rousseau est d'avoir appris à tous les artistes français à interpréter la nature, parce qu'il leur apprit à la voir, à la comprendre, à l'aimer; ainsi l'apôtre de la religion du sentiment en créait la langue, riche, variée, éloquente, passionnée. Trop souvent ses disciples de la Convention l'ont fait dégénérer en un verbiage vague et déclamatoire dont les fictions auraient paru bien ridicules si elles ne s'étaient mêlées aux réalités les plus terribles.

19. Les travaux des grammairiens appellent l'attention comme un des éléments de l'histoire complète de l'esprit humain, mais ils portent la trace de l'aveuglement général à l'égard du passé. Pas plus que les philosophes, les philologues du XVIIIe siècle ne comprennent combien est peu sensée, combien est stérile la doctrine qui oppose toujours et à tout propos le progrès à la tradition. Ils ne savent pas chercher dans le passé les racines et les germes du présent ; ils sont incapables d'expliquer et de justifier les innovations modernes par leur rapport avec la série des transformations anciennes ; il leur manque, comme à leurs contemporains, de comprendre que le présent n'est, après tout, qu'une phase venue à son tour et destinée à s'éclipser à son tour dans la suite des temps. Soumis à l'entraînement qui emporte tous les esprits, les grammairiens ne tiennent à peu près aucun compte du passé de la langue. Bien loin de là, pleins aussi de confiance dans l'autorité souveraine de la raison, ils croient pouvoir poser *a priori* les lois naturelles du langage et admettent en principe que ce qu'ils font est le mieux qu'il soit possible de faire.

De même que les historiens du temps ne se sont guère occupés du passé que pour l'immoler à la gloire du présent et pour montrer, par un effet de contraste, dans quelle nuit et dans quel chaos l'esprit humain était resté plongé jusqu'au jour de la lumière, de même les philologues ne datent guère que d'eux-mêmes la science du langage. Incapables de ramener cette science à une analyse expérimentale des faits que le philologue enregistre avec scrupule avant d'oser en dégager les lois et en se tenant en garde contre toute théorie préconçue, les grammairiens du XVIIIe siècle admettent, comme un des priviléges de la raison, l'aptitude à deviner les lois du langage aussi bien que les droits de l'homme, aussi bien que les principes nécessaires de la vie des nations. Cette illusion fait perdre aux travaux ingénieux de Beauzée toute valeur réelle pour l'avancement de la science du langage, et donne à ses meilleurs écrits l'apparence d'une création purement imaginaire.

20. Faute de travaux philologiques suivis avec méthode, il est difficile d'indiquer aucun changement notable survenu dans le vocabulaire et dans la syntaxe de notre idiome. Pour l'orthographe, Voltaire, directeur et régulateur suprême du goût public a tous les honneurs de la réforme qui simplifie l'écriture et en particulier substitue *ai* à *oi* pour représenter le son *è*, innovation dont on retrouve des exemples même dès le XIIIe siècle. Voltaire porte également la responsabilité des tentatives absurdes faites pour bouleverser l'orthographe, et l'on ne peut expliquer que par un besoin aveugle de popularité l'adoption d'un principe tout à fait déraisonnable, celui de prendre pour règle de l'orthographe ce qu'il y a au monde de plus capricieux et de plus insaisissable, la prononciation ; Voltaire écrivait-il donc pour ceux qui ne savaient pas lire?

Quant à l'Académie française, trop scrupuleuse

dans un respect du passé qui était loin de l'esprit public, elle attend jusqu'à son édition de 1750 pour porter le nombre des lettres dans notre alphabet de 23 à 25, en admettant le J et le V, et pour faire disparaître de l'orthographe certaines consonnes parasites dans *aucun*, *âge*, *il était*, *il fut*, etc., que le XVIIe siècle écrivait encore : *aulcun*, *aage*, *il estoyt*, *il feust*, etc. L'édition de 1762 présente une nomenclature plus correcte et plus étendue ; elle constate, en la consacrant, l'adoption dans la langue littéraire d'un plus grand nombre d'expressions scientifiques et d'idiotismes familiers.

La prononciation a subi pendant des intervalles variables, mais en général assez courts, l'empire capricieux de la mode. On n'a guère conservé de ces altérations éphémères que le souvenir des affectations propres aux *incroyables* du Directoire, qui, renouvelant à leur insu les ridicules de la cour du roi Henri II, supprimaient les *r* pour adoucir la prononciation et disaient en grasseyant : *ma paole d'honneu*. La révolution du 18 brumaire emporta cette mode puérile avec les libertés publiques dont le douloureux essai avait donné de si déchirants spectacles et de si honteux déboires.

21. Telle est l'histoire sommaire de notre langue pendant ce siècle extraordinaire, dont les historiens peuvent dire également et beaucoup de mal et beaucoup de bien, parce que le progrès y a été payé du plus pur de notre sang et de notre honneur, et parce qu'en même temps l'activité du génie français a trouvé, pour se soutenir et se relever, d'abord les espérances magnifiques éveillées par l'éloquence de Montesquieu, de Voltaire et de Rousseau, puis, dans la sanglante torpeur de 93, la gloire de protéger les frontières menacées par l'étranger et de faire respecter à l'Europe le sol et le drapeau de la patrie.

22. En résumé, la raison humaine voulut après la mort de Louis XIV revendiquer, à la suite de son indépendance religieuse et scientifique, ses droits de souveraineté dans le gouvernement politique et moral de la société ; mais ce fut d'abord au profit des instincts les moins élevés de notre nature que cette liberté s'exerça. La corruption descendait de haut ; le Régent mettait beaucoup d'esprit au service des plus mauvaises passions ; cependant de ce désordre se dégage un culte passionné de l'intelligence et du savoir, honorés dans leurs représentants même les plus modestes. L'influence de l'esprit pratique et libéral des Anglais, étudié avec admiration par Montesquieu et par Voltaire, se manifeste dans les œuvres principales de ces grands écrivains par un scepticisme discret et modéré au début. Par malheur, la religion catholique, dont les intérêts temporels étaient trop mêlés à ceux de la féodalité, est ébranlée des mêmes coups, et avec elle toute croyance spiritualiste. Le triomphe de la méthode

expérimentale et la révolte des sens longtemps comprimés assurent le crédit d'une philosophie toute
sensualiste, qui, par une pente rapide, est entraî-
née à l'athéisme affiché par Helvétius et par d'Holbach, triste désordre qui explique l'horreur avec laquelle certains esprits associent encore aujourd'hui
l'idée de la liberté à celle de l'irréligion et de l'impudeur ! Cependant l'excès provoque une réaction
et J. J. Rousseau réclame, au nom du sentiment moral, le culte de Dieu et la croyance à l'immortalité de
l'âme ; mais il ne relâche rien de l'hostilité contre
toute autorité cléricale ou laïque, il ajoute même à
la puissance de l'attaque par la vivacité de ses émotions et par le cynisme de la passion qui ne rougit
pas de se contredire.

Montesquieu, Voltaire et Rousseau exercent sur la
langue de leur temps une action qui est la conséquence naturelle du crédit dont jouissent leurs ouvrages. Montesquieu donne le modèle d'un français
précis, vif, pressant dans ses expressions et dans ses
tours ; Voltaire porte les mêmes qualités à toute la
perfection qu'elles comportent ; à force de génie et
de travail heureux et facile, il réalise l'idéal d'une
langue qui suit et revêt la pensée sans l'altérer ni sans
gêner aucun de ses mouvements ; sa langue est son
esprit, et son esprit est l'esprit même de la France
au XVIIIᵉ siècle. Rousseau, dans une réaction ardente
contre Voltaire, reprend et complète l'œuvre déjà

entreprise par Buffon, sans toutefois emprunter à celui-ci cette dignité factice et tout oratoire qui fait son originalité, mais qui est aussi sa faiblesse. Poëte en prose, Rousseau ajoute à la précision et à la vérité le nombre et l'élégance naturelle, la passion et la couleur, parfois aussi l'emphase et la déclamation. Son œuvre est continuée avec intelligence, bien qu'avec une sorte de culte trop passionné, par Bernardin de Saint-Pierre, qui engage plus vivement la langue littéraire dans la voie du sentiment et du naturel. Son mérite, unique pour le temps, c'est de s'intéresser surtout au passé de notre idiome, qu'il voudrait rattacher à la tradition de Montaigne et d'Amyot.

Enfin, l'esprit français, cédant à un entraînement irrésistible, essaye de réaliser ce règne de la raison invoqué par Montesquieu, réclamé par Voltaire et dont Rousseau croit avoir rédigé le code et fixé la religion. De là les merveilles et aussi les horreurs de la Révolution française. L'agitation des âmes, l'usage et l'abus de l'examen et de la discussion, ont pour effet d'obliger la langue à s'assouplir et à prendre de nouveau cette vive allure du xve et du xvie siècle que la majesté du xviie siècle lui avait fait perdre. Le français devenu déjà la langue de la conversation par l'influence de Voltaire, la langue de l'imagination et de la poésie par les conseils et par l'exemple de Rousseau, devient la langue de la discussion politique et sociale dans les discours de Mirabeau, de Vergniaud, de Maury. La curiosité de l'esprit français appliquée à la langue elle-même produit des ouvrages estimables, mais dont les auteurs sont égarés par cette orgueilleuse pensée que, la raison et la science datant d'hier, l'homme n'a rien à tirer de la nuit et du chaos du moyen âge, et que la raison peut concevoir *a priori* les lois qui dominent toutes les règles du langage. Aussi est-il difficile de noter aucun changement historique intéressant à cette époque, sauf la diffusion d'une orthographe plus simple mais moins fidèle à l'étymologie, ou quelques bizarreries de prononciation proposées par la mode et emportées par le flot de la Révolution.

La langue du XVIIIe siècle, malgré la différence des temps, ne fait guère que reproduire et perpétuer la langue du siècle précédent. En dépit de ses aspirations à l'indépendance, le siècle de la Révolution française subit jusque dans ses plus grands écarts le joug de son éducation littéraire; il parle toujours la langue de ses maîtres. Alors même qu'il innove, ce n'est encore qu'en appliquant des règles, en observant des usages qui datent du grand siècle. Voltaire, qui n'a rien respecté, respecte la langue dont il est le fidèle gardien, il écrit les yeux toujours fixés sur Racine et sur Massillon.

CONCLUSION

ESSAI SUR L'HISTOIRE DE LA LANGUE FRANÇAISE

AU XIXᵉ SIÈCLE

CONCLUSION

ESSAI SUR L'HISTOIRE DE LA LANGUE FRANÇAISE
AU XIXᵉ SIÈCLE

Présent et avenir de la langue française.

1. Réaction morale contre les excès du XVIIIᵉ siècle.

2. Caractère et division générale du XIXᵉ siècle.

3. Retour au culte superstitieux de l'antiquité sous le Directoire et l'Empire.

4. Indépendance de Châteaubriand, de Mᵐᵉ de Staël et de Joseph de Maistre.

5. Pauvreté de la langue jusqu'en 1815.

6. Renaissance littéraire à la Restauration.

7. Essai de révolution littéraire.

8. Influence des littératures étrangères.

9. De l'école romantique.

10. Attaques contre la langue.

11. Utilité des tentatives de réforme littéraire.

12. Gloire de la France en 1830.

13. Naissance d'une littérature industrielle vers 1840.

14. Abaissement moral de la littérature et de la langue.

15. Influence de la littérature sur les faits sociaux.

16. Esprit public qui en est sorti.

17. De la critique contemporaine.

18. Philosophie de l'histoire de France au XIXᵉ siècle.

19. Espérances permises pour notre avenir moral et littéraire.

20. Du génie chrétien et de sa fécondité inépuisable.

21. Rapport entre les révolutions de la langue et celles de la pensée.

22. État actuel de l'esprit public

23. Classification des écrivains français.

24. Loi qui doit présider aux progrès à venir de la langue française.

25. Utilité des travaux de philologie comparée.

26. Conciliation entre la tradition et le néologisme.

27. Écueils à éviter dans l'accomplissement du progrès.

28. Conclusion générale.

1. La Révolution de 1789 marque dans l'histoire de la France et du monde le triomphe des principes proposés et livrés à la discussion par les philosophes français au xviiie siècle. On sait par quels égarements la raison humaine manifesta son impuissance à tirer d'elle seule à la fois son inspiration et sa règle, son élan et son frein. L'anarchie sociale, les désordres politiques et moraux qui signalèrent le règne de la raison en France amenèrent un épuisement, une prostration morale où la France ne pouvait demeurer sans renoncer à vivre. Ainsi la Terreur provoqua dans la nation un besoin croissant de sécurité et l'horreur des immolations publiques éveilla dans les âmes le désir d'effacer le déshonneur de la vie politique par l'éclat de la gloire militaire; c'est de ce concours de sentiments généreux que sortit, au début du xixe siècle, l'Empire.

2. Si l'on ne se laisse pas éblouir par l'éclat incomparable du règne de Napoléon Ier, on reconnaîtra que, depuis la douloureuse perturbation de 93, la société française n'a pu reprendre une assiette définitive; notre pays n'a pas encore réussi à se donner à lui-même des institutions fixes et auxquelles l'avenir semble assuré. Inquiète et manquant d'une foi nouvelle, la France s'agite plutôt qu'elle n'avance; depuis cinquante ans elle se lance avec une impétuosité irrésistible dans les directions les plus opposées; elle tente tour à tour les voies les plus diverses, et se tourne vers tous les points de l'horizon. Aussi l'unité singulière de notre histoire contemporaine, c'est l'hésitation même et les oscillations de l'esprit public. Toujours mécontente du présent, toujours avide de mieux, la France, par de brusques révolutions, passe de l'anarchie au despotisme, incapable de se fixer dans la jouissance d'une liberté raisonnable, impuissante à établir et à protéger le développement des droits de l'individu conciliable avec l'ordre dans la société.

Cette partie trop agitée de notre histoire se trouve divisée par des révolutions en quatre périodes naturelles : le premier Empire jusqu'en 1815, la Restauration jusqu'en 1830, la Monarchie bourgeoise jusqu'en 1848, enfin le second Empire.

3. La confiance idolâtre de l'homme en sa raison, l'apothéose de l'humanité venait d'être cruellement contredite par les faits. Cédant à un instinct trop développé chez nous, la France de 1804 se jeta dans l'excès opposé ; la raison n'ayant pas réalisé toutes ses espérances, la France désespéra de la raison et lui imposa une abdication complète. C'étaient les philosophes qui avaient éveillé l'esprit d'examen et mis au jour toutes les théories dont les dernières applications avaient ensanglanté la Révolution ; la philosophie fut condamnée au silence et à l'exil sous le nom d'*idéologie* ; la gloire militaire se chargea de tout remplacer. En même temps, loin d'appliquer aux choses de la pensée la théorie nouvelle du progrès ndéfini de l'humanité, l'esprit d'autorité remonta jusqu'au XVIIe siècle pour trouver des modèles dans l'art de penser et d'écrire : telle fut l'inspiration constante de la littérature impériale. Mais au XIXe siècle de l'ère chrétienne, pour les fils de la Révolution, ce culte du passé ne pouvait être que l'œuvre artificielle de l'obéissance et de la peur; ce n'était pas l'expression d'une foi sincère; aussi la littérature du premier empire tomba-t-elle très-vite dans toutes les misères et toutes les platitudes d'une imitation servile.

Cet abaissement est attesté surtout par les habitudes du style à cette époque. La dignité déjà pompeuse du XVIIe siècle s'exagère sous la plume de copistes peu intelligents et dégénère en horreur du mot propre; la passion de la périphrase allanguit l'expression et donne à certains poëmes de l'école impériale toutes les apparences d'un tissu d'énigmes. En l'absence d'une inspiration poétique ou oratoire, les écrivains officiels et officieux, les seuls que pût tolérer le despotisme napoléonien, empruntent à la littérature de Louis XIV des cadres qu'il ne s'agit plus que de remplir. Le mérite se mesure aux difficultés vaincues dans le développement des lieux communs, et Delille, fier du nombre incalculable de descriptions variées qu'il a versifiées, enregistre avec un orgueil naïf sur sa liste de descriptions un trictrac et plus de cinquante couchers de soleil.

A vrai dire, jusqu'en 1815, l'activité native du

peuple français n'a d'autre aliment que la gloire des combats et de la domination ; la vie est toute concentrée dans le monde de la politique et de la guerre.

4. C'est hors du sol natal, c'est dans l'exil que le génie français produit les fruits qui présagent un temps meilleur pour les œuvres de la pensée. Sous l'Empire, la vraie littérature française est hors de France ; on la trouve à peu près tout entière dans *Atala, René*, les *Martyrs* de Châteaubriand ; dans *Corinne* et *l'Allemagne*, de Madame de Staël ; dans le livre *du Pape* de J. de Maistre, qui réagit à sa manière contre la violence de la Révolution. Ainsi l'organisation improvisée en France par le génie de Napoléon n'est pas plus complète que solide ; la pensée de tous y est absorbée, annulée par la pensée du maître, et la compression tyrannique sous laquelle la presse et la littérature sont à demi anéanties laisse à l'étranger l'honneur de recueillir et d'encourager les œuvres libres de l'esprit. Épreuve glorieuse pour nous, car elle montre qu'en dépit de la France, qui semble alors renier son propre génie, les idées et les doctrines libérales de la Révolution française font la conquête de l'Europe et du monde civilisé.

5. Pendant ces quelques années si stériles pour le développement de l'intelligence, et pour le progrès du bien-être moral et physique de la nation, la langue française n'est qu'un pâle reflet de l'idiome classique du XVIIe et du XVIIIe siècle; elle végète plutôt qu'elle ne vit. Les travaux d'érudition philologique qui doivent illustrer Abel de Rémusat et Champollion ne contribuent pas encore à élargir le champ des conceptions historiques; personne en France ne songe à tirer des faits qu'ils recueillent la science des lois organiques de la langue; leurs belles études sont des germes destinés à donner plus tard et leurs fleurs et leurs fruits.

6. Aussi, en 1815, la Restauration de la dynastie à laquelle la France avait dû Henri IV et Louis XIV marque une vraie renaissance de l'esprit français. Dans les loisirs d'une paix chèrement achetée, la France consacre sa féconde activité à consolider la liberté politique et religieuse, à discuter les conditions générales de la vie sociale, à tenter l'accord si difficile entre l'ordre et la liberté. Rendu à lui-même, l'homme s'élance avec ardeur dans toutes les voies qui sollicitent sa curiosité. L'esprit de libre examen, appliqué aux conceptions religieuses, anime à la fois l'*Essai* de l'abbé de Lamennais et les *Soirées* de Joseph de Maistre; le retour raisonné aux principes du christianisme inspire à M. de Lamartine ses *Méditations*, ainsi que le patriotisme dicte à Béranger ses *Chansons*, à Casimir Delavigne ses *Messéniennes*. P. L. Courier porte les qualités de l'esprit français dans l'étude de l'antiquité, comme Cuvier et Geoffroy Saint-Hilaire dans la philosophie de l'histoire naturelle ; la fantaisie s'enivre du bruit des mots et du choc des rimes dans les *Odes et Ballades* de V. Hugo, et l'étude sérieuse des monuments du passé porte M. de Barante au niveau de Froissart, Augustin Thierry à l'égal de Montesquieu, M. Guizot presque au rang de Bossuet. Ce sera l'une des gloires les moins contestables de notre époque et de notre pays que le mouvement enthousiaste et unanime de la France sous la Restauration vers la justice, la sagesse et la raison en politique, vers le vrai dans les œuvres d'imagination ; généreuse ardeur du savoir, noble culte des grandes causes : après l'élan guerrier, l'élan intellectuel.

7. Le xviiie siècle, dans ses attaques contre tout ce qui était, n'avait respecté qu'une chose, la langue et la littérature ; il employait avec un singulier scrupule toutes les formes classiques et traditionnelles. Au xixe siècle il est donné de reprendre et de continuer l'œuvre de la rénovation et du progrès. En même temps qu'il remet en vigueur les principes moraux follement détruits ou ébranlés par le xviiie siècle, il combat la seule autorité révérée par l'âge précédent, maintenue par l'empire, l'autorité de la tradition sur la composition littéraire.

Rien d'étonnant que, dans une croisade passionnée contre des règles discutables et imposées, l'élan ait dépassé le but, et que les novateurs, franchissant les bornes du goût, aient méconnu trop souvent les principes de la raison et du sens commun. Notre société de 1866 se complaît trop dans l'indifférence en matière de littérature et de théorie esthétique pour comprendre et se figurer l'exaltation d'esprit et d'imagination qui transporta la jeunesse française de 1820 à 1830, alors que les fragments publiés d'André Chénier révélaient une méthode ingénieuse et ravissante pour l'imitation de l'antique ; alors que les Messéniennes de Casimir Delavigne revêtaient d'un langage élevé les sentiments et les passions de la foule ; alors que les Méditations de Lamartine enchantaient les âmes et les berçaient dans une sorte de mysticisme à demi sensuel ; à l'époque enfin où la verve railleuse de la nation se donnait satisfaction soit en répétant les refrains de Béranger, soit en commentant les pamphlets de P. L. Courier.

8. Telle était alors la curiosité universelle pour tout ce qu'ont fait et pensé les hommes, telle était la sympathie pour les grandes œuvres du génie humain, que toutes les langues et toutes les littératures devinrent des objets d'étude et de comparaison. C'était encore revendiquer une liberté que de franchir les étroites limites du monde classique. Dans ces courses empressées vers tous les points de l'horizon, l'Angleterre et surtout l'Allemagne furent explorées avec grand profit ; leur littérature a laissé dans l'esprit et dans la langue de la France des traces pleines d'intérêt ; grâce au progrès des temps, nous sommes bien loin de la dédaigneuse ignorance de Voltaire, qui souhaitait aux Allemands plus d'esprit et moins de consonnes, et qui se plaisait à ne voir dans Shakespeare que le *« Tourne, tourne, chaudron ! »* des sorcières de Macbeth. D'ailleurs, de grands faits historiques s'étaient accomplis de l'autre côté du Rhin. Après la victoire du patriotisme allemand chassant les baïonnettes françaises était venu le triomphe de l'esprit allemand sur le culte exclusif de notre littérature. Libre du joug classique, l'Allemagne avait pris pour maître unique la nature, dont les merveilles, reproduites ou interprétées par Goethe et par Schiller, avaient fourni le fond d'œuvres admirables et nouvelles. Ainsi la pleine et puissante autorité du génie avait renversé les rôles ; de maîtres devenus disciples, les écrivains français cherchaient, comme les allemands, à copier la nature, et voulaient la prendre pour seul guide et pour unique modèle.

En même temps, l'érudition nouvelle et hâtive de la jeune génération crut avoir découvert dans le moyen âge une mine de beautés inconnues aux écoles précédentes, qui n'avaient demandé leurs leçons qu'au monde grec et romain. La nature et le moyen âge, tels furent donc les dieux proposés au culte de l'avenir.

L'Angleterre apporte son concours à l'œuvre des réformateurs ; l'étude de la nature est encouragée par les succès des lackistes anglais ; ils enseignent l'art de substituer l'analyse scrupuleuse des objets les plus simples et les plus modestes à cette recherche du noble et du majestueux dont le siècle de Louis XIV avait imposé le goût. Par ses admirables récits, Walter-Scott fait sentir tout le parti que l'imagination d'un grand poëte peut tirer de l'étude du moyen âge. Ainsi se répand et se propage une sorte d'idolâtrie pour cette époque, à laquelle l'ignorance générale prête encore le charme et le prestige de l'inconnu.

9. C'est vers l'année 1824 que ce mouvement littéraire, connu sous le nom de romantisme, atteignit son point culminant. Le Cénacle fondé sous les auspices de M. Victor Hugo, eut pour mission d'organiser la victoire, et par malheur il réduisit aux maigres proportions d'une école et d'une coterie cet élan libre et généreux de l'esprit français vers la nature et vers le culte intelligent du passé.

10. Il faut en convenir, la langue française eut beaucoup à souffrir de cette agitation souvent irréfléchie. Pour la plupart, les romantiques étaient jeunes, très-jeunes, fort ignorants ; et par suite d'une présomption naïve, ils écrivaient chaque matin ce qu'ils venaient d'apprendre la veille, et, avec une gravité comique alors, ils faisaient du journalisme un sacerdoce, et du poëte un oracle sur le trépied.

Les règles de la syntaxe et de la prosodie ne furent guère mieux respectées que celle des trois unités, et pour la poétique nouvelle furent créées une langue et une grammaire nouvelles aussi. En haine de la régularité classique, la manie révolutionnaire se donna carrière dans une foule de barbarismes de toute espèce, et le fanatisme du moyen âge vint étaler à tort et à travers des mots et des tournures dont le seul mérite était d'être tombés en désuétude à l'époque classique.

11. Cette recherche du nouveau dans le langage n'a cependant pas été sans intérêt pour le progrès de l'esprit. Elle a secondé, faut-il dire provoqué? l'élan si vif vers les recherches historiques; elle a préludé à cette étude sérieuse du passé qui remet aujourd'hui en lumière la gloire de notre première langue et de notre première littérature. Mais il n'en reste pas moins vrai que les champions de cette renaissance du moyen âge étaient aussi suffisants que peu instruits des choses qu'ils prétendaient enseigner : c'était une génération enthousiaste et confiante, dont les fils, moins ardents mais plus studieux, ont fait fleurir la critique et la philologie, et leur ont conquis dans le monde des études historiques la place importante qu'elles méritent d'occuper.

A la même époque, avec moins de fracas, mais avec un bien autre mérite, les beaux travaux d'Eugène Burnouf et de Champollion élargissaient le champ de la linguistique, étendaient l'horizon de la science et procuraient à la philologie des principes fixes et féconds.

12. L'année 1830 est peut-être le plus beau moment du xixe siècle ; la révolution qui s'accomplit alors semble proclamer et assurer le triomphe des principes de 1789, dont le ministère de Martignac avait déjà donné à la France un avant-goût. Par une heureuse alliance entre la littérature et la politique, l'activité de l'esprit français vers 1830 s'exerce surtout dans les études historiques ; il prend pour règle ce principe de bon sens, principe fécond méconnu par le xviiie siècle, que le passé est la leçon de l'avenir, que la politique est une science tout expérimentale, fondée sur l'étude des faits, plutôt qu'elle n'est le fruit d'une inspiration soudaine et spontanée de la raison.

13. Les temps heureux n'ont pas d'histoire ; mais dix ans après, quelle révolution dans le monde littéraire ! C'était un prosélytisme moral, c'était le culte d'une gloire désintéressée qui avait donné la vie et l'éclat au mouvement romantique ; vers 1840 l'esprit industriel envahit le monde de la pensée. Un dramaturge spirituel et fécond avait donné l'exemple : Scribe tenait son livre de recettes avec l'exactitude d'un comptable et prenait pour mesure du goût public le chiffre de son encaisse. Alors s'établit la théorie qui fait de l'art d'écrire une profession qu'il s'agit de rendre aussi lucrative que possible. Ce principe une fois posé, l'écrivain n'était plus qu'un amuseur public ; s'assurer le plus grand nombre de lecteurs pour en tirer le plus grand profit, telle était toute sa poétique. C'est à l'occasion de ce premier accès de fièvre industrielle qu'on put instituer une comparaison peu flatteuse pour nous : un critique fit observer qu'au XVIIe siècle on écrivait pour la gloire, au XVIIIe siècle pour l'influence, au XIXe siècle pour l'argent. Et sur cette pente nouvelle quelle chute rapide !

14. Pour grossir les profits en grossissant la liste des lecteurs, il fallut s'adresser non plus à l'élite, mais à la foule, corrompre au lieu d'instruire. C'est alors que certains écrivains osèrent chercher les sujets de leurs tableaux jusque dans les bas-fonds de la corruption parisienne. Fatigué de l'analyse générale des passions, le lecteur allait s'endormir : des écrivains doués de plus d'imagination que de conscience le réveillèrent par des cris empruntés à un monde que jusqu'alors on avait jugé bon de cacher comme une des plaies de la société. Ces ignobles héros introduisirent leur langage dans le monde et dans les livres ; ainsi, ce fut vers 1845 une mode fort répandue de transporter jusque dans nos salons l'argot des cabarets et des bagnes. A la suite d'un scandaleux succès les frénétiques applaudissements de la foule suggérèrent à quelques écrivains l'idée de transformer leur talent en levier politique ; ainsi la mauvaise littérature produisit une mauvaise économie sociale, fondée sur l'envie, la haine et la cupidité.

15. La vogue de ces ouvrages littéraires et de ces principes moraux fut la première et principale cause de la manie révolutionnaire dont fut atteinte cette France que M. de Lamartine plaignait d'être vouée à l'ennui et qu'il voulut guérir en jetant un incroyable défi au hasard. En 1848, une société heureuse, riche, honorée, marchant d'un pas sûr dans la voie des progrès sérieux, tenta l'aventure d'une constitution républicaine dans le pays le plus monarchique du monde.

16. Au sortir d'un douloureux mécompte, la société française n'éprouva plus qu'un goût et qu'un besoin, le besoin du plaisir ; jouir du calme présent, ne prendre nul souci de l'avenir après tant de calculs déjoués, telles devinrent et la philosophie et la politique du plus grand nombre. Ainsi s'est établi l'empire d'une sorte d'épicuréisme apathique, tolérant par indifférence, optimiste sans conviction, sceptique avant tout, prêt à railler demain ses idoles d'aujourd'hui, et d'un égoïsme qui fait entrer dans ses calculs jusqu'à la charité. A cette morale négative correspond une critique littéraire digne d'elle.

17. Le xviiie siècle s'était égaré pour avoir voulu poser, soutenir et appliquer avec trop de rigueur des principes abstraits; la critique contemporaine ne veut plus ni principes, ni lois. Elle ne reconnaît que des faits et des accidents qu'il s'agit de recueillir et d'enregistrer avec un soin scrupuleux. Rien n'est d'une manière absolue, tout change, tout se développe, tout devient, donc tout est possible; telle est la philosophie de ces prétendus novateurs. Mais ce sophisme n'est qu'une pauvre traduction, et la France qui l'accueille, malgré sa prétention à marcher la première dans la civilisation, ne fait ici que se traîner à la queue de l'Allemagne pour venir échouer sur le roc stérile de l'hégélianisme, quand, depuis longtemps, tous les penseurs d'outre-Rhin l'ont abandonné. Loin de nous toute spéculation pure, toute métaphysique, tout dogme; des faits, rien que des faits; l'érudition historique doit supplanter la philosophie; tel est le programme nouveau.

Il est vrai qu'en vue de rajeunir cette vieillerie, sous le titre de grande critique, s'introduit depuis peu un art mystérieux de solliciter doucement les faits pour les mettre au service des passions. Cachés sous ce manteau, les prétendus défenseurs de l'expérience et de la vérité deviennent les plus audacieux constructeurs de systèmes et d'hypothèses. La vogue de cette contradiction nouvelle est un des plus tristes symptômes de la désorganisation morale qui travaille la France contemporaine. Enfin, comme le mal naît du mal, le vide de la grande critique vient décourager quelques bons esprits, qui se condamnent sincèrement à un empirisme étroit, au culte des faits et des plates données de l'observation, parce qu'ils désespèrent de la raison humaine.

18. En somme, si l'historien reporte ses regards en arrière vers le commencement du XIXe siècle, il en fixera le début en 1815, le premier empire ne devant être compté que comme un intermède brillant et douloureux dans les annales de la France moderne ; puis il reconnaîtra que notre époque s'est d'abord tracé de la vie et de la destinée de l'individu et de la société le plan le plus sage, qu'elle avait conçu les plus nobles aspirations. Un moment, la France a pu croire que le XIXe siècle allait enfin donner satisfaction au besoin de justice qui est le fond éternel de la raison humaine, au besoin de liberté qui est l'âme de la société moderne ; elle a pu espérer que les iniquités des grandes guerres, des gouvernements du bon plaisir, des grosses armées servant de prétexte aux gros budgets étaient à jamais rayées de notre histoire ; toutes ces espérances sont loin d'être réalisées.

Aux dogmes sérieux du XVIIe siècle, à l'esprit critique du XVIIIe, aux principes généreux de 89 et de 1830 s'est substituée, par l'action du temps et par la contagion de l'exemple tombé de haut, une morale de fantaisie qui flatte la vanité, sert l'amour du plaisir, dégoûte de toute philosophie et fait prendre en pitié les principes. Aussi l'intelligence s'embarrasse et se perd dans ce dédale de sophismes, et les hommes désintéressés se partagent en deux groupes : les désespérés, dont le pessimisme fait rire les heureux du jour, et les apathiques, qui se vouent tout entiers à la jouissance viagère de leur bonheur, et qui à la mode du libre penser substituent sans regret la mode de ne pas penser du tout.

19. Cependant il faut espérer contre toute espérance, il faut s'enivrer soi-même de ces belles paroles d'un des plus nobles penseurs de notre siècle ; M. Guizot a écrit : « Nous sommes atteints de bien des maladies sociales et morales ; il y a bien des folies dans les têtes, bien des mauvaises passions et des faiblesses dans les cœurs ; mais les sources pures ne sont point taries, les forces honnêtes ne sont pas éteintes, espérons donc, espérons. » « La France, a dit ailleurs ce glorieux vieillard qui n'a jamais été si grand que dans les disgrâces de la fortune, la France est la patrie de l'espérance. »

20. Non, les éléments de grandeur et de puissance ne font pas défaut à notre siècle. Le premier de tous, l'ancre la plus sûre pour l'avenir, c'est l'esprit du christianisme. Le génie chrétien pénètre de plus en plus la société moderne ; du sanctuaire il s'est répandu dans le monde. Les formes nouvelles qu'il a revêtues l'ont souvent fait méconnaître de nos pères et de nous-mêmes; mais il est vraiment l'âme de la société moderne. Au XVIIIe siècle, c'est le génie chrétien qui inspirait à Voltaire l'amour de l'humanité; au XIXe siècle, c'est le génie chrétien qui souffle à la France entière même son élan vers la richesse, parce que la richesse c'est l'indépendance individuelle, c'est la dignité morale, c'est l'instrument de la charité. Il n'est pas jusqu'à cette apparente somnolence du patriotisme qui ne puisse être rattachée au sentiment chrétien; car le christianisme substitue la sympathie humaine et sa générosité aux passions de caste et de nationalité, le christianisme pratique la belle maxime de Fénelon: «J'aime ma patrie plus que moi-même, l'humanité plus que ma patrie.» Chrétien, le XIXe siècle semble dire avec Goethe: « Il y a une hauteur à laquelle les haines nationales s'évanouissent et qui est au-dessus même des nationalités.» C'est grâce à l'autorité chaque jour croissante de ces sentiments chrétiens que chaque jour aussi nous pourrons voir se dégager les trois principes auxquels appartient l'avenir : l'esprit scientifique, lumière de l'industrie et instrument du bien-être ; l'égalité sociale dans la démocratie, principe d'apaisement et de fraternité; enfin la liberté politique, condition essentielle du bonheur des générations futures.

Telle m'apparaît l'image de notre époque; telle pourrait l'esquisser un historien pénétré à la fois d'un sincère amour pour sa patrie et d'un scrupuleux respect pour la vérité.

21. Les phases parcourues par la langue française dans ses modifications sont comme un reflet exact des révolutions politiques et morales subies par l'esprit public dans notre pays depuis cinquante ans.

Au début du siècle, dans l'exaltation générale en faveur des idées abstraites, la langue française se charge de termes métaphysiques et revêt une apparence lourde et pédantesque ; c'est l'écueil contre lequel est venue échouer l'éloquence passionnée et puissante des orateurs de la Révolution.

L'imitation servile d'Athènes et de Rome, les emprunts et les allusions à l'histoire ancienne se mêlant à une sorte d'esprit disciplinaire, le français de l'époque impériale est trop souvent une langue officielle à la fois prétentieuse et incolore. C'est en dehors de cette inspiration administrative et militaire que Chateaubriand écrit le *Génie du christianisme* et les *Martyrs ;* c'est dans l'exil que madame de Stael publie *Corinne,* c'est hors de France que Joseph de Maistre conçoit le livre *du Pape.*

A partir de 1815, les dispositions nouvelles de l'esprit public ont leur contre-coup dans la constitution de la langue. La nation française, qui s'essaye à l'exercice de la liberté, cède en politique à l'entraînement d'un ilote affranchi d'hier ; de même la langue s'égare jusqu'aux plus extravagants néologismes; pour bien marquer son indépendance de toute tradition et de toute autorité, ce n'est pas le vrai et le beau, c'est le nouveau qu'on poursuit. Mais la puissance créatrice n'a pas été donnée à l'homme, et malgré sa fureur d'indépendance, la société de la Restauration ne fait guère que changer de joug. Il lui faut encore un guide; seulement, au lieu de prendre leurs modèles dans l'antiquité classique ou dans les œuvres du grand siècle, les écrivains de 1825 vont les tirer de la poussière du moyen âge, et, sur les traces de la critique érudite de l'Allemagne, notre légèreté ignorante exploite au hasard le xive et le xve siècle; elle prend l'oubli du goût et de la raison pour l'idéal de la liberté. Alors se forme une langue étrange et bariolée d'emprunts faits sans réflexion à notre ancien idiome très-mal connu; le pédantisme naïf du moyen âge succède au pédantisme érudit du grec et du latin. Le style affecté des écrivains de profession corrompt jusqu'au langage usuel, qui oublie tout naturel et toute simplicité.

22. Les progrès mêmes de l'instruction, la diffusion du goût de la lecture, au lieu des bienfaits que l'avenir a le droit d'en attendre, produisent dans la société comtemporaine un mal trop réel. Comme les nouveaux civilisés ne prennent des mœurs de l'Europe que les vices et la corruption, de même le peuple, surtout celui des villes, ne cherche d'abord dans la lecture qu'une satisfaction malsaine à la curiosité de l'imagination.

Alors, pour contenter un besoin général d'émotions dramatiques, l'esprit romanesque envahit toutes les compositions littéraires, et, depuis 1845 surtout, il domine jusque dans l'histoire et même dans la théologie. Ainsi se sont trouvés faussés du même coup dans notre pays et le goût littéraire et le goût moral; ainsi, sous prétexte de poésie et d'exactitude, mais en réalité pour provoquer une curiosité lucrative, l'histoire s'est transformée en un mélodrame larmoyant et la discussion des principes philosophiques de la religion s'est trouvée remplacée par une suite de tableaux de fantaisie, de paysages d'imagination, de faits accommodés en vue d'une mise en scène dramatique. Ce ne sont plus vingt amis, c'est le monde entier qu'on est tout prêt à perdre pour un bon mot ou pour une période sonore.

23. Ce désordre moral a pour conséquence la séparation des gens de lettres en deux classes qui n'ont de commun que le nom. La grande majorité se compose d'industriels qui exploitent leur fonds d'esprit et d'érudition pour amuser le public et tirer de sa curiosité et de ses mauvaises passions les plus gros profits possibles. L'art et la critique n'ont rien à voir dans leurs œuvres, produits destinés au commerce et dont souvent le style ne respecte pas plus la grammaire que la morale et le goût. Une

minorité sérieuse pèse les suffrages au lieu de les
compter, et cherchant à satisfaire la raison avant de
plaire au public, se fait par la pensée un aréopage
de juges supérieurs, Homère et Thucydide, Virgile
et Cicéron, Dante et Shakespeare, Bossuet et Racine.
Ces quelques écrivains sont et demeureront la
gloire du XIX⁰ siècle; par bonheur pour la France,
qui ne veut pas dégénérer, ils forment une pha-
lange où sont représentés tous les genres de composition.

La poésie religieuse et morale, après avoir fait
entendre des accents d'une douceur ravissante et
passionnée, s'est réfugiée aujourd'hui sur les cimes
désertes; elle y a rencontré des inspirations plus
graves dont elle fait retentir sa solitude pieuse.
Sans rien perdre de sa grandeur morale, sans altérer
la pureté des doctrines, l'éloquence religieuse s'est
faite plus humaine et gagne tous les jours en puissance et en autorité, parce qu'elle substitue à la
pompe des mots la puissance de l'argumentation. A
la tribune politique, la langue française a fait briller
des qualités inconnues au passé, elle a fourni de
nobles accents à l'âme d'un grand peuple qui veut
être libre : tantôt l'orateur contemple de haut les
vicissitudes des États et revèle au monde les lois
mystérieuses qui mènent les peuples et ceux qui
croient les gouverner; tantôt son analyse puissante
fait pénétrer la lumière dans le chaos des faits et va

troubler dans leur sécurité les partisans attardés de l'ombre et du mensonge.

Le drame s'est proposé Corneille pour modèle, il a l'ambition de relever les âmes par un spectacle vivifiant, celui de la lutte de passions avouables couronnée par le triomphe de la vertu. Grâce au poëte, nous nous réconcilions avec nous-mêmes; on se sent meilleur quand on goûte, quand on applaudit les honnêtes gens. Jamais peut-être une érudition plus consciencieuse et une raison plus éclairée n'ont dicté les arrêts de l'histoire, jamais une sérénité plus religieuse, une impartialité plus haute n'ont présidé aux recherches de la philosophie; jamais le génie humain n'a embrassé d'un coup d'œil plus puissant les horizons lointains du passé et de l'avenir. Les intelligences les plus diverses ont transporté dans la critique littéraire cette diversité même qui produit et renouvelle l'intérêt : l'un est l'éloquent annaliste de l'esprit humain, dont il fait revivre les œuvres en les interprétant; ses tableaux ont tout l'éclat de la réalité, toute la variété, tout le mouvement de la vie, avec l'ordre et la lumière que le génie peut y ajouter; l'autre se complait dans des nuances d'analyse qui rajeunissent toutes les questions et prouvent l'inépuisable fécondité de l'esprit humain; pour quelques-uns enfin, le passé doit être la leçon du présent, l'éducation intellectuelle ou morale est le dernier mot de la critique littéraire.

L'amour ardent du progrès et de la liberté anime d'une verve spirituelle plus d'un éloquent interprète des vérités pratiques qu'il faut répandre dans les classes laborieuses pour le bonheur de l'avenir, noble et généreux apostolat. Le roman a sa valeur littéraire aussi bien que l'histoire; il a secoué plus d'une fois le joug humiliant de la mode et du caprice public; telle est l'œuvre indépendante de quelques esprits qui se distinguent de la foule, celui-ci par la précision nerveuse du récit, celui-là par la délicatesse exquise des sentiments ou par l'ingénieux enchaînement de fictions vraisemblables. C'est même en ce genre, dont la faveur publique a singulièrement élargi le cadre, que la littérature contemporaine a produit ses œuvres les plus caractéristiques. Qui n'admirerait dans certains romans le style le plus varié, le plus riche, le plus éclatant, un style qui rappelle, pour les éclipser, les plus grands écrivains modernes : J.-J. Rousseau n'a pas cette souplesse; Châteaubriand manque de ce naturel parfait.

Voilà de grands esprits, et nous pouvons en compter assez pour faire bonne figure devant la postérité; voilà les vrais défenseurs de notre belle langue; ils conservent les qualités qui ont fait sa gloire et son universalité. C'est à tous ceux qui aspirent à les comprendre, à les imiter et à continuer leur œuvre patriotique que peuvent être adressées avec fruit quelques dernières observations sur l'avenir de la langue française.

24. D'abord, et plus que jamais peut-être, on doit se redire que la langue est avant tout l'instrument de la poésie et de la pensée; que la parole est un fait intellectuel, le signe le plus éclatant de notre nature morale, le privilége unique de l'homme, la vraie marque de sa royauté universelle, la chose dont il doit être le plus fier et le plus jaloux. Sans doute, les victoires de l'industrie sont éclatantes et précieuses; mais il ne faut pas se laisser enivrer par ces succès. Plus l'homme étend son empire sur la matière, plus il convient de le rappeler à la contemplation de l'immatériel. Pour l'individu et pour la société moderne, la devise, la règle de conduite est dans le mot de Virgile :* Everso succurrere sæclo ;* disons mieux encore, dans le divin précepte : *Sursum corda.*

Non, la démocratie et l'activité industrielle n'ont pas besoin d'être poussées dans le sens où déjà elles penchent; et c'est la mission du christianisme que de maintenir dans une société curieuse d'observations physiques et toute pénétrée de l'amour du bien-être, un spiritualisme plus élevé, doctrine pure et vraie, contre-poids salutaire à nos instincts inférieurs. Du spiritualisme, plus de spiritualisme encore, telle est la devise de tous ceux qui peuvent

agir sur les âmes, des érudits aussi bien que des artistes et des poëtes.

25. C'est à ce titre que l'étude assidue de notre
antiquité classique est et demeure la meilleure sau-
vegarde du goût et de la langue. En second lieu, les
études de la philologie comparée, appliquées avec
tant de zèle à notre vieil idiome français, ramènent
à la lumière de nouveaux chefs-d'œuvre, autant de
nouveaux titres de gloire pour notre pays. Par là se
réveille et se réchauffe ce culte du passé, dont le
xviiie siècle nous avait trop déshabitués. Désormais,
grâce aux découvertes des linguistes, la logique
des faits mieux connus va se substituer aux théories
abstraites des grammairiens. Elle mettra fin au culte
pédantesque des règles compliquées à plaisir, et
aussi à cette manie d'innovation qui défigure notre
bel idiome en y introduisant par force des mots
empruntés par la mode à l'Angleterre ou à l'Allemagne.

26. Ainsi, mieux instruite par l'histoire de son
passé, la langue française ne doit plus tomber ni
dans la réglementation arbitraire des érudits, par
un respect extrême pour la tradition, ni dans le néologisme grossier des petits maîtres, car à toutes les
époques de notre histoire le pédantisme de la légèreté conserve les mêmes allures, qu'il s'agisse de
déguiser notre langue à l'italienne, à l'espagnole ou
à l'anglaise.

Tout en tenant grand compte du passé, il est juste de faire à l'esprit de progrès les sacrifices qu'il a le droit de réclamer. La rapidité avec laquelle tout s'accomplit dans le monde des sens fait aussi loi pour le monde de la pensée, et le proverbe anglais est accepté de nos jours comme vérité, applicable même dans la sphère morale : *Le temps est un capital.*

Aussi, désormais, dans toute composition littéraire, le soin du fond doit l'emporter sur le soin de la forme ; une rhétorique nouvelle substitue à mille règles subtiles cette observation unique sur l'art d'écrire, observation que justifient les exemples des maîtres : une pensée est bien dite quand les mots font passer l'idée de l'esprit de l'écrivain dans l'intelligence du lecteur. Pour satisfaire à ces exigences nouvelles, notre langue n'a qu'à conserver et à développer les qualités qui l'ont toujours recommandée à l'admiration du monde civilisé : la clarté et la précision. C'est dans ce sens que seront dirigés tous les efforts des écrivains qui ont l'ambition de servir leur pays et la cause de l'avenir.

27. Ces deux inspirations supérieures, le spiritualisme et le culte de la clarté et de la précision étant posés comme premiers principes et comme direction constante, signalons trois écueils contre lesquels la langue pourrait aller se heurter et périr :

1° L'influence de la mode, qui impose on ne sait

ni comment ni pourquoi certains mots ou certaines locutions qu'on voit passer de la conversation dans les journaux, puis dans les livres.

2° Les barbarismes et les solécismes commis par les étrangers ; ce sont des fautes singulières, mais trop communes, auxquelles nous pouvons nous laisser aller par séduction du nouveau, comme il arrive aussi pour certains vices de prononciation.

3° Le faux goût de quelques écrivains industriels qui, pour frapper vivement l'imagination du public, cherchent à se distinguer, fût-ce par des sottises, et provoquent l'attention et la curiosité par des innovations dont ils sont les premiers à sentir l'absurdité.

28. Dieu seul sait l'avenir réservé à notre pays et à notre langue ; mais si jamais la France déchoit de son rang dans le monde de la pensée, avouons qu'elle n'aura nulle excuse possible, car jamais, dans aucun siècle, elle n'a été mieux instruite de son passé, des leçons qu'il lui fournit, des obligations qu'il lui impose ; jamais la critique de la littérature et de la langue n'a été faite et présentée avec plus de clarté, de précision, d'exactitude. Nous savons en cela comme en mille autres choses ce qu'il y a de mieux à faire ; le ferons-nous ? Nous avons la notion très-claire du devoir, le sens supérieur de la civilisation ; en aurons-nous la force persévérante et dévouée ? Oui ; il faut attendre ce nouveau succès, il faut le réclamer de

cette élasticité rapide, de cette fécondité inépuisable
dont la France a déjà fourni tant de preuves dans
la variété de ses destinées et de ses travaux.

A cette condition-là, mais à cette condition seule,
notre langue du xixe siècle restera la langue universelle de la civilisation, la langue de la diplomatie, la
langue littéraire étudiée avec ardeur par toute la
société cultivée, dans la jeune Amérique aussi bien
que dans la vieille Europe. On a vu quel fut le
passé de la langue française, on peut prédire ce que
serait son avenir, grâce à l'alliance féconde du néologisme et de la tradition. Quel homme pénétré de
spiritualisme et plein de l'amour de son pays n'ac-
cepterait cette règle de conduite bien simple et bien
féconde : Associer l'esprit d'ordre à l'esprit de
liberté ; — conserver, mais les yeux fixés sur l'avenir
et sur ses droits ; innover, mais avec le respect de
notre passé glorieux : noblesse oblige.

FIN.

NOTES BIBLIOGRAPHIQUES

Liste des auteurs à consulter*.

I. — SUR LES ORIGINES.

1. *Généralités.* — MAX MULLER. Essai de Mythologie comparée, traduit de l'anglais. *Paris*, 1859. In-8°.

MAX MULLER. La Science du langage, traduite par F. Baudry. *Paris*, 1864. In-8°.

J. J. AMPÈRE. Sur la formation de la langue française. *Paris*, 1841. 3 vol in-8°.

LEWIS Essay on the Origin and formation of the romance languages. *London*, 1862. In-8°.

DE CHEVALLET. Origine et formation de la langue française. *Paris*, 1850-1858. 3 vol. in-8°.

ÉDÉLESTAND DU MÉRIL. Essai philosophique sur la formation de la langue française. *Paris*, 1852. In-8°.

LITTRÉ. Dictionnaire de la langue française. *Paris*, 1863 et suiv. In-4°.

---

* Pour simplifier l'exposition et la dégager de tout renvoi, j'ai cru devoir renvoyer ici l'indication des ouvrages auxquels j'ai fait les emprunts les plus considérables. J'y ajoute les titres de quelques autres ouvrages qu'on pourra consulter avec fruit; ce sera donc comme une bibliographie du sujet.

2. *Langues des Celtes et des Francs.* — LA RUE. Mémoire sur les bardes armoricains. *Caen*, 1815. In-8°.

F. EDWARDS. Recherches sur les langues celtiques. *Paris*, 1844. In-8°.

LE GONIDEC. Dictionnaire breton-français, publié par M. Hersart de la Villemarqué. *Saint-Brieuc*, 1847. In-4°.

H. DE LA VILLEMARQUÉ. Chants populaires de la Bretagne.

L. SCHACHT. De elementis germanicis potissimum linguæ franco-gallicæ. *Berolini*, 1853. In-8°.

3. *Latin* — DU CANGE. Glossarium ad scriptores mediæ et infimæ latinitatis. *Paris*, 1733-1736. 6 vol. in-fol. — *Paris*, 1840-1850. 7 vol. in-4°.

CARPENTIER. Glossarium novum ad scriptores medii ævi. *Paris*, 1766. 4 vol. in-fol.

E. EGGER. Notions élémentaires de grammaire comparée. Sixième édition. *Paris*, 1865. In-12.

DE CAIX DE SAINT-AYMOUR. La Question de l'enseignement des langues classiques. *Paris*, 1866. In-8°.

J. J. AMPÈRE. Histoire littéraire de la France avant le XII° siècle. *Paris*, 1839. 3 vol. in-8°.

BONDIL. Introduction à la langue latine au moyen de l'étude de ses racines et de ses rapports avec le français. *Paris*, 1838. In-8°.

ZANGE. Exposition des lois du passage des mots latins aux mots français. *Sondershausen*, 1845. In-4°.

GASTON PARIS. Étude sur le rôle de l'accent latin dans la langue française. *Paris*. In-8°.

BOISSIER. Une province romaine. *Revue des Deux-Mondes*, 1er avril 1866.

DIEZ. Introduction à la grammaire des langues romanes de Diez, traduite par G. Paris. *Paris*. In-8°.

4. *Langues romanes.* — Roquefort. Glossaire de la langue romane. *Paris*, 1808-1820. 3 vol. in-8°.

Fauriel. Histoire de la Gaule méridionale. *Paris*, 1836. 4 vol. in-8°.

Fauriel. Histoire de la poésie provençale. *Paris*, 1846. 3 vol. in-8°.

Raynouard. Lexique roman. *Paris*, 1838-1844. 5 vol. in-8°.

Guessard. Grammaires provençales de Faidit et de Raymond Vidal. 2e édition. *Paris*, 1858. In-8°.

II. — SUR LE VIEUX FRANÇAIS.

1. *Dictionnaires et Grammaires.* — Palsgrave. L'Esclaircissement de la langue françoise. *Londres*, 1530. In-fol. Réimprimé par Génin. *Paris*, 1852. In-8°.

Cotgrave. Dictionnaire anglais-français et français-anglais. *Londres*, 1650. In-folio.

Nicot. Dictionnaire français-latin. *Paris*, 1606. In-fol.

Pasquier. Les Recherches de la France. *Paris*, 1611. In-4°.

Ménage. Dictionnaire étymologique de la langue française. *Paris*, 1750. 2 vol. in-fol.

Ménage. Observations sur la langue française. *Paris*. 2 vol. in-12.

Sainte-Palaye. Glossaire de l'ancienne langue française. *Paris*. 1er vol. in-fol.

Sainte-Palaye. Glossaire des termes du vieux français, manuscrit conservé à la Biblioth. impériale : 10,557. G.

Borel. Dictionnaire des termes du vieux français. *Paris*, 1750. In-fol.

Roquefort. Dictionnaire étymologique de la langue française, avec introduction par Champollion-Figeac. *Paris*, 1829. 2 vol. in-8°.

Orell. Alt-französische Grammatik. *Zurich*, 1830. In-8°.

Burguy. Grammaire de la langue d'oïl. *Berlin et Leipzig*, 1853-1856. 2 vol. in-8°.

Scheler. Dictionnaire d'étymologie française. *Bruxelles-Paris*, 1862. In-8°.

2. *Textes.* — Raynouard. Monuments relatifs à la condamnation des chevaliers du Temple. *Paris*. 1813.

Raynouard. Choix de poésies originales des Troubadours. *Paris*, 1816-1824. 6 vol. in-8°.

Le Roman de la Rose, publié par M. Méon. *Paris*, 1814. 4 vol. in-4°.

Le Roman du Renart, publié par M. Méon. *Paris*, 1826. 4 vol. in-8°.

Robert Wace. Le Roman de Rou, publié par M. Frédéric Pluquet. *Rouen*, 1827. 2 vol. in-8°.

Li Romans dou chastelain de Coucy et de la dame de Fayel, publié par G. A. Crapelet. *Paris*, 1829.

Proverbes et dictons populaires, avec les dits du mercier et des marchands et les crieries de Paris aux xiiie et xive siècles, par G. A. Crapelet. *Paris*, 1831. In-8°.

Paulin Paris. Romancero français. *Paris*, 1833. In-8°.

Li Romans de Garin le Loherain, publié par M. Paulin Paris. *Paris*, 1833-1835. 2 vol. in-8°.

Le Roman du Renart; supplément, variantes et corrections, publié par P. Chabaille. *Paris*, 1835. In-8°.

Li Romans de Berte aus grans piés, publié par Paulin Paris. *Paris*, 1836. In-12.

Wace. Le Roman de Brut, publié par Leroux de Lincy. *Paris*, 1836. 2 vol. in-8°.

Les Manuscrits français de la Bibliothèque du roi, publiés par Paulin Paris. *Paris*, 1836-1842. 7 vol. in-8°.

Le Livre des métiers d'Étienne Boileau , publié par M. Depping. *Paris*, 1837. In-4º.

Chanson de Roland, publiée par Francisque Michel. *Paris*, 1837. In-8º.

GÉRAUD. Paris sous Philippe le Bel, d'après des documents originaux de 1292. *Paris*, 1837. In-4º.

Assises de Jérusalem , publiées par Foucher. *Rennes*, 1839. In-8º.

Les quatre Livres des Rois, traduits en français du xiiᵉ siècle, publiés par M. Leroux de Lincy. *Paris*, 1840. In-4º.

Choix de sermons de saint Bernard, publié par M. Leroux de Lincy et imprimé à la suite du livre des Rois

Le Roman du Saint-Graal, publié par Francisque Michel. *Bordeaux*, 1841. In-8º.

Chants historiques français, depuis le xiiᵉ jusqu'au xviiiᵉ siècle, publiés par M. L. de Lincy. *Paris*, 1845. 2 vol. in-12.

Assises de Jérusalem, publiées par le comte Beugnot. *Paris*, 1843. 2 vol. in-fol.

Li Romans d'Alixandre, par Lambert li Tors et Alexandre de Bernay, publié par H. Michelant. *Stuttgart*, 1846.

J. P. MAGNIN. Chrestomathie du vieux français, ou Choix de morceaux. *Berlin*, 1863. In-8º.

3. *Etudes diverses.* — VILLEMAIN. Tableau de la littérature au moyen âge. Cours de 1828. *Paris.* 2 vol. in-12.

FRANCIS WEY. Histoire des révolutions du langage en France. *Paris*, 1848, In-8º.

G. FALLOT. Recherches sur les formes grammaticales de la langue française et de ses dialectes au xiiiᵉ siècle. *Paris.* In-8º.

GÉNIN. Des variations du langage français depuis le xiiᵉ siècle. *Paris*, 1845. In-8º.

Génin. Récréations philologiques. *Paris*, 1856. 2 vol. in-8°.

Lenient. La Satire en France au moyen âge. *Paris*, 1859. In-12.

Demogeot. Histoire de la littérature française. *Paris*, 1860. In-12.

Littré. Histoire de la langue française, études. Troisième édition. *Paris*, 1863. 2 vol. in-12.

C. Nisard. Curiosités de l'étymologie française. *Paris*, 1863. In-12.

E. Egger. Observations sur un procédé de dérivation très-fréquent dans la langue française. *Mém. de l'Acad. des Inscript.*, tome XXIV, 2ᵉ partie. *Paris*, 1865. In-4°.

Paul Meyer. Les Études de M. Littré sur l'histoire de la langue française. *Paris*, 1865. In-8°.

Paul Meyer. Cours d'histoire de la littérature provençale. (*Discours d'ouverture.*) *Paris*, 1865. In-8°.

III. — SUR LE FRANÇAIS MODERNE.

Henri Estienne. Dialogues du langage françois italianisé. *Paris*, 1579.

Henri Estienne. La Précellence du langage françois, 1579. Ed. de L. Feugère. *Paris*, 1850. In-12.

Ch. L. Livet. Dictionnaire des Précieuses, par Somaize. *Paris*. 2 vol. in-16.

Ch. L. Livet. La Grammaire française et les grammairiens du xvıᵉ siècle. *Paris*, 1859. In-8°.

Guizot. Dictionnaire des synonymes. *Paris*, 1865. In- 8°.

Allou. Essai sur l'Universalité de la langue française. *Paris*, 1828. In-8°.

Villemain. Tableau de la littérature au xvıııᵉ siècle. Cours de 1829. 4 vol. in-12.

VILLEMAIN. Considérations sur là langue française, servant de préface à la dernière édition du Dictionnaire de l'Académie. *Paris*, 1835.

FR. GODEFROY. Lexique comparé de la langue de Corneille et de la langue du XVIIe siècle. *Paris*, 1862. 2 vol. in-8°.

D. NISARD. Histoire de la littérature française. Troisième édition. *Paris*, 1863. 4 vol. in-12.

B. LAFAYE. Dictionnaire des synonymes de la langue française. *Paris*, 1858. In-8°. — Supplément au même ouvrage. *Paris*, 1865.

SAINTE-BEUVE. Causeries du lundi. — Nouveaux lundis. *Paris*, 1853-1865.

TABLE DES MATIÈRES

Pages.

Préface. VII

Tableau méthodique de l'histoire de la langue
    française. 1

Discours préliminaire : Objet, méthode et utilité de
    ces études. 3

INTRODUCTION.

ORIGINES DE LA LANGUE FRANÇAISE.

Chap. I. — Des langues primitives de la Gaule :
    langue des Ibères, langue des Celtes. 25

Chap. II. — Des langues importées en Gaule par
    les Grecs, les Romains et les Francs. 34

Chap. III. — De la langue des Gallo-Romains : his-
    toire du latin parlé en Gaule depuis César jus-
    qu'après Charlemagne. 41

PREMIÈRE PARTIE.

ESSAI SUR L'HISTOIRE DU VIEUX FRANÇAIS.

Pages.

CHAP. IV. — Formation des langues romanes.....   57

CHAP. V. — Formation et développement du vieux français au xe et au xie siècle..............   72

CHAP. VI. — Apogée du vieux français au xiie et au xiiie siècle (siècle de saint Louis)...........   83

CHAP. VII. — Corruption du vieux français au xive siècle (siècle de la guerre de cent ans).........   95

DEUXIÈME PARTIE.

ÉTUDE PHILOLOGIQUE DU VIEUX FRANÇAIS.

CHAP. VIII. — Quelques conseils pour la lecture du vieux français...........................   109

CHAP. IX. — Caractères généraux du vieux français.................................   126

CHAP. X. — Formation des mots. — Modifications vocales ou figures de grammaire..............   133

CHAP. XI. — Modifications logiques. Tropes.......   142

CHAP. XII. — Modifications grammaticales. Des parties du discours............................   150

CHAP. XIII. — Modifications grammaticales. Syntaxe et construction.............................   168

CHAP. XIV. — Modifications littéraires. — De la métrique. — Qualités et défauts du vieux français.   182

TROISIÈME PARTIE.

ESQUISSE D'UNE HISTOIRE DU FRANÇAIS MODERNE.

Pages.

CHAP. XV. — Formation du français moderne. xve siècle. (Renaissance française)................. 199

CHAP. XVI. — Formation et révolutions du français moderne. xvie siècle. (Renaissance gréco-latine). 212

CHAP. XVII. — Apogée de la langue et de la littérature modernes. xviie siècle (siècle de Louis XIV). 241

CHAP. XVIII. — Apogée de la langue et de la littérature modernes. xviiie siècle (siècle de la Révolution)..................................... 275

CONCLUSION.

ESSAI SUR L'HISTOIRE DE LA LANGUE FRANÇAISE AU XIXe SIÈCLE.

Présent et avenir de la langue française.......... 309

NOTES BIBLIOGRAPHIQUES........................ 339

PARIS. — Imprimerie de PILLET FILS AÎNÉ, rue des Grands-Augustins, 5.

www.ingramcontent.com/pod-product-compliance
Lightning Source LLC
LaVergne TN
LVHW010855060726
842526LV00002B/483